로힝야 제노사이드

로힝야 제노사이드

초판 1쇄 인쇄 · 2024년 2월 15일
초판 1쇄 발행 · 2024년 2월 20일

지은이 · 이유경
펴낸이 · 천정한
펴낸곳 · 도서출판 정한책방

출판등록 · 2019년 4월 10일 제446-251002019000036호
주소 · 충북 괴산군 청천면 청천10길 4
전화 · 070－7724－4005
팩스 · 02－6971－8784
블로그 · http://blog.naver.com/junghanbooks
이메일 · junghanbooks@naver.com

ISBN 979-11-87685-79-1 (03910)

지구상에서 가장 박해받는 민족, 미얀마 로힝야의 눈물

로힝야 제노사이드

이유경 지음

혐오와 차별을 되돌아보게 하는 순간

2012년 7월 열대의 햇살이 작렬하던 날 미얀마 서부 연안 라까인 주의 주도 시트웨의 한 허름한 호텔 식당의 창가에 앉아서 미얀마 위스키를 홀짝이며 텅 빈 거리를 내다보고 있었다. 낯선 땅을 찾아가 훤한 대낮부터 술잔을 기울인 것은 그곳에 오후 5시부터 통행금지가 선포됐기 때문이다. 라까인에서 로힝야족을 둘러싼 폭동이 일어나 당시 미얀마 군사정부는 계엄령을 선포하고 대낮부터 통행금지까지 시행했다.

당시 나는 중국의 인도양 진출이라는 주제로 출장 취재를 가서 라까인 주 중부 연안 자욱퓨에서 중국 본토까지 연결되는 대규모 가스관 건설 현장을 둘러보려고 했다. 한국을 출발하기 전에 라까인에 로힝야족 문제로 계엄령이 선포됐다는 소식을 들었다. 미얀마 양곤에 도착한 나는 계엄령으로 인해 라까인 자욱퓨로 가는 직행 교통편이 끊겼다는 사실에 직면했다. 항공편으로 라까인 주도 시트웨로 가서는 배를 타고 남하하는 방법을 택했다. 시트웨에 도착하니 배편의 시간이 맞지 않아서 이틀이나 묶여야 했다.

그 이틀 동안 나는 시트웨에서 다른 피부색에다가 슬픔이 어린 큰 눈에 얼굴 생김새가 다른 사람들을 접할 수 있었다. 그들이 로힝야족임을 직감했다. 호텔 식당에서 술잔을 기울이다가 나는 국제단체의 한 관계자와 합석했다. 그는 로힝야족 원조에 관여하고 있었다. 나는 군사정권의 로힝야족 탄압이 아웅산 수치의 민간 정부가 들어서면 개선되지 않겠냐고 하자 그는 심드렁했다. 오히려 더 나빠질지도 모른다는 그의 견해에 의아했다.

나의 이런 의구심은 양곤으로 돌아가 아웅산 수치의 민족민주동맹 관계자들을 만나고서는 확실해졌다. 그들은 로힝야족이 방글라데시에서 온 불법 이민자들이고 미얀마에서 소수민족인 척하며 문제를 일으키고 있다고 말했다. 로힝야족 문제를 잘 모르던 나는 그들이 불법 이민자라고 해도 기본적인 인권과 생존권은 보장해야 하지 않나 생각했다. 민주화운동을 하는 사람들이라면 로힝야족 문제에서 보편적인 인권 그리고 소수자에 대한 배려를 원칙으로 해야 한다. 하지만 이 문제에 대해서는 그들도 군사정부와 다를 것이 없는 것 같았다.

당시 로힝야 문제는 국제적 이슈로 부각되고 있었다. 불길한 예감이 들었다. 나치 독일이 유대인을 희생양으로 다수 국민을 결집해 정권을 획득하고 유지하고, 한국의 독재정권들이 북한과 안보를 핑계로 국민총화를 외치며 정권을 유지했다. 미얀마 군부와 군부를 계승하는 준 민간정부는 이제 로힝야라는 피부색 다른 소수집단을 희생양으로 하는 마중물로 정권을 유지할 수도 있다고 나는 생각했다. 아웅산 수치가 집권해도 로힝야 문제가 발목을 잡을 수 있겠다고도 나는 생각했다.

나의 이런 어설픈 예감은 몇 년이 지나 어느 정도 적중했다. 2015년 11월 총선에서 아웅산 수치의 민족민주동맹이 승리해 집권했으나 군부는 로힝야 문제를 고리로 그 권력을 사실상 놓지 않았다. 군부와의 타협으로 성립된 헌법에 군부 권력이 여전하기는 했으나 군부는 로힝야에 대한 대처를 고리로 안보와 치안에서 절대적인 권력을 행사했다. 아웅산 수치도 로힝야에 대한 대중의 혐오 때문에 군부의 대처에 수수방관했다.

2017년 8월 군부는 라까인에서 로힝야족을 진압하면서 학살했고 수치는 이를 방관한 것에서 나아가 옹호했다. 이 학살은 국제사법재판소에 제소됐고 수치는 2019년 12월 국제사법재판소에 출석해 군부를 옹호했다. 노벨평화상을 받은 수치의 국제적 명성은 이로써 추락했고 그의 노벨평화상 수상을 취소하라는 국제여론까지 조성됐다. 더 큰 문제는 로힝야 문제로 수치의 지도력이 추락하며 군부의 장악력이 커져갔다는 것이다. 이는 결국 2021년 2월 1일 수치가 실각하고 군부의 재집권을 성립시킨 군부 쿠데타로 가는 길이었다.

군부 쿠데타가 있고 나서야 미얀마 민주화 운동권에서는 군부의 로힝야 학살을 방관하고 동조했던 것이 이런 사태를 초래했다는 자성이 일었다. 반군부 시위에서 로힝야와의 연대를 주장하는 뉴스들을 보았다.

저자가 집필한 이 책은 미얀마가 로힝야 문제에 어떻게 발목이 잡혀서 여전히 군부독재의 타락과 학정에 시달리게 됐는지, 군사정권이 로힝야라는 소수자들을 희생양 삼아서 어떻게 정권을 유지하는지를 고발한다. 그는 풍부한 현장 취재로 세계에서 가장 큰 무국적 집단인 로힝야의 참상을 드러내면서 이 문제가 로힝야족 차원에서 끝나지 않고 미얀마 전체를 비극의 도가니로 몰아넣는 현실을 보여준다.

저자가 로힝야 사태로 전하려는 사실은 간단하다. 보편적 인권과 소수자 권리를 우리가 편의적으로 적용하거나 내팽겨친다면 결국 다수 모두가 같은 불행으로 달려간다는 것이다. 소수자에 대한 혐오와 차별은 결국 다수자 내에서도 또 다른 혐오와 차별을 부르고 극소수 지배층의 분할통치만을 강화한다.

미얀마는 지난 2021년 쿠데타 이후 3년째 내전 중이다. 과거 미얀마 민주화운동은 미얀마의 다수 민족인 버마족 내에서 군사정권에 대한 투쟁이었다. 2021년 쿠데타 이후 그런 구도는 깨졌다. 미얀마의 민주화는 이제 진정한 연방민주주의, 즉 로힝야를 포함한 수많은 소수민족과의 연대에 기초해야만 가능하다. 미얀마에 대의민주주의가 이뤄지지 못하고 군사독재가 지속된 이유도 소수민족 문제를 해결하지 못했기 때문이다.

미얀마의 로힝야 사태는 정체성 정치에 대한 환기를 준다. 인종, 젠더, 종교, 민족은 당장은 대중 동원에 편리한 도구이다. 독재를 하려는 쪽에서나 독재에 반대하는 쪽에서도 마찬가지이다. 특히 진보 운동에 나선 쪽들이 소수자들을 옹호하고 연대하면서도 이 정체성 정치의 함정에 빠

지지 않고 보편적 가치를 실현하는 것은 향후 운동에서 가장 중요한 열쇠이다.

이 책은 한국 사회에서도 심해지는 젠더, 종교, 지역에 기반한 혐오와 차별을 되돌아보게 한다.

- 정의길(한겨레 국제분야 선임기자)

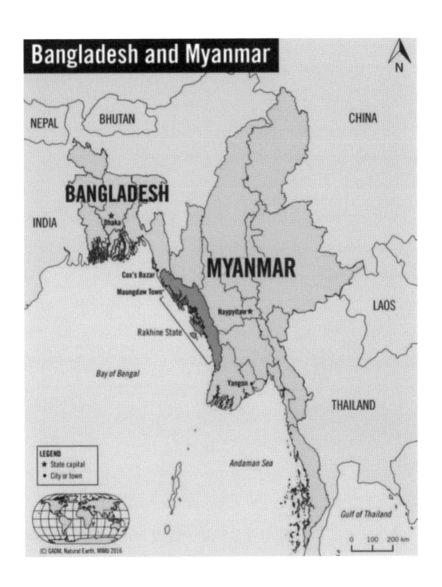

로힝야 미래를 '집단살해' 하다

'임종 요양'이라는 게 있다. 죽음을 향해 가는 환자에게 임종과정만 연장하는 연명의료를 중단하는 경우라도 고통을 최소화하고 가능한 한 존엄하게 생을 마감하도록 돌보는 요양이다. 그리하여 임종의 순간까지 공급을 끊지 말아야 할 게 있다. 통증을 줄여줄 의료행위와 영양분, 그리고 물과 산소다. 누구나의 죽음이 이 방식으로 끝나지는 않을 것이다. 그럼에도 나는 이 '임종 요양'의 원칙이 국적, 성별, 성적지향, 종교, 종파, 종족, 인종 등 그 어떤 다름에 대해서도 차별하지 않고 적용되어야 할 '이별에 대한 예의' 라고 생각한다.

미얀마 서부 라까인 주Rakhine State를 본향으로 하는 미얀마의 박해받는 소수민족 로힝야들은 정확히 그 반대 상황에 던져진 사람들이다. 로힝야 아이들은 태어나자마자 시민권(국적)부터 박탈당한다. '권리를 가질 권리'로 표현되는 시민권을 박탈당함으로써 세상에 발 딛는 순간부터 제도권 밖으로 던져지고 존재감을 삭제당한다. 그리고는 그들을 옥죄는 각종 차별과 억압, 국가폭력으로 고통이 극대화된 삶을 살다 죽음을 맞는다. 로힝야에게 삶은 곧 '슬로우 데쓰'slow death다. 요람에서 무덤까지 고통받도록 설계된 구조 속에 던져진 사람들, 바로 제노사이드 당하는 로힝야 사람들이다. 이 책은 그들의 이야기다.

비유이기도 하고 현실이기도 하다. 적잖은 로힝야들이 철조망과 무장 군인들의 초소로 둘러쌓인 공간에 실제로 갇혀 살고 있다. 이동의 자유가 없으니 생계 활동이란 건 원천적으로 가능치 않다. 속박의 고통, 배고픔의 고통, 존엄을 침탈당한 고통, 그리고 몇차례 그들에게 포화처럼 쏟아졌던 대학살의 고통, 불 속에 던져지고, 난자당하고, 모진 고문이 가해지는 고통…그야말로 가장 고통스러운 방식으로 죽음을 강요 받았다. 로힝야 제노사이드는 '요람에서 무덤까지' 전 생애동안 가해지는 과정이자 결과다.

1962, 1974, 1978, 1991~1992, 2012, 2014 ~ 2015, 2016, 2017… 2023

여기 네 개의 숫자 조합들이 있다. 로힝야 제노사이드 역사에 굵직한 획을 그은 사건들의 해다. 그 사이 사이를 점점으로 이으면 로힝야 제노사이드가 완성된다. '완성'이 '끝'은 아니다. 오늘도 로힝야들은 '완성된' 제노사이드 인프라 속에서 여전히 제노사이드 당하는 삶을 살고 있다. 반세기 가까이 무심하고 무지했던 세상이 '로힝야'라는 이름에 귀를 기울이기 시작한 건 불과 6~7년 밖에 되지 않는다. 바로 미얀마 군부가 "청소 작전" Clearance Operation 이라는 이름으로 대학살을 감행했던 2016년과 2017년 즈음이다. 군부의 잔혹함을 누구보다 잘 알고 있을 어떤 로힝야 청년조차 군부가 이 정도 규모로 학살하고 축출할 줄 몰랐다고 했다. 고문, 학살, 강간, 방화로 불타버린 고향을 뒤로하고 약 80만명에 가까운 로힝야들이 방글라데시로 탈출했다. 이들의 필사적인 탈출 이미지가 연일 언론과 쇼셜미디어에 올랐다. 그제서야 세상은 경악했다.

얼마나 죽었을까.

〈국경 없는 의사회〉(MSF)가 2017년 방글라데시로 탈출한 난민 가구 중 샘플을 추출 하여 조사한 결과 학살이 시작된 8월 25일부터 9월 24일까지 약 6,700명이 사망한 것으로 추산됐다. 1만명당 8명꼴로 매일 학살당한 셈이다. MSF는 이 치사율을 전체 탈출난민인구에 대비시켜 31일 동안 약 9,425 ~ 13,759명이 사망했을 것으로 추정했다. 이중 5세 미만 아동은 최소 1,000명이다. 게다가 온 가족이 학살당한 경우는 '가구' 자체가 사라졌기에 샘플에 잡히지도 못했다. 이 모든 걸 감안하여 MSF는 최종 사망자를 22,000~25,000명으로 보고 있다.[1] 캐나다 엔지오인 〈온타리오 국제개발기구〉Ontario International Development Agency('OIDA')가 2018년 발행한 보고서 '로힝야 강제 이주 : 알려지지 않은 경험들'Forced Migration of Rohingya : The Untold Experience를 통해 제시한 사망자 추산치는 24,000 ~ 25,000명 선이다. 이 보고서는 2017 년 8월 25일부터 2018년 1월까지 탈출한 이들을 대상으

1   Médecins Sans Frontières, 2017, "Myanmar/Bangladesh: MSF surveys estimate that at least 6,700 Rohingya were killed during the attacks in Myanmar" 12/12/2017 : https://www.msf.org/myanmarbangladesh-msf-surveys-estimate-least-6700-rohingya-were-killed-during-attacks-myanmar

로 샘플 조사한 것이다.[2] OIDA 보고서는 몇 가지 수치를 더 제공한다. 이를 테면, 2017년 대학살 당시 불에 던져진 인원은 36,000명이고, 강간당한 로힝야 여성은 19,000명이며 43,000명의 로힝야들이 몸에 총자국을 갖고 있다. 신뢰할 만한 또 다른 수치는 국가범죄국제연구소International State Crimes Initiative(ISCI)의 추산이다. ISCI는 2017년 8월 25일 이후 사망자를 약 22,000명으로 보고 있다. 그리고 라까인주 북부 로힝야 마을 약 75%에 달하는 350개 마을이 방화되고, 불도우저에 갈려 나갔다.[3] 미얀마 언론 〈이라와디〉는 2017년 8월 25일부터 이듬해 2018년 2월 23일까지 라까인 주에 살던 로힝야 최소 90%가 방글라데시로 탈출했다고 보도했다.[4] 지난 반세기 제노사이드의 과정이 야기했을 희생 규모는 감잡기 어렵다. 그저 '반세기의 재앙'이었을 것이다.

이 책은 가장 최근의 대학살로 간주되는 2016 ~ 2017년 사례를 뛰어

....

2   "Study claims an estimated 24,000 Rohingyas murdered in Myanmar", 2018, *Dhaka Tribune*, 08/17/2018, https://www.dhakatribune.com/world/south-asia/153360/study-claims-an-estimated-24-000-rohingyas/ 보고서 원문은 다음 링크에서 다운로드 가능하다. https://papers.ssrn.com/sol3/papers.cfm?abstract_id=3242696

3   Penny Green, Thomas MacManus, Alicia de la Cour Venning, 2018, "Genocide achieved, Genocide continues : Myanmar's annihilation of the Rohingya", *International State Crime Initiative*, http://statecrime.org/genocide-achieved-genocide-continues-myanmars-annihilation-of-the-rohingya-isci-report/

4   Moe Mying, 2018, "Ninety percent of Rohingya population Ejected from Rakhine", *The Irrawaddy*, 02/23/2018, https://www.irrawaddy.com/specials/ninety-percent-rohingya-population-ejected-rakhine.html

넘어 보다 길고 깊은 호흡으로 로힝야 제노사이드를 담아보려 했다. 제노사이드는 단시간의 이벤트가 아니다. 2017년 발생한 학살은 제노사이드 마지막 단계 즉, '대량 절멸'의 사건으로 진단되었다. (학자들에 따라서는 마지막에서 두번째 단계로 보기도 한다.) 그 '마지막' 단계에 이르기까지 수십년에 걸쳐 '제노사이드 인프라'가 구축됐고, 진화했다. 로힝야들에게 가해진 박해의 무게는 수십년 동안 로힝야들을 짓눌렀을 것이다. 우리가 몰랐을 뿐이다. 나는 로힝야 제노사이드가 2017년에 이르기까지의 역사와 2017년 이후의 상황을 모두 살펴보는 게 이 끔찍한 범죄 사례 전체를 이해하기 위해서 중요하다고 생각한다. 불편하고 거북한 주제인데다 다루는 시간의 길이가 짧지 않다 보니 독자들에게 조금이라도 도움이 되지 않을까 싶어 챕터 별 흐름과 배경을 요약해 본다.

제 1부는 '증오의 시대'로 열었다. 여기서 '증오의 시대'란 우선 2010년대를 특정한다. 동시에 로힝야 제노사이드 전반의 세월을 은유하는 표현으로 봐도 무방하다. 2010년대는 미얀마가 소위 '민주화 이행기'를 지나며 "개혁"과 "개방" 두 단어가 '미얀마'라는 국가명의 수식어로 따라다니던 시기다. 군인 출신 테인세인 대통령의 '준 민간정부'(2011 ~2015)가 그 10년의 앞부분을 채웠고, 나머지 후반 5년은 아웅산 수치가 이끄는 〈민족민주동맹〉(NLD) 정부(2016 ~ 2020)가 채웠다. 아웅산 수치 정부는 1962년 네윈의 군사 쿠테타 이후 들어선 최초의 민간정부라는 점에서 매우 의미심장하다. 그러나 분명히 짚어야 할 점이 있다. NLD 정부는 2008년 군정헌법에

따라 사실상 군과 권력을 분담해야만 했던 '하이브리드형 민간정부'였다는 점이다.

2010년대는 또한 '민주화' 바람을 타고 스며든 '표현의 자유'가 매우 악랄하게 남용된 시대이기도 하다. 로힝야를 향한, 그리고 미얀마의 무슬림 커뮤니티를 향한 혐오가 전방위적으로 확산됐고 폭력적으로 분출됐다. '로힝야 제노사이드' 프레임으로 보자면 그 시대는 증오의 시대였다. '민주화' '개혁'이 지배 담론이었을 지는 몰라도 그 '민주화'는 군부가 '기획'한 것이었고 '개혁'은 '위로부터의 개혁'이었다는 점 또한 간과해서는 안된다. 이 모든 기획의 구체적 출발선은 2008 군정헌법이다. 이 책이 2008년 5월에서 출발한 이유가 거기에 있다. 하여, 제 1부 첫번째 장인 '사이클론, 쿠테타, 그리고 제노사이드'는 로힝야 이야기를 본격적으로 하기에 앞서 로힝야 대학살이 벌어진 2010년대가 어떤 예고편으로 등장했고 흘러왔는지를 이해하기 위한 장이다. 또한 15년이라는 시간차를 두고 발생한 2008년 5월과 2023년 5월의 두 사이클론이 증오의 시대를 어떻게 이어주고 있는지도 담았다. 아울러, 로힝야 제노사이드의 제도적 상징성이 가장 큰 '시민권 박탈' 이슈를 현장 취재발로 부분 다룬다.

제 2부에서는 로힝야 박해의 확장 버전으로 2013년 미얀마 중북부 소도시 멕띨라에서 벌어졌던 '멕띨라 학살'을 집중적으로 담았다. '멕띨라 학살'은 로힝야를 향한 혐오가 무슬림 커뮤니티 혐오로 이어지면서 이들을 향한 혐오 스피치와 폭력이 고조되는 시점에 발생한 중대한 사건이다. 이

모든 박해와 폭력을 끝없이 선동하는 극우 이데올로기이자 군부정치가들의 도구 '불교 극단주의' 문제가 2부에서 집중 다뤄진다.

제 3부는 로힝야 제노사이드의 제도적, 상징적, 실질적 대표성을 지닌 이슈 바로 시민권 이슈를 본격적으로 다뤘다. 로힝야를 위조된 정체성이라 보고 "로힝야 = 벵갈리"라 주장하는 이들의 주장을 소개하고, 그리고 이에 대한 반박으로서 로힝야의 토착성을 살펴봤다. '로힝야는 미얀마 사람이 아니'라고 주장하는 이들이 꼭 보았으면 하는 장이다.

제 4부는 제노사이드 범죄에 대한 설명과 제노사이드 방지 협약의 내용과 배경 등 이론과 정보를 우선 담았다. 이어 로힝야들이 반세기동안 직면해온 박해 상황들을 시기별로 상세하였다. 제노사이드의 이론과 로힝야 제노사이드의 실제를 맞춰 보려는 시도다. 내용의 성격상 문헌 연구 방식에 크게 의존했다. 로힝야가 직면한 박해 상황을 '제노사이드'로 규정하는 게 단순히 분노와 동정에서 비롯된 감정적 배설이 아니라는 점, 이미 명문화된 국제규약과 국제법에 기반하여 토론과 고민의 과정을 거친 '과학적' 판단이자 역사적 근거가 차곡차곡 수반된 분석이라는 점을 공유하는 게 4부의 취지다.

제 5부에서는 방글라데시 동남부 콕스바자르에 펼쳐진 로힝야 난민들의 삶을 담았다. 2017년 대학살 발생 훨씬 이전인 70년대 말부터 견뎌온 로힝야들의 삶이 그곳에 있다는 사실을 격하게 공유하려는 것이다. 그들의 난민살이 실상을 통해 로힝야 제노사이드 범죄가 공간적으로, 역사적

으로 어떻게 확장성과 파급력을 지녔는가에 대해 이해하는 장이다. 아울러 여전히 계속되고 있는 송환 이슈를 70년대 상황부터 차근차근 짚었다.

마지막으로 6부 '국경의 위험한 신호'는 크게 두 파트로 나뉜다. 하나는 로힝야 보트난민 스토리이고 또 다른 하나는 로힝야와 가장 가까운 이웃 라카인족 이야기다.

'보트난민 스토리'는 미얀마, 방글라데시, 태국, 말레이시아 등 여러 나라 국경을 넘나드는 보트난민들의 현실을 통해 '조금이라도 덜 위험한 공간을 찾아 끝없이 국경을 들락거리는' 간절한 몸부림을 공유한다. 그들이 탈출하려는 공간은 비단 미얀마 뿐 만이 아니다. 1978년 1차 대축출 이후 거의 두 세대에 걸쳐 살아왔던 방글라데시 캠프 역시 그들이 벗어나려는 공간이다. 피난처가 되어야 마땅한 난민 캠프에도 울타리가 들어서고 이동의 자유가 극도로 제한되는 현실은 로힝야들에게 '벗어나야 하는 또 다른 세계'가 되고 있다. 그리고 이를 실천에 옮기는 로힝야들이 방글라데시 당국에 체포, 구금 되고 있다.[5] 그럼에도 불구하고 방글라데시 캠프를 탈출하려는 로힝야들은 점점 늘고 있다. 로힝야 보트난민을 추적해 온 〈아라칸 프로젝트〉에 따르면 2023년 11월 말 기준 그해 3,572명의 로힝야들이 34개의 난민선에 올랐다. 65%가 방글라데시에서 출발한 이들이다. 전

....

5   "40 more Rohingyas detained for trying to flee Ukhyia camps", *TBS*, 09/21/2023, https://www.tbsnews.net/bangladesh/40-more-rohingyas-detained-trying-flee-ukhyia-camps-704786

년도까지만 해도 미얀마 라까인주를 출발하는 보트난민 비율이 높았으나 그 추세가 뒤집혔다. 보트난민 다수는 여성과 어린이들이다.[6] 제노사이드 범죄가 한 커뮤니티에 가하는 고통의 무게가 어디까지 확장될 수 있는지 다시 한번 뼈저리게 느낄 수 있는 대목이다.

이어지는 라까인 주 무장단체 이야기는 로힝야 제노사이드를 지탱하는 구조적 모순을 이해하기 위해 라까인주 분쟁과, 그 분쟁을 구성하는 '삼각구도'의 다이나믹을 다룬다. '라까인 변수'의 중대성이 한국사회에 잘 알려지지 않았다는 나의 문제의식에 따라 담은 주제다. 그 중에서도 현재 독보적으로 활동하고 있는 무장단체 '아라칸 군'Arakan Army(이하 "AA")을 중심으로 다루는데는 이유가 있다. 대학살이 벌어진 2017년 이후의 라까인주 정세, 더 나아가 미얀마 정세까지 연동된 환경을 이해하려면 AA를 알아야 하기 때문이다. 미얀마의 '로힝야 제노사이드'는 '포스트 – 2017'시대 여전히 조금도 해결되지 않은 채 새로운 국면과 정세에 놓여 더 복잡하게 꼬여가고 있다. 그 정세에 주연급으로 부상하고 있는 조직이 바로 AA다. 라까인 정치와 AA에 대한 이해 없이는 로힝야 이슈를 제대로 소화하기 어렵다.

오랜 시간 로힝야 말살 정책을 펴 온 핵심 주체는 당연하게도 역대 미얀마 군부 지배자들이다. 그러나 로힝야들의 본향인 라까인 주의 주류종

---

6   Ruma Paul and Sudipto Ganguly, 2023, "More Rohingya take children as they leave Bangladesh by boat – aid groups", *Reuters*, 11/272023, https://www.reuters.com/world/asia-pacific/more-rohingya-take-children-they-leave-bangladesh-by-boat-aid-groups-2023-11-27/

족인 라까인 커뮤니티도 이 범죄에 직간접적으로 동참해온 가해집단이라는 사실 또한 간과할 수 없다. 두 커뮤니티 갈등은 흔히 1948년 버마가 독립하기 이전 영국 식민지 시대, 특히 2차 대전 말미에 해당하는 1940년대 영국과 일본이라는 두 제국이 '아라칸'Arakan(현 라까인주)을 포함하여 버마 영토에서 충돌하던 시기로 거슬러 간다. 그런데 그 시점에서 좀 더 과거로의 시간 여행을 해보면 두 커뮤니티가 아라칸 땅(라까인 주)에서 평화롭게 공존했던 시대를 만날 수 있다. 그러하기에 더더욱 라까인 민족주의자들, 인종주의자들, 극단주의 세력이 로힝야를 타깃삼은 국가 폭력에 동참해온 근현대사는 매우 슬프고 대단히 유감스러운 일이다. 두 커뮤니티간 반목의 역사를 잘 알고 있을 군부에게 분열정책은 '로힝야 제노사이드'의 효율적인 수단이 됐다.

이런 역사적 맥락에서 현재 라까인주 또 다른 통치 세력으로 부상 중인 AA는 로힝야는 물론 미얀마 이슈를 추적하는 연구자, 언론인이라면 눈여겨 봐야 할 조직이다. 2017년 대학살을 기준으로 '전과 후' AA가 어떤 스탠스 보였는지, 그리고 영토 장악력을 키워가는 AA통치하에서 라까인 커뮤니티는 로힝야와 평화롭게 공존할 수 이웃이 될 수 있을 지, 아니면 AA자체가 또 하나의 억압 세력으로 '군림'할 것인지 등 중요한 물음들이 우리 앞에 놓여 있다. 그 힌트가 될만한 장면들을 제 4장에 담아봤다.

미얀마 분쟁이 지닌 모순은 여러 층위다.

많은 이들이 이해하는 바대로 '민주 대 반민주(독재)'의 모순이 그 첫번째다. 한국 시민들 다수와 언론들도 여기까지만 이해하고 마는 경향이 짙다. 개인적으로 아쉬움을 느끼는 부분이기도 한데 미얀마 민주화 투쟁과 한국의 경험, 그 중에서도 특히 5.18 광주 항쟁을 단순 등치 시키는 반복적 시도가 좀 과하다고 생각한다. 감동적이고 빛나는 시민항쟁의 역사 5.18의 경험을 미얀마 시민들과의 연대 의식 고취에 효과적 기제로 삼는 건 꽤 뿌듯한 일이다. 그럼에도 두 사회의 각기 다른 모순과 배경의 차이를 제쳐 둔 채 등치시키기에 급급한 시도는 미얀마 사회를 제대로 배워야 할 기회와 이유를 묻어 버릴 위험이 있다. 자칫 게으르고 관성적인 접근에 그칠 수 있고 그렇게 이해하기에 미얀마 분쟁은 너무 복잡하다. 우리의 경험을 세상 분석의 잣대삼으려는 'K—중화론中華論'적 습성은 적어도 국제 분쟁 분야에서는 딱히 들어맞지도 않을 뿐 아니라 호흡을 조금 조절해야 할 시기가 왔다고 나는 생각한다.

미얀마의 두번째 모순은 이 나라의 60% 이상을 차지하는 주류 버만족 (혹은 '바마Bama'족으로도 표현) 대 나머지 소수종족이 겪어 온 갈등으로 볼 수 있다. 버마가 영국으로부터 독립한 직후 내전에 빠져 든 건 독립 즈음의 정치질서가 소수종족들의 열망을 담아내지 못한데 따른 즉각적 반란과 저항이 있었기 때문이다. 미얀마는 세계 최장기 내전 국가다. 가장 오랜 내전 지역인 미얀마 동부 카렌주는 2023년 기준으로 보면 74년째 전쟁 중이다(KNU 창립일은 47년 2월 5일). 카렌족에 이어 몬족(1949), 샨족(1958년), 카친족(1961년), 친족(1988) 등이 모두 무장 투쟁에 돌입하면서 미얀마의 소수민족 지역은 전부 내전 중이라고 해도 과언이 아니다. 독립직후 무기를 든 소수종족 중에는 로힝야도 있고, 라까인도 있다.

로힝야는 1947년 8월 '무자히딘 당'Mujahid Party을 창당하고 아라칸 북부 지역을 "무슬림 자치 주"Autonomous Muslim State로 선포하는 대범함까지 보였다. 파키스탄으로의 편입을 요구하는 분리주의 운동을 벌이기도 했다. 그러나 이 운동은 1961년 7월 우 누U Nu(버마 연방 초대 총리)정부 시절 모두 투항했다.[7] 그때 이후 로힝야 커뮤니티의 무장 저항은 소극적이거나 휴지기가 잦고 길었다. 미얀마에서 오랫동안 제대로 된 무장군대를 갖추지 못한 거의 유일한 소수 종족이라고 봐도 크게 틀리지 않다. 고로 미얀마의 국가 안보를 위협하지 않는 소수 종족이기도 하다. 분명한 건 역대 어떠한 로힝야 무장단체도 로힝야 커뮤니티 대표성을 인정받을 만큼 큰 지지를 받아본 적이 없다는 점이다. 내가 보는 배경은 이렇다.

로힝야 커뮤니티는 분리주의나 강도 높은 자치를 요구하는 다른 소수민족들과 달리 오히려 미얀마에 소속되고 편입되기를 열망해왔다. 독립직후 무기를 든 '무자히딘' 이외 로힝야가 무기를 들었을 때는 분리주의나 민족주의 명분 보다는 극도의 차별과 억압에 폭발하면서 나온 반등일 때가 많았다. 그마저도 로힝야 대중들은 폭력투쟁이 미얀마에 소속감을 갖

---

[7]　1950-60년대 파키스탄은 오늘날의 파키스탄('서 파키스탄')과 방글라데시('동 파키스탄')를 모두 포함한다. 그러다 '동 파키스탄'이 벵골인들의 독립투쟁으로 1971년 방글라데시라는 독립 국가를 건설하였다.

고 싶은 그들의 열망에 역효과를 줄 거라는 사실을 잘 알고 있기에 열렬한 지지를 보인 적이 없다. 무장투쟁은 전술적 차원에서 '폭력'을 사용하지만 궁극적으로는 다양한 수위의 목표를 향해가는 정치 투쟁이다. 따라서 대중적 지지기반을 갖지 못한 무장 투쟁은 방향성을 잃고 타락하거나 자발적으로 퇴행하기 쉽다. 2016 ~ 2017년 군부 '청소작전'의 표면적 트리거가 됐던 로힝야 무장단체 '아라칸 로힝야 구원군'Arakan Rohingya Salvation Army(약칭 'ARSA')이 현재 그런 타락상을 보이는 중이다.

미얀마의 세번째 모순은 소수민족 대 소수민족의 모순이다. 라까인 주에서 목격되는 로힝야 무슬림들과 라까인 불교도들의 갈등은 그 대표적 예다. 바로 이 세 번째 모순까지 와야 '로힝야 제노사이드' 실태가 선명히 이해된다.

이 책의 출판은 다소 갑작스럽게 결정되었다. 시민단체인 〈아시아 디그너티 이니셔티브〉Asia Dignity Initiative(약칭 '아디 ADI')의 활동가 공선주 님의 어떤 빛나는 아이디어가 나의 해묵을 출판 기획을 만났다. 아디는 방글라데시 로힝야 캠프와 한국사회를 오가며 조사활동을 벌여왔고 한국사회에 '로힝야' 이름 석자를 끊임없이 상기시켜온 단체다. 그리고 작고 강한 출판사 〈정한책방〉의 천정한 대표님의 용기 있는 결단으로 출판에 이르게 됐다. 두 분이 아니었다면 이 기획은 여전히 나의 아카이브 속에서 숙면 중이었을 것이다. 두 분께 진심으로 감사드린다. 아울러, 거친 초고와 촉박한 시간을 드리며 추천사를 겸한 서문을 써 달라는 나의 요청에 조금의 망설임 없이 바로 응해 주신 〈한겨레 신문〉 국제부 정의길 기자님께도 진심으로 감사드린다. 깊이는 사라지고 강자가 독식하는 국제기사가 넘쳐나지만 맥락과 이면을 잘 채운 대기자의 면모가 바이라인 "정의길 기자"의 기사에는 잘 녹아 있다. 정의길 기자께서도 2012년 이 책의 주무대인 라까인 주 시트웨를 다녀오신 경험이 있는지라 그때의 풍경을 또한 서문에 잘 담아 주셨다.

마지막으로 내가 아카이브 속에 깊숙이 넣어 두었다 이번에 다시 꺼내든 이 출판 기획에 대한 설명으로 프롤로그를 마칠까 한다.

2013년 6월, 나는 〈미얀마(버마), 개혁과 민주화 이행기에 직면한 도전들 - 로힝야 이슈와 카친주 분쟁을 중심으로〉라는 기획아이템으로 '리영희 재단 제1회 취재지원 대상자'로 선정된 적이 있다. 그리고 약 10개월간 미얀마 서부와 북부(중국 국경), 태국, 말레이시아, 방글라데시를 오가며 로힝야 이슈와 2011년 재개된 카친주 내전 문제에 매진했다. 2014년 4월 경, 기사로 풀어야 할 글들을 마쳤을 즈음, 수많은 로힝야들이 '보트난민'이 되어 바다위를 떠돌다 빠져 죽거나 태국-말레이시아 국경 정글에서 브로커의 손에 쥐도 새도 모르게 사라지고 있었다. 그 현실이 걷잡을 수 없는 파고로 밀려왔고 나는 '로힝야 펜'을 놓을 수가 없었다. 나는 시사 주간지 〈한겨레21〉을 통해 이미 기사로 풀어놓은 밑천과 미처 풀지 못한 내용 그리고 로힝야 제노사이드의 역사적 맥락과 이 범죄의 매카니즘 등을 보충하여 퍼즐을 맞춘 로힝야 출판물을 만들고 싶은 마음이 간절했다. 그러나 출판사를 찾는데 실패하면서 기획은 아카이브 속 숙면에 들어갔다. 그러자 2016년, 2017년 대학살이 터졌다. 로힝야 제노사이드는 최악의 상황으로 치달았다. 나는 다시 기획을 만지작거렸다. 이렇게 수년간 넣었다 꺼내기를 반복했던 스토리가 이번 출판의 밑거름이 됐다. 이 책은 10년 동안 기획한 책이다. 돌고 돌아 이제야 세상의 빛을 보게 됐다.

한 출판 관계자의 표현대로 '아웅산 수치도 잘 모르는 한국사회'라는 진단은 아주 틀린 말이 아닐 수도 있다. 로힝야 책이 한국 사회 관심을 끌겠느냐는 우회적 화법이었을 터, 그러나 '대중'의 관심 유무는 나도, 출판인도, 혹은 오피니언 리더들도 섣불리 단정적으로 말할 수 없다는 게 내생각이다. 무엇보다 내가 로힝야 출판에 의지를 보인 건 대중의 관심을 기준 삼는 동기는 분명 아니었던 것 같다. 나는 2010년대 내내 그리고 지금도 '로힝야'에 대해 말하고, 쓰고, 세상과 이 문제를 공유하고 싶은 마음이 간절하다. 그동안 종족과 종교로 갈등하는 여러 분쟁들을 취재해왔지만 로힝야 커뮤니티처럼 완벽하게 벗겨지고, 고립되고, 이토록 처절하게 짓밟힌 커뮤니티를 본 적이 없다. 이유는 자명하다. 그건 로힝야가 직면해온 반세기 박해 현실이 '제노사이드'이기 때문이다. 미얀마는 로힝야의 과거를 왜곡하고, 현재를 짓누르며, 미래를 '집단 살해' 하는 중이다.

'증오의 시대'는 미얀마 만의 이슈가 아닐 것이다. '증오', 그리고 '혐오'는 마치 '시대 정신'이라도 된 듯 미얀마와 한국을 포함하여 세계 곳곳에서 우리의 몸과 맘, 삶 그리고 공동체를 갉아먹고 있다. 우리는 그런 시대를 꽤 오랫동안 지나는 중이다. 단지 로힝야라는 이유만으로, 존재를 박탈당하고 제노사이드 폭력에 노출된 그들의 이야기는 로힝야에 대한 극단적인 혐오가 만들어낸 증오의 시대를 적나라하게 비추고 있다. '로힝야 제노사이드'는 그런 시대를 살아가는 우리 모두가 교훈 삼아야 할 필수 과목이 아닐까 생각한다

글자만 봐도 오싹해지는 제.노.사.이.드. 그 범죄가 실은 일상의 차별에서부터 싹을 틔울 수 있다는 점을 알아야 하고, 특정 그룹에 대한 인종주의적 발상을 경계해야 하며, 호명조차 조심해야 한다는 건 결코 작은 교훈이 아니다. 국가가, 정부가, 정치지도자가, 공동체 지도자가 특정 집단 혹은 그 어떤 개인을 차별해도 된다는 신호를 끊임없이 보내고 그게 자연스럽게 받아들여지는 사회라면 그 사회는 훗날 댓가를 치를 것이다. 분명 치르게 될 것이다. 로힝야 제노사이드가 우리에게 보내는 경고다. 집단을 타깃하는 범죄는 개인의 일탈이 아니라는 점을. 또, 우연히 발생하는 증오 범죄란 없으며, 사회가 암묵적으로 허용하기에 발생하는 사회적 질병이자 고장난 시스템의 문제라는 점을 말이다. 그 무서운 질병이 미얀마 사회를 '로힝야 제노사이드'에 환호하거나 침묵하게 만들었다. 얼마나 끔찍한가. 이 끔찍한 질병에 대해 공유하고, 토론하고, 공감하고 싶은 간절한 마음으로 이 책을 내놓는다.

2023년 12월, 서울 이유경

목차

제1부

증오의 시대

1. 사이클론, 쿠테타, 그리고 제노사이드

2. 미얀마의 '아파르트 헤이트'

제2부

이슬람 학살

1. 폭동의 확산

2. 불교 극단주의, 군부 파시즘과 손잡다

제3부   로힝야는 '벵갈리'인가

제4부   제노사이드 반세기

제5부

그들의 고통이 쓰나미처럼 다가왔다

1. 난민, 살아남은 자들

제6부

국경의 위험한 신호

1. 죽어도 떠나는 사람들

2. '버만화'와 '이슬람화'에 맞서다

표기법

이 책에서는 미얀마의 과거 국호 '버마'와 현재 국호 '미얀마'를 혼용하였다. 기준은 국호가 공식 변경된 1989년을 기준으로 그 이전 역사를 기술할 때는 '버마', 그 이후 역사 및 사건 기술은 '미얀마'다. 같은 법칙은 로힝야들의 본향인 '라까인 주'라는 명칭에도 적용된다. 과거 이름 '아라칸' Arakan은 1989년 이전 역사에, "라까인"은 그 이후 사건들에 대해 사용한다. 다만, 1989년 이후라도 '아라칸', '버마'가 특정 고유명사에 부분 차용되었을 경우 그 이름을 그대로 쓴다. 예를 들면 2016년 10월 등장한 로힝야 반군의 이름은 '아라칸 로힝야 구원군'이다. 이 경우 1989년 이후라는 시점 적용이 무의미 하므로 '아라칸'이 들어간 해당 고유명사를 그대로 쓴다. 아울러, 무장단체들을 포함하여 미얀마의 무수히 많은 조직명들은 첫 표기에서만 풀 네임을 사용하고 그 이후로는 알파벳 약자를 사용 하였다. 예를 들면, 라까인 무장단체인 'AA'Arakan Army는 첫 사용에서는 아라칸 군Arakan Army(AA)으로 그 다음부터는 "AA"로 표기했다.

〈제노사이드 방지와 처벌에 대한 협약〉Convention on the Prevention and Punishment of the Crime of Genocide('제노사이드 방지협약')이 명시한 "protected group"의 경우 2개의 번역으로 혼용하였다. 하나는 원문에 충실한 '보호대상 그룹'이다. 또 다른 하나는 문맥상 의미 전달에 선명하다고 판단한 경우 '타깃 그룹'으로 번역하였다. 후자의 경우, 의미상 주어가 가해자(미얀마 군부)이고 그 가해자의 관점에서 범죄행동을 묘사하는 경우가 해당된다.

<약어 및 용어사전>

- **경보병연대** Light Infantry Battalion, LIB 혹은 LID : 미얀마 군 '탓마도' 엘리트 부대. 포 컷 전술을 실행하는 엘리트 부대로 창설됐다.

- **국가범죄국제연구소** International State Crime Initiative, ISCI : 퀸 메리 런던 대학교 부 설 연구소. 국가폭력, 국제범죄 등에 대한 현장조사, 보고서 발표, 전문가 훈련, 토론 등의 장을 마련하고 있다.

- **국가 평의회** Council of State : 네윈 군정 시대 〈버마연방사회주의 공화국〉의 최고 통치 기구. '군사 평의회'라고도 함. 버마 1974년 헌법 5장에 따라 행정권력과 입법기능을 모두 갖는다. 평의회는 29명의 의원으로 구성돼 있으며 1당 독재 체제이므로 의원들은 모두 '버마사회주의 프로그램 당' 소속. 평의회 의장이 버 마 연방의 대통령.

- **국가행정위원회** State Administrative Council, SAC : 2021년 2월 1일 쿠테타 군부의 통 치 기구.

- **국경없는의사회** Medicine Sans Frontier, MSF : 1971년 창설된 국제인도주의 단체. 분 쟁과 재난 현장 긴급구호활동으로 의료지원을 한다. 미얀마 군부독재 시절에 도 유일한 구호단체로 활동해왔다. 현장상황에 대한 증언과 목소리를 내는 편 이다. 1999년 노벨 평화상을 받았다.

- **국내피란민** Internally Displaced Persons, IDPs : 국경을 넘지 않은 채 한 국가 영토 내 에서 분쟁과 재난을 피해 이주한 피란민. 국경을 넘어 피란한 사람들을 지칭하 는 난민Refugee과 구분하여 사용될 때가 많다.

- **국제사법재판소** International Court of Justice, ICJ : 국가간 분쟁을 다루는 유엔 최고

법정.

- **국제적십자사** International Committee of the Red Cross, ICRC : 국제 인도주의 기구. 분쟁과 재난 지역 구호활동은 물론 분쟁 당사자들의 포로교환 등 필요시 중재역할도 한다. 정치적 중립에 엄격한 편이다.

- **국제형사재판소** International Criminal Court, ICC : 국제상설법원으로서 전쟁범죄, 반인도주의범죄, 제노사이드와 같은 국제범죄를 재판하는 법정이다. 2002년 설립됐다.

- **나 사 카** Nay Sat Kut-kwey, 'Na Sa Ka' : 경찰, 이민국, 세관 등의 기능을 포괄한 라까인-방글라데시 국경순찰업무국. 사실상 로힝야 통제 관련한 업무를 특정 받아 담당해 온 기구로서 1992년 12월 창설됐다가 2013년 7월 해체됐다. 로힝야 인권침해로 악명 높았다. 해체 이후 나사까의 임부는 국경 경찰에게 모두 이관되었다.

- **나 탈 라** Na Ta La : 1990년대 시작된 미얀마 서부 라까인 주의 불교도 정착촌 프로젝트. '모델촌'으로 더 잘 알려져 있다.

- **라까인민족개발당** Rakhine National Development Party, RNDP : 2010년 총선에서 신생정당으로 등장하여 라까인 주 제 1당으로 선출된 라까인족 정당. 우익 민족주의자 '닥터 에 마웅'Dr. Aye Maung이 이 당의 대표. 2014년 1월 〈아라칸 민주동맹〉 Arakan League for Democracy(ALD)과 합당하여 2014년 1월 〈아라칸민족당〉 Arakan National Party('ANP')로 재 창당됐다. 이후 닥터 에 마웅은 ANP에서 분당하여 보다 우익성향의 아라칸전선당Arakan Front Party('AFP')을 창당했다.

- **라까인민족영토재건설위** (Ancillary) Committee for Reconstruction of Rakhine National Territory in the Western Frontier, 'CRR' : 2017년 로힝야 제노사이드 이후 결성된 라까

인족 단체. 로힝야 지역에 라까인 불교도 재정착을 적극 추진 중인 단체.

- **라까인 조사 위원회** Rakhine Commission of Inquiry : 2012년 폭력 사태 진상 규명을 위해 테인 세인 정부가 꾸렸던 위원회. 약칭 '라까인 위원회'

- **로힝야연대기구** Rohingya Solidarity Organization, RSO : 1982년 창설된 로힝야 무장단체. 90년대 말 이후 사실상 활동을 중단했으나 2017년 대학살 이후 방글라데시 국경일대 특히 '노 맨즈 랜드'No Man's Land로 알려진 국경 끝자락에서 여전히 활동 중인 걸로 알려졌다. 2023년 7월 또 다른 로힝야 무장단체인 ARSA와 충돌했다.

- **론 테인** Lon Thein : 라까인 지역 시위진압 경찰.

- **969운동** : 승려들이 주축이 된 미얀마의 불교 극단주의 운동

- **마 바 따** Ma Ba Tha(종족 및 종교 수호기구) : '969 운동'에서 조직적으로 진화한 불교 극단주의 조직

- **마유 접경 행정구역** Mayu Frontier Administration, MFA : 1961 ~1964년 로힝야들의 요구에 따라 아라칸 주 마유강 북쪽 로힝야들 주 거주지인 마웅도, 부띠동, 라띠동 일부 지역을 아라칸의 다른 지역과 구별하여 설정한 행정구역. 랑군 중앙정부의 직할 통치를 받았다.

- **마을 행정관** Village Administrator, VA : '마을 이장'격 하위 공무원.

- **민족통합정부** National Unity Government, NUG : 2021년 2월 1일 전년도 총선에서 민주적으로 선출되었으나 쿠테타로 권력을 찬탈 당한 의원들 중심으로 세운 민주진영의 과도정부.

- **반파시스트자유연맹** Anti Fascist People's Freedom League, AFPFL : 1945년 아웅산 장군을 비롯한 '30인의 동지들'이 구성한 정치 동맹. 1944년 8월 일본 점령에 맞선 조직 AFO가 발단. 1945년 3월 AFO는 AFPFL로 명칭 변경. 1947년 영국과 독립

을 협상한 주체였으며, 1948년 버마독립 후 초대 정부 구성한 정치 세력.

- **버마독립군** Burma Independence Army, BIA : 아웅산과 '30인의 동지'들이 대영 식민
  투쟁을 위해 1941년 일본에서 군사훈련을 받고 결성한 군대. 그해 12월 14일
  시작된 일본의 버마 침공 당시 일본군과 함께 버마로 돌아옴. '탓마도'Tamadaw의
  기원.

- **버마사회주의프로그램당** Burma Socialist Programme Party, BSPP : 1962년 쿠테타 주역
  네윈 군정의 일당 독재 시기 집권당

- **버마학생민주전선** All Burma Students' Democratic Front, ABSDF : 1988년 반군부독재
  항쟁 이후 결성된 학생무장조직.

- **보편 관할권** Universal Jurisdiction : '보편적 사법권'으로도 번역할 수 있다. 전쟁범
  죄, 반인도주의 범죄, 제노사이드 등 심각한 범죄행위에 대하여 가해자의 국적
  이나 범죄행위가 발생한 장소와 관계없이 사법권을 행사할 수 있는 역외관할
  권을 말한다..

- **소수민족군대** Ethnic Armed Organization, EAOs : 미얀마의 소수민족군대를 일컫는
  말로 약어 'EAO' 혹은 복수형 'EAOs'로 표현될 때가 많다. 현재 20여개가 활동
  중이며 활동 수위는 천차만별이다. 일부는 친 군부 성향으로 분류된다.

- **스웨-틴-싯** Swe-Tin-Sit : "Map-Record-Check"라는 뜻. 로힝야만을 대상으로
  한 '가족명부'. 라까인 주 북부에서 매년 이 명부에 기반하여 로힝야 가구 조사
  실행. 2014년 유엔인구기금(UNFPA)의 지원을 받아 실시한 미얀마 인구조사에
  서 로힝야는 배제됐다.

- **시민방위군** People's Defense Force, PDF 2021년 2월 쿠테타 이후 반군부 무장시민조
  직. 민주진영 정부인 〈민족통합정부〉(NUG)의 군사국.

- 시민적 및 정치적 권리에 관한 국제규약 International Convenant on Civil and Political Rights, "ICCPR"

- 세계인권선언 Universal Declaration of Human Rights, UDHR

- 세계식량기구 World Food Programme, WFP

- 아동의 권리에 관한 협약 Convention on the Rights of the Child, "CRC"

- 아라칸 군 Arakan Army, AA : 2009년 4월 10일 창설된 라까인 주의 주류 종족 라까인 족 무장 단체. 1994년 출범한 민족연합인민동맹National United People's Alliance(약칭 'NUPA') 군사국으로 같은 이름을 지닌 '아라칸 군'과는 다른 조직.

- 아라칸 독립기구 Arakan Independent Organization, AIO : 1970년대 창설된 라까인주 라까인 족 중심의 무장조직으로 종교적 색채를 배제하고 로힝야 단체와의 연대를 모색하던 조직.

- 아라칸 로힝야 구원군 Arakan Rohingya Salvation Army, ARSA : 2016년 10월 9일 첫 모습을 드러낸 로힝야 무장 단체. ARSA의 첫 등장은 군부의 로힝야 대학살 "청소작전"의 표면적 트리거가 됐다. 이듬해 2017년 8월 25일 두번째 공격을 감행했고, 이 공격을 구실로 제노사이드 대학살이 발생했다.

- 아라칸 로힝야 독립 전선 Arakan Rohingya Independent Front, ARIF : 1986년 창설되어 90년대까지 활동하던 로힝야 무장단체. 1998년 RSO와 합병하여 ARNO를 창설했다.

- 아라칸 로힝야 민족 기구 Arakan Rohingya National Organization, ARNO : 2001년 결성된 로힝야 무장정치조직. 창시자인 로힝야 출신 변호사 누룰 이슬람이 현재 영국에 기반을 두고 활동 중이다. 현재는 로힝야 디아스포라 조직의 성격을 지닌다.

- 아라칸 민족당 Arakan National Party, ANP : 2014년 출범한 라까인 민족주의 정당.

- **아라칸 인민 행정처** Arakan People's Authority, APA : 아라칸 군(AA) 정치국인 ULA/AA의 행정조직.

- **아라칸 전선당** Arakan Front Party, AFP : 라까인 극우 정치인 에 마웅Dr. Aye Maung이 2018년 10월 ANP에서 분파하여 결성한 정당.

- **여행 허가증** Travel Authorization, TA : 악세스 제약이 일상인 라까인 주에서 구호기관이나 미디어들이 각각 구호활동과 취재를 위해 해당 지역에 접근하려면 미얀마 당국이 요구하는 서류 제출 등 관료적 절차를 거쳐 허가를 받아야 한다. 그 허가증을 "TA"라고 부른다.

- **연방연대개발협회** Union Solidarity Development Assocation, USDA : 1993년 9월 15일 결성된 친군정 "엔지오".

- **유엔인도주의업무조정국** UN Office for the Coordination of Humanitarian ffairs, OCHA

- **유엔난민기구** Office of the United Nations High Commissioner for Refugees, UNHCR

- **인민의회** CRPP, Committee Representative for People's Parliament : 1990년 총선 결과를 인정치 않는 군부에 맞서 90년대 선출된 의원들이 구성한 대안의회

- **일반행정처** General Administration Department, GAD : 미얀마 타운쉽(구) 단위 지역 정부. 2018년 12월 28일 NLD 정부는 본래 (군부가 관리하는) 내무부의 통제를 받던 GAD를 연방정부(중앙정부) 산하로 두어 민간 정부가 직접 통제하는 구조를 만들었다. 그러나 2021년 5월, 그해 2월 쿠데타로 권력을 찬탈한 군부 통치 기구 SAC은 다시 내무부 산하로 통제 구조를 돌려놨다.

- **전국 승려 마하 나야까 위원회** State Sangha Maha Nayaka Committee : 정부가 임명한 위원들로 구성된 관변단체 성격의 승려연합회.

- **카렌민족연합** Karen National Liberation Army, KNLA 카렌족 무장단체. 정치국은 카렌

민족연합(KNU). 1949년부터 무장투쟁에 돌입한 카렌은 세계 최장기 내전 당사자다

- **카친독립군** Kachin Independence Army, KIA 카친족 무장 단체. 정치국은 카친독립기구(KIO)

- **탓마도** Tatmadaw : '군대'라는 의미의 버마어로 미얀마 군, 혹은 군부를 지칭하는 고유명사 처럼 사용된다.

증오의 시대

제1부

1.

사이클론, 쿠테타,
그리고 제노사이드

2008년 5월.

2일 밤 몰아친 사이클론 '나르기스Nargis'가 미얀마 곡창지대 이라와디 델타를 강타하면서 순식간에 13만 명이 넘는 목숨이 사라졌다. 아랑곳없이, 미얀마 군사정부 통치기구인 〈국가평화개발평의회〉(이하 'SPDC')는 '골든 타임'이 중요했을 긴급구호도, 재난의 참상을 전하려던 외신기자들의 입국도 차단하기 바빴다. 재난 발생 후 거의 3주가 지나서야 군부와 동남아국가연합ASEAN(아세안), 그리고 유엔이 '3자 핵심 그룹'Tripartite Core Group이라는 공동대응체계를 꾸렸고 구호단체들의 재난 지역 접근과 구호 활동이 겨우 시작됐다.

구호는 '골든 타임'을 놓쳤지만, 취재엔 딱히 '골든 타임'이랄 게 없었다. 며칠, 아니 몇 주가 지나도 재난 현장 복구는 계속될 것이고 미얀마는 뉴스가 마르지 않는 나라다. 미얀마에 입국하려 안달이 난 태국 방콕의 기자들은 어제도 오늘도 〈태국외신기자클럽〉(FCCT)에 모여 유엔 산하 기관들의 브리핑을 듣는다. 사이클론 직후 날렵하게 취재를 다녀온 동료들의 경험담을 듣는 날엔 클럽 펜트하우스에 빈자리가 없었다. 비자 받기 노하우, 재난 지역 접근 노하우 등 깨알 같은 정보에 목메고 모으느라 바빴던 게 그해 5월이다. 기자들이 다양한 직업으로 위장하여 관광비자를 신청한다는 사실을 모를 리 없는 군부가 유례없는 재난으로 곡 소리 나는 나라에 '관광' 가겠다는 외국인을 의심하는 건 당연했다. 직업란에 흔히들 적던 '영어선생' 같은 건 '비자 거부' 보장하는 직업이 된 지 오래고. 그래서 생각해 낸 '비자용' 직업이 '보석 디자이너'다. 친구의 조언 따라 나는 보석 디자이너가 되기로 했다. 미얀마는 옥, 루비, 사파이어, 각종 다이아몬드..'값나가는 돌' 자원이 많은 나라다.

여권부터 바꿨다. 굵은 알이 박힌 목걸이를 두르고, 방콕 미얀마 대사관에 비자 신청서를 낸 후 영사과 직원과 투명 가림막을 사이에 두고 인터뷰를 했다. 당시 관행상 관광비자 신청자를 30분 넘게 붙잡고 질문 한다는 건 대사관이 '미디어 종사자 색출' 의지가 얼마나 강한 지 짐작케 했다. '보석 디자이너로서 사업 구상 중에 영감도 얻을 겸..'으로 시작한 선한 거짓말을 풀었던 걸로 기억한다. 인터뷰 통과. 새 여권에 붙은 첫 비자에는 '작은 체구의 아시아 여성이 설마 잠입취재라도 할 외신 기자일리가 없다' 정도의 편견과 '굳이 의심할 대목이 없으니 찍어는 주지만'..정도의 마지못한 느낌이 묻어 있었다. 나로서는 취재할 수 있게 됐다는 환희도 잠시, 더욱 예민하게 활동하고 있을 '특별지부'[8]의 눈을 피해 다니는 게 관건이었

---

8 활동가들과 시민들 감시 정차하는 경찰 정보국. "Special Branch"라는 이름으로 통한다. 이유경, 2007, "버마, 사방에 밀고자", 한겨레21, 12/13/2007

다. 1962년 네윈의 군사 쿠테타 이래 미얀마는 각기 다른 장성들이 각기 다른 이름의 간판을 달고 권력을 주물러 온 반세기 군부독재 국가다. 걸어 다니는 생명체라면 사찰당하기 쉬운 나라가 바로 미얀마다.

돌발시위, 추방

양곤 바한 타운쉽에 위치한 〈민족민주동맹〉(이하 'NLD') 당사를 찾았다. 대변인 양 윈Nyang Win은 심각한 재난에도 불구하고 구호물자와 취재진 봉쇄에 급급한 군부 행태에 개탄했다. 양곤 다운타운 한 고층호텔에서 만난 영화감독은 사이클론 희생자 가족들에게 무료 장례 서비스를 제공하는 〈무료장례봉사회〉Free Funeral Service Society(FFSS) 활동가까지 잡혀가고 있다고 말했다. 그의 낮고 조용한 목소리엔 분노가 치밀었다.

6월 16일, 가택 연금 중인 아웅산 수치의 63세 생일잔치가 생일보다 3일 이르게 열렸다. NLD 당사 안팎은 지지자들로 북적댔고 당사 밖에선 비둘기 날리기 퍼포먼스가 한창이다. 당사 건너편에서 '보이지 않게' 진을 치고 있었음에 분명한 친군정 "엔지오" 〈연방단결개발협회〉Union Solidarity Development Association(이하 'USDA'[9])와 '특별지부'임에 분명한 사복경찰 무리들이 갑자기 '떼'로 모습을 드러낸 건 그야말로 순식간이었다. USDA의 밀리시아militia조직으로 통하는 '스완 아생'Swan Arr Shin('힘의 대가' 정도의 의미)까지

9   1993년 당시 군정 SLORC이 출범시킨 관변단체 성격의 시민단체다. 군부가 시민사회와 대중들에 침투하는 방식의 전술을 채택함에 따라 만든 친군정 "엔지오"로 통한다.

픽업 트럭으로 동원됐다. 고성이 오갔고 강제 연행이 벌어졌다. 드라마에서나 봤던 '정치 깡패'들의 소란이 눈앞에 펼쳐졌다. 투명인간처럼 조신조신 튀지 않게 취재하던 나는 예상치 못한 돌발상황에 더 이상 모습을 감출 수 없게 됐다. 'NLD 본부 앞에서 벌어지는 전례 없는 '옥외 돌발 시위'라…' 미얀마 민주화 운동사에 한 문단정도는 남을 만한 사건이라 생각했다. 그 날을 포함하여 민주인사들에게 폭력행사를 서슴지 않던 USDA는 2010년 6월 같은 이름에 끝 단어만 'association 협회' 대신 'party 정당'를 붙여 '연방단결개발당(USDP)'이라는 정당으로 변모했다. 2010년대 개혁의 시대가 열리고 '준민간정부'가 들어서면서 민간복으로 갈아입었던 군장성들은 모두 USDP라는 '신당' 깃발 아래 모였다. 그들은 '민간 정치인' 흉내를 냈다.

그 돌발상황으로 인한 노출 때문이었을 게다. 사이클론 나르기스 현장을 취재하고 한 주쯤 지난 6월 22일 아침 7시경, 사복경찰 5명이 내가 묵고 있던 오키나와 게스트 하우스에 들이닥쳤다. 그들은 내게 'NLD 사무실에 간 이유'를 캐물었고, 내 가방을 수색했으며 사이클론 피해 현장이 담긴 CD를 압수해갔다. 나는 공항으로 이송됐고, 울며 겨자먹기로 방콕행 비행기에 올랐다. 나 뿐만이 아니다. 미국 뉴욕에 본부를 둔 〈기자보호협회〉Committee to Protect Journalist는 나를 포함하여 총 4명의 외신 기자들이 추방됐다며 미얀마 군부가 기자들의 취재행위를 방해하지 말아야 한다는 비난 성명을 발표했다.[10]

....

10   Committee to Protect Journalists, 2008, "Authorities Deport South Korean Freelance Journalist", 06/25/2008, https://cpj.org/2008/06/authorities-deport-south-korean-freelance-journali/

군부독재 국가 미얀마는 오랜 세월 언론의 취재활동 자체가 허용되지 않는 나라였다. 그 점을 감안하더라도 당시 군부가 구호 기관과 언론을 사이클론 재난 현장으로부터 안간힘을 다해 떼어내려 했던 건 정권 안보에 어느때 보다도 더 사활을 건 집념의 행동이었다. 당시 미국국제개발처 United States Agency for International Development('USAID') 인도주의 업무담당자로서 나르기스 직후 군사정권과 악세스 문제로 협상했던 그레고리 고틀리에브 Gregory Gottlieb는 2018년, "10년 후, 사이클론 나르기스가 여전히 미얀마에 교훈 주고 있다"10 years after, Cyclone Nargis still holds lessons for Myanmar" 제하의 글을 한 매체에 기고한 적이 있다.[11] 그는 기고문에서 "내가 협상해야 했던 군장성들이 국제구호기관 직원들의 비자를 거부하면서 구호물자를 실은 선박의 입항을 미루기도 했다"고 당시를 회상했다. 또한 "현지 구호 활동가들을 대체하는 일반 시민까지 체포했던 이들"이 군부였음을 재차 고발했다. 군부는 긴급 구호 매뉴얼과 정반대로 갔다. '카테고리 4'라는 심각한 재난에다 초기 대응까지 늦어진 인재의 대가는 너무 컸다. 수백만명이 부상, 배고픔, 홈리스 상태로 방치됐고 가옥 70만채가 완전 혹은 부분 파괴됐다. 의료 시설도 75%가 파괴됐다.[12]

11　Gregory Gottlieb, 2018, "10 years after, Cyclone Nargis still holds lessons for Myanmar", *The Conversation*, 05/02/2018, https://theconversation.com/10-years-after-cyclone-nargis-still-holds-lessons-for-myanmar-95039

12　Pam Steele, 2013, "Disaster preparedness : lessons from cyclone Nargis", *The Guardian*, 07/16/2013, https://www.theguardian.com/global-development-professionals-network/2013/jul/16/cyclone-nargis-burma-disaster-relief-aid/

군부의, 군부에 의한, 군부를 위한 '민주화' 로드맵

나는 왜 '로힝야 제노사이드'를 다룰 이 책의 도입부에 2008년 5월 사이클론 이야기를 가져왔을까. 로힝야를 겨냥한 무자비한 국가 폭력과 그 폭력에 부역하며 로힝야 혐오 캠페인에 전력 투구해온 미얀마 불교 극단주의 세력들, 그리고 미얀마 사회에 만연한 '안티-로힝야' 정서까지 이 모든 게 화학적으로 반응하며 로힝야 대학살까지 보게 된 건 '2010년대'다. 그 시대 예고편이 바로 '2008년 5월' 사이클론 나르기스에서 시작됐다.

사이클론 나르기스 직후 군부가 긴급구호와 취재에 빗장을 걸어 잠근 데는 중요한 이유가 있었다. 재난 발생 한 주 뒤인 5월 10일, 군부는 그들이 공들여온 '군정헌법'에 대한 찬반 국민투표를 앞두고 있었다. 사이클론을 이유로 국제 언론과 단체들이 미얀마 내에 포진하는 상황은 군부가 원하는 그림이 아니다. 그렇지 않아도 국민투표는 공정성 논란이 일었고 유례없는 재난과 난리통에 밀어붙인 선거인데다 공정하고 자유롭게 치러질 리 만무했다. 아시아 지역 선거를 빠짐없이 모니터하는 〈자유선거를 위한 아시아 네트워크〉Asia Network for Free Election, ANFREL의 모니터 활동도 군부는 허용치 않았다. 그나마 1988년 항쟁 세대 학생 운동가들로 구성된 〈88 세대〉와 4개의 미얀마 시민단체가 온갖 난관을 뚫고 공동 모니터 활동을 수행, 기록으로 남겼다.

5월 15일, 군부는 공식 발표를 통해 투표율 99.7%, 찬성 92.4% 라는 수치를 내놨다. 이 국민투표에서 군부는 "방글라데시에서 넘어온 불법 이민자"라면서 시민권을 박탈해 온 로힝야들에게 투표권을 부여하는 '기행'을 보였다. 이 책 중-후반부에 반복적으로 언급하게 될 '화이트 카드'(외국인에게 배포하는 임시 체류증의 성격)가 그 '기행'의 도구인데, 로힝야를 찬성표로 이용하기 위한 수작이었다. 그렇게 통과된 2008년 헌법은 상하 양원 의회 25%는 군복입은 군인들 몫으로 배정됐고(2008 헌법 109조 (b)항 & 141조 (b)항), 내치에 치명적으로 중요한 내무부, 국방부 그리고 국경이민부는 군 총사령관이 직접 장관을 임명할 수 있게 보장했다(2008 헌법 20조(b)항). 뿐만 아니라 쿠테타 조차 합헌으로 만들어 놓은 헌법이 바로 2008년 군부 헌법이다. 헌법 417조는 다음과 같이 명시하고 있다.

"만일 비상사태를 선포할 충분한 이유가 있을 경우, 예컨대 반군활동과 폭력, 타당하지 않은 강제적 수단에 의하여 미얀마 연방에 분란이 오거나 국가단합을 깨트리는 상황이나 국가 주권 상실을 야기할 상황이 올 경우 대통령은 '국가국방안보위원회'National Defence and Security Council(NDSC)와 협의한 후에 비상사태를 선포할 수 있다. 비상사태는 선포일로부터 1년간 유효하다" [13]

이 헌법은 민주진영과 소수민족들이 열망해온 연방제 정신과는 거리가 먼 기안 과정을 거쳤다. 2007년 9월 3일, SPDC는 1993년부터 진행해온 전민족대표자회의National Convention 마무리 작업인 헌법 기안을 위해 54명의 '헌법기안위원회'Commission for Drafting the State Constitution(CDSC) 위원들을 직접 임명했다. NLD와 독립적 성격의 정당들은 모두 배제됐다. 그렇게 작성된 헌법은 "군이 국가의 지도자로서" 권력의 핵심 요직을 당연직으로 장악

---

13 미얀마 2008년 군정 헌법 전문은 다음의 링크 참조 http://www.myanmar-law-library.org/law-library/laws-and-regulations/constitutions/2008-constitution.html

하게 했다. 뿐만 아니라 2008 헌법 7장은 소수민족무장단체(EAOs)의 국경 수비대(BGF)로의 전환을 의무사항으로 명시해놓았다.[14] EAOs의 BGF로의 전환은 EAOs를 탓마도Tatmadaw의 명령과 통제하에 복속시키겠다는 발상이다. 수십년 EAOs가 목표로 싸워온 '자치'와 '연방제'의 꿈은 물 건너 갈 가능성이 커졌다.[15]

이처럼 비상사태 선포와 쿠테타를 벌이는 한이 있더라도 권력을 놓지 않겠다는 군부의 작심, 그리고 소수민족군대를 탓마도 아래 복속시키겠다는 모욕적 발상이 2008년 군정 헌법정신이다. 사이클론이라는 국가 대재난사태에도 불구하고 군정헌법 통과에 집착한 인면수심 행태가 바로 2010년대의 '개혁 개방' 성격을 역설한다.[16] 2010년 11월 총선을 거쳐 이듬해 3월 출범한 테인 세인 정부는 2008 군정 헌법 시대 첫 정부다. 군부는 "규율과 번영의 민주주의"라는 자신들의 기획에는 철저했지만 사이클론으로 사라진 목숨이나 파탄 난 민생은 신경 쓰지 않았다. 사람보다 권력이 먼저였다.

....

14 Border Guard Force Scheme, *Myanmar Peace Monitor*, https://www.mmpeacemonitor.org/border-guard-force-scheme/

15 역사적으로 연방제를 당론으로 표방한 당에는 '연방단결당'(Federal Union Party, FUP)이 있다. 2013년 10월 28일, 미얀마 선관위는 16개의 소수민족 정당들이 모여 만든 이 당을 공식 승인하며 2015년 총선출마의 길을 터주었다. FUP는 37명의 후보를 냈고 한 석도 얻지 못했다. FUP가 친군부 정당 USDP는 물론 NLD까지도 대항마로 설정했던 건 반군부가 아니라 버마족 주류 정치질서 전체에 도전장을 낸 '소수민족 연합정당'으로서의 성격을 분명히 한 것이다.

16 엄밀히 말해 2008년 군부 헌법과 그에 기반한 2010년대 미얀마 '민주화'는 1993년 SPDC 전신 '국가법질서회복위원회'(SLORC) 시절부터 추진돼 온 군부의 '민주화를 향한 7대 로드맵'(Seven Steps Roadmap towards Democratization) 즉, '군부식 민주화 로드맵'에 따른 대 기획으로 볼 수 있다. Htet Aung, 2007, "Burma's Rigged Road Map to Democracy", *The Irrawaddy* – Volume 15 No.8, 08/2007 https://www2.irrawaddy.com/article.php?art_id=8052

주목할 사실이 있다. 2008년 구호단체와 외국 언론의 드나듦을 지독하게 통제하는데 책임이 큰 이는 '국가재난본부장'을 맡았던 테인 세인Gen. Thein Sein 당시 총리(2007~2011)다. 아이러니 하게도 재난 앞에 문 걸어 잠그던 그가 2010년대 '개혁적' 인물로 세탁되어 대통령직에 오른 것이다. 개혁의 대상이 '개혁'을 주도하는 '민주화' 시대가 열렸다.

'개혁 개방' 환희에 묻혀버린 제노사이드 '전주곡'

2010년대가 열렸다. 탓마도는 자신들이 주도하는 '위로부터의 개혁'에 따라 '미얀마가 민주화되고 있다'는 허상을 대내외적으로 심어주는 데 일면 성공했다. 이를테면 브뤼셀에 본부를 둔 씽크탱크이자 국제 분쟁 이슈를 면밀히 분석해 온 〈국제위기그룹〉International Crisis Group은 "개혁적 지도자" 테인세인 대통령에게 평화상을 수여하는 무리수를 택했다.[17] 게다가 보도자료가 나온 시점은 2012년 11월이고 수상 시점은 2013년 4월이다. 미얀마 서부 라까인 주에서 이 주의 주류종족 라까인 불교도와 미얀마 군경이 결탁하여 백여명의 로힝야들이 학살된 2012년 6월의 폭력 사태 이듬해에 그 책임자에게 평화상을 수여한 것이다. 2012년 6월 폭력 사태는 약 14만명에 달하는 로힝야들을 라까인 주 주도州都인 시트웨 외곽으로 대거 축출하는 '인종청소'로 이어졌다. 로힝야를 다른 모든 커뮤니티와 철저히

....

17 "In Pursuit of Peace Award Dinner : Peace, Prosperity and the Presidency", 2012, *International Crisis Group*, Media Release, 11/26/2012 https://www.crisisgroup.org/who-we-are/crisis-group-updates/pursuit-peace-award-dinner-peace-prosperity-and-presidency

분리시키는 '미얀마판 아파르트 헤이트'가 보다 더 공고해진 것이다.

2012년 6월 폭력 사태 한달 후인 7월 11일 테인 세인 대통령은 〈유엔 난민기구〉(UNHCR)에 "벵갈리(로힝야 비하 호칭)들을 받아줄 나라가 있으면 그 나라(제 3국)에 정착하게 해달라"고 말해 국제인권단체들로부터 큰 비판을 받았다. 난민 이슈와 난민 재정착의 기술적 절차조차 이해하지 못한 채 로힝야들을 어떻게 하면 나라밖으로 축출할 수 있을까 하는 점에 집착한 발언이었다. 당시 UNHCR 대표이자 현 유엔 사무총장인 안토니오 구테헤스는 이 요구를 단칼에 거절했다.[18] 당연하게도.

개혁 대상이 개혁을 주도하고, 타도 대상이 '민주화 이행기' 마차를 전두 지휘하는 기이하고도 모순적인 시대가 2010년대였다. 그 시대, 군부의 명맥을 잇고 있는 테인세인 정부는 70년대 중후반부터 차곡차곡 이행해온 로힝야 제노사이드 정책에 박차를 가하며 대로힝야 폭력수위를 높였다. 모두가 '민주화'라는 요란한 커튼에 눈이 쏠린 사이 벌어진 일이다.

2010년대 '미얀마가 민주화되고 있다'는 허위의식에 성공적으로 안착한 군부는 아웅산 수치와 NLD, 그리고 〈88세대〉 등 '올드' 민주화 세대와, 로힝야를 단 한 번도 만나 본 적 없는 대다수 시민들을 '불교+버마+민족주의' 사슬로 묶어 버렸다. 그리고는 미얀마 사회 꽤나 보편적으로 자리잡은 '이슬람 포비아' 증상을 적극 부채질했다. 단언컨대, 군부가 2010년대 로힝야에 대한 폭력의 수위를 높이고 대학살을 감행할 수 있었던 건 로힝야

---

18 "UN rejects Thein Sein's potential Rohingya plan", 2012, *DVB*, 07/13/2012, https://reliefweb.int/report/myanmar/un-rejects-thein-sein%E2%80%99s-potential-rohingya-plan

를 향한 인종주의적 혐오가 미얀마 사회 보편적 혐오였기에 가능했다. 군부는 대중들의 동의에 기반한 로힝야 억압책을 거세게 몰아붙였고 주 협력자인 불교 극단주의 조직들의 몸집은 지속적으로 불어났다. 그 대표적 조직인 불교 극단주의 운동 '969 운동'이나 그 후신 '마바따' 운동은 2010년대 미얀마를 휘감았던 불교파시즘의 선두 주자들이다.

로힝야 혐오 시위 '인 서울', 네버 어게인

로힝야를 겨냥한 보편적 혐오는 미얀마 거주 미얀마인들 뿐 아니라 군부독재의 박해로부터 피신하여 해외에 정착한 디아스포라 그룹 사이에서도 어렵지 않게 목격됐다. 한국도 예외가 아니어서 수도 서울 한복판이 혐오 시위로 타오른 시점이 있다. 2017년 9월 24일, 유엔난민기구(UNHCR) 서울 사무소 앞에서 한국에 체류 중인 미얀마인들 수백명은 "(로힝야 무장단체) ARSA 테러리스트 꺼져라"와 같은 구호를 외치며 안티-로힝야 시위를 벌였다. 시위는 1회였지만 이들이 온라인상에서 벌여온 혐오 캠페인이나 로힝야와 미얀마를 잘 알지 못하는 언론들이 제공한 지면과 '공공재'인 전파를 빌어 이들이 자행한 건 로힝야 대학살이 불가피한 대테러 군사작전이라는 식의 선동이었다. 또한 '로힝야'를 비하하는 호칭 "벵갈리"를 사용하여 "벵갈리는 불법 이주자"라는 식의 주장도 서슴지 않았다. 이렇게 주장하는 이들 다수가 난민이고 이주 노동자들이다. 이 일련의 발언과 사건은 내게 실로 큰 충격을 주었다. 조금 과장하면 트라우마로 남을 지경이었다.

로힝야 제노사이드 같은 심각한 범죄와 인권침해에 대해서는 침묵 만으로도 해당 범죄에 동조자가 될 수 있다. 심지어 시위라는 적극적 행위와 목소리로 로힝야 혐오를 선동한 '민주 투사'들의 행태에는 두 가지 메시지가 담겨 있다.

하나는, 로힝야 학살을 비판한다는 명분으로 그 시기(2016년 이후) 미얀마 정부의 수장이었던 아웅산 수치 정부를 흔들지 말라는 것이다. 88항쟁 학생운동 지도자이자 2009년 광주인권상을 옥중 수상한 민코나잉조차 로힝야 대학살이 정점에 이르던 2017년 9월 13일 '88세대 기자회견'장에서 "우리는 아웅산 수치 정부의 대로힝야 대응을 지지한다"고 말했다. "미얀마가 예민한 민주화 과정에 있으므로 아웅산 수치 정부를 흔들어서는 안된다"는 게 그의 논리였다. 2017년 8월과 9월은 그렇게 안팎으로 잔인했다.

또 다른 의미는 미얀마 대중들 의식 속에 내재된 이슬람 포비아 정서가 무슬림 주류의 로힝야들에 대한 일말의 동정도 모조리 거세했다는 점이다. 미얀마 주류 사회가 로힝야를 바라보는 시선은 혐오적이고, 집단적이며, 폭력적이다. 그러고 보면 군부는 아웅산 수치 정부하에서 로힝야 대학살을 감행함으로써 NLD 정부를 의도적으로 '늪'에 빠뜨린 꼴이기도 한데, 안타깝게도 아웅산 수치와 NLD는 그 '늪'에서 기꺼이 허우적거렸다. 허우적거렸을 뿐만 아니라 애국주의가 근간이 된 '치어리더' 역까지 도맡았다.

이에 반해 군부는 그들이 세탁 중인 '민주화 이행기'에도 자신들의 지배이념과 통치 근간을 허물지 않았고, 궁극적인 헤게모니도 잃지 말아야 한다는 점에 철저했다. '민주적' '개혁적' 인척 할 수 있을 지는 모르지만, 군부 '탓마도' 조직의 뿌리 깊은 '버마+불교+민족주의' 우월 사상만은 그들에게 양보 불가한 마지노선이다. 지배계급의 분열 정책은 생뚱한 이슈를 파고드는 게 아니다. 다수 대중이 동의하는 세계와 가치를 잘 버무려 선동할 때 분열 정책은 완벽하게 작동한다. 군부 기획의 '민주화 이행기' 2010년대 미얀마에서 "벵갈리 테러리스트"라는 네이밍은 분열 통치의 완벽한 기제였다.

쿠테타 3.0

그렇게 기획됐던 군부주도 '민주화 이행기'는 딱 10년만에 멈춰섰다. 로힝야 대학살 후 3년 반이 지난 2021년 2월 1일, 민 아웅 라잉 총 사령관의 탓마도는 또 다시 쿠테타를 일으켰고 '절대 군정'의 시대로 복귀했다. 1962년 네윈의 쿠테타, 1988년 9월 18일 88항쟁 후속타로 발생한 소 마웅의 쿠테타에 세번째 쿠테타였다.

'쿠테타 3.0'은 군부가 자신들의 기획대로 추진해 온 10년의 '민주화 실험'이 더이상 자신들의 정치권력 유지에 도움이 되지 않는다고 판단한 시점에 감행됐다. 군부는 2020년 11월 총선에서 NLD 압승을 보며 민주적 선거로는 도저히 권력을 잡을 길이 없다는 걸 재차 확인한 것이다.

2015년 11월 총선에서도 친군부 정당 연방단결개발당(USDP)이 NLD에 패배한 바 있다. 이듬해 4월 1일, 미얀마에선 62년 네윈 쿠테타 이후 처음으로 민선 정부가 공식 출범했다. 무려 '공정'하고 '자유'로운 '민주'적 선거를 통해 선출된 정부였다. 1988년 시민항쟁 속에서 태어나 20여년간 군부로부터 극심하게 탄압받아 온 NLD가 그동안 보여온 빈약한 정치력이나 버만족—불교도 중심의 중앙집권 통치방식이라는 한계에도 불구하고 정권 창출에 성공한 건 민주화의 긴 흐름에서 분명 진일보한 역사적인 사건이다.[19]

　그렇다면 군은 왜 2016년 아웅산 수치 정부 출범은 사보타쥬 하지 않았을까. 내가 보는 답은 의외로 간단하다. 일면 드라마틱해 보이는 민선 정부 탄생 과정 자체가 군부의 오랜 기획인 '7단계 민주화 로드맵'7 steps roadmap to democracy에 따라 진행됐기 때문이다. 미얀마가 2011년 개방 노선을 본격화하기 전까지 군정 통치 기구였던 SPDC는 2000년대 초반부터 소위 "규율과 번영의 민주주의"“discipline flourishing democracy”를 향한 '군부 버전 민주화 로드맵'을 추진해왔다. 2015년 총선은 그 결과조차 자신들의 '규율과 번영의 민주주의'라는 대기획의 첫 실험대였으니 이를 뒤집을 맘이 없었던 군부는 NLD 정부 구성을 당장 방해할 필요까진 느끼지 않았던 것으로 풀이된다. 게다가 2010년 총선을 보이콧했던 아웅산 수치와 NLD가 2015년에는 입장을 바꿔 총선에 참여했던 터라 군부는 자신들의 '민주화 로드맵'에 NLD가 들어온 것만으로도 일단 승자였다. 무엇보다 NLD 정부라 하더라도 군이 내무부, 국방부, 이민국경부 등 주요 부처를 장악하면서, 앞서 언급했듯, '하이브리드형' 정부 성격이 강했던 터라 NLD 정부를 군이 방해할 필요는 없었다.

　그러나 두번째 총선인 2020년 사례는 달랐다. 반복된 패배였다. 선거

19　이유경, 2021 9월. "미얀마 군부, '시대'를 착각하고 '세대'를 오해했다.", 연세대 국학연구원, 연세대 동방학지 196호 P. 181 – 203

는 더이상 군부에게 실험 대상도, 권력 유지를 위한 '포장'수단도 아니다. '민주화 이행기'라는 세탁작업에 시간을 더 허비할 필요는 없다. 자신들의 무력통치가 통하던 과거 어느 시점으로 가야 한다. 군부의 '질서있는 민주화 이행' 기획은 2월 1일 쿠테타 발생 전까지만 작동하는 체제다. 쿠테타 3.0은 그런 것이다. 자신들의 기획을 스스로 무너뜨린 친위 쿠테타적 성격마저 지닌 쿠테타가 바로 2021년 2월 1일의 쿠테타.

쿠테타가 발생하자 반군부 시위 현장에는 로힝야 대학살에 침묵했던 과거를 반성하고 참회하는 피켓들이 속속 등장했다. 쇼셜 미디어상에도 같은 내용의 사과와 반성의 글이 올라왔다. 미얀마 곳곳에서 목격되는 '로힝야 연대' 현상은 아이러니 하게도 쿠테타가 아니었다면 현실화되기 어려웠을 지 모른다. 2021년 쿠테타에 맞선 미얀마 시민들의 '봄의 혁명' 거리에서 가장 혁명적인 장면을 꼽으라면 나는 주저없이 미얀마 주류가 동참하는 로힝야 연대 풋말을 꼽는다. 쿠테타가 발발한 그해 2021년 8월 25일 미얀마 주류 시민사회에서도 로힝야를 학살한 범죄에 대해 군부를 처벌해야 한다는 공동의 목소리가 나왔다.

"우리는 로힝야와 연대한다. 억압과 차별에 맞선 그들의 엄청난 투쟁과 연대한다. 미얀마에서 로힝야 권리를 회복할 것을 촉구하며 정의와 책임이 따라야 한다. 미얀마 군부의 면죄부는 종식돼야 한다"[20]

2021년 45개 단체가 발표했던 로힝야 연대 성명은 2022년 384개 단체

20   45 Myanmar Civil Societies Organizations, 2021, "End The Impunity of the Myanmar Military, Fully Restore Rohingya Rights", 08/25/2021, https://progressivevoicemyanmar.org/2021/08/25/end-the-impunity-of-the-myanmar-military-fully-restore-rohingyas-rights/

로 늘었고[21], 2023년에는 356개 단체가 로힝야 제노사이드 6주년 공동 성명을 발표했다.[22] 2021 쿠테타는 로힝야 제노사이드에 대한 미얀마 사회, 특히 민주진영과 시민들 사이의 담론을 바꾸어 놓았다.

2023년 5월.

14일, 다시 사이클론이 미얀마를 덮쳤다. 매년 이맘때면 이 일대를 찾는 불청객이지만 이번에는 시속 250km 강풍을 동반한 가장 강한 '카테고리 5'의 '사이클론 '모카'다.[23] 모카는 2008년 나르기스 이래 최악의 재난으로 기록됐다. 그리고 2008년 사이클론 나르기스 때 그러했듯, 2년 전 쿠테타로 돌아온 '절대군정' 〈국가행정평의회〉State Administration Council(이하 'SAC')이 미얀마를 통치 중이다. 서부 라까인 주, 친 주, 사가잉 지역, 마구웨 지역 등이 두루 영향을 입었고 압도적으로 피해를 본 건 라까인 주 주도州都인 시트웨다. 그 중에서도 시트웨 외곽에 위치한 로힝야 '수용소' 캠프다. 유엔에 따르면 이곳 에서만 하루 아침에 400명가량이 사망 혹은 실종됐고, 사라진 목숨 대부분은 여성과 어린이다.

....

21 384 Organizations Joint Statement, "Five Years since Genocide : The World Must Act to Ensure Justice for Rohingya", 08/25/2022, https://progressivevoicemyanmar.org/2022/08/25/five-years-since-genocide-the-world-must-act-to-ensure-justice-for-rohingya/

22 356 Organizations Statement and Press Release, "Rohingya Genocide Ongoing After Six Years of Injustice", 09/04/2023, https://progressivevoicemyanmar.org/2023/09/04/rohingya-genocide-ongoing-after-six-years-of-injustice/

23 "UN Worries over Cyclone Mocha Aid", 2023, *Mizzima*, 06/24/2023, https://www.mizzima.com/article/un-worries-over-cyclone-mocha-aid

뱅골만Bay of Bengal을 끼고 저지대에 자리한 시트웨 외곽엔 본래 소규모의 로힝야 마을이 있었다. 그러나 현재와 같이 광활한 게토의 모습을 갖춘 건 2012년 6월과 10월 두 차례에 걸쳐 벌어졌던 폭력사태의 여파다. 그해 폭력사태는 초기엔 라까인 주 주류종족인 '라까인 불교도'와 라까인 주 소수종족인 로힝야 무슬림들 간의 갈등으로 시작된 듯 보였다. 그러나 곧 로힝야를 겨냥한 대규모 폭력과 학살이 이어졌다. 모든 정황을 고려해봤을 때 '미얀마 군경과 라까인 불교도 극단주의자들이 기획하고 결탁한 폭력사태'라는 본질이 드러나는 데는 그리 오래 걸리지 않았다. 뉴욕에 본부를 둔 국제 인권단체인 〈휴먼 라이츠 워치〉는 2012년 폭력 사태 때 이미 "(로힝야) 인종청소"라는 표현을 사용했다. 시트웨시 거주민 절반가량을 차지했던 로힝야 무슬림들이 이 폭력 사태로 도심에서 외곽으로 대거 축출됐기 때문이다.[24]

약 14만명에 달하는 로힝야들이 내몰린 시트웨 외곽 게토를 국제 구호단체들은 '국내피란민 캠프(IDPs)'라 불렀다. 그러나 언론은 다른 단어를 가져왔다. 영어권 언론 다수가 이 곳을 "internment camps" 즉 '수용소'라고 적었다. 일부는 "concentration camp"(강제 수용소)라고도 칭하는데 이는 나치시대 유태인 강제 수용소와 오늘날 로힝야들이 직면한 현실을 연결짓는 의미를 담은 것이다. 이 캠프를 눈으로 직접 목격한 나로서는 캠프

----

24 2014년 인구 조사 기준 시트웨 인구는 150,735명이다. 그러나 이 수치에 로힝야는 포함되지 않았다. 대신 비슷한 수의 로힝야들이 외곽 수용소 캠프에 머물고 있었다. AP, "Burma Census is not Counting Rohingya Muslims, says UN Agency", 04/02/2014, https://www.theguardian.com/world/2014/apr/02/burma-census-rohingya-muslims-un-agency

상황에 대한 가능한 모든 정보와 수년간의 전개 상황까지 고려해 볼 때 '수용소'가 가장 타당한 명칭이라고 생각한다. 이 책에서 시트웨 외곽 캠프를 다룰 때 마다 '수용소' 혹은 '수용소 캠프'라는 용어를 사용키로 한 이유다. 바로 이곳, 시트웨 외곽 로힝야 수용소 캠프가 2023년 5월 사이클론 모카로 인해 가장 큰 피해를 본 구역이다. 〈유엔인도주의업무국〉(UNOCHA)은 사이클론 모카로 로힝야 IDPs 캠프 85%가 파괴됐다고 발표했다.[25]

검문소를 통과해야 하고 일부구역엔 철조망이 처진 이곳 '수용소 캠프'를 두고 국제인권단체 〈국제엠네스티〉는 "로힝야들은 지붕없는 감옥안에 강제 분리된 채 인간성을 말살시키는 아파르트헤이트 체제하에 살고 있다"고 표현했다.[26] 2018년 〈유엔진상조사위〉(UNFFM) 보고서는 이 수용소 캠프가 "강압적이고 차별적으로 로힝야들의 자유를 빼앗고 있다"arbitrary and discriminatory deprivation of their liberty고 지적했다.[27] 그해 이 캠프를 방문한 유엔 사무차장UN Assistant Secretary-General 우술라 뮬러Ursula Mueller는 "그 누구도 존엄해질 없는 공간"beyond the dignity of any people이라고 표현했다."[28] 이런 캠프의 가옥들이 튼튼하게 지어졌을 리 만무하다. 2012년 6월 이래 이 곳에 버

....

25 OCHA, 2023, "Myanmar : Cyclone Mocha Situation Report No. 1, (As of 14:00 25 May 2023 [EN/MY]", https://reliefweb.int/report/myanmar/myanmar-cyclone-mocha-situation-report-no1-1400-25-may-2023-enmy/

26 Amnesty International, 2017, "Myanmar : Rohingya trapped in Dehumanising Apartheid Regime", 11/21/2017, https://www.amnesty.org/en/latest/press-release/2017/11/myanmar-rohingya-trapped-in-dehumanising-apartheid-regime/

27 "Report of Independent International Fact-Finding Mission on Myanmar" 08/27/2018, https://www.ohchr.org/en/hr-bodies/hrc/myanmar-ffm/reportofthe-myanmar-ffm

28 Ursula Mueller, 04/04/2018, https://twitter.com/uschimuller/status/981625075953782784?lang=en

려지다시피 한 로힝야들의 삶이 어떠했을 지는 상상하기 어렵다. 그런데 설상가상, 바로 그 캠프가 사이클론 모카에 가장 강하게 얻어 맞았다.

'인재'는 계속됐다. 사이클론 발생 2주가 지나도록 어떠한 구호물자도 받지 못한 이들이 대부분이라는 게 현지 언론이 전하는 상황이다. 15년전 사이클론 나르기스 현장에 유엔이 악세스를 얻어내기까지 재난 발생후 13일이 걸렸다는 점과 비교하면 현 쿠데타 군부는 더 악랄해졌다. 게다가 군부는 6월 8일 국제엔지오 단체들의 구호활동까지 전면 중지시켰다. 구호단체에게 발급해온 '여행 허가증'Travel Autorization(TA) 발급을 중단한 것인데 이미 발급된 허가증도 효력을 중단시켰다. 〈유엔인도주의 업무 조정국〉UN's Office for the Coordination of Humanitarian Affairs은 "인도주의 구호기관들에 대한 당국의 TA를 이미 발급된 것조차 효력이 중지됐다"면서 "이미 사이클론으로 피해입은 타운쉽에 대한 구호물자 배급 계획도 취소됐다"고 말했다.

군부가 구호활동을 제약하는 '무기'는 2022년 10월 새로 도입한 소위 '단체등록법'Organisation Registration Law(ORL)이다. 군부는 NGO나 관련 단체들에게 합법적 활동의 조건으로 군부 발행 등록증을 의무화했다. 등록과 허가를 '무기'로 구호를 불허할 수 있는 장치를 마련한 것이다.[29]

언론에 대한 보도통제도 가해졌다. 로힝야 사망자 수치를 100여명으로 발표한 군부는 사이클론 사망자 수를 보도하지 말라고 언론을 압박

29 Gavin Butler, 2023, "Unicef signs $3m agreement with Myanmar Junta, leaked documents show", *Myanmar Now*, 09/13/2023, https://myanmar-now.org/en/news/unicef-signs-3m-agreement-with-myanmar-junta-leaked-documents-show/

했다. "사이클론으로 사망한 이들은 당국의 소개령과 절차에 따르지 않은 자들이며 자신들의 집에 남기로 선택한 자들"이라는 게 군부의 주장이다.[30] 그리고 9월 6일, 미얀마 양곤 군사법원은 5월 23일 라까인 주 시트웨에서 사이클론 모카를 취재하다 군인들에 체포됐던 미얀마 독립 언론 〈미얀마 나우〉Myanmar Now의 사진 기자 '사이 쪼 타이크'Sai Zaw Thaike를 선동죄로 기소하고 20년 징역형과 중노동형hard labour을 선고했다.[31] 구호도 막고 언론도 통제하려 드는 행태는 15년 전 사이클론 나르기스 때 보다 더 나빠졌다.

시트웨 외곽 로힝야 '수용소 캠프'가 사이클론 모카로 인해 가장 많은 피해를 입은 건 두말할 것도 없이 인재다. 사이클론 전과 후 모두 쿠테타 군부의 재난 예방과 대처는 로힝야를 외면했고 재난 후 구호활동기구의 접근을 막아 살아남은 이들까지 방치했다. 재난 지역에 구호가 막히자 전 세계 31개 로힝야 디아스포라 그룹들이 공동성명을 발표했다. 성명은 "라까인 주의 로힝야들이 제노사이드 생존자들"로서 "버마 군부에 의해 수십 년간 공격받고 차별당한 이들"임을 강조했다. 성명은 다음과 같이 이어졌다.

"사이클론은 자연 재해이고 종교와 종족을 구분치 않고 영향을 준다.

30 "Myanmar's Junta threatens media that don't report official cyclone death numbers", 2023, *Radio Free Asia*, 05/19/2023 https://www.rfa.org/english/news/myanmar/junta-death-toll-05192023162540.html

31 "Junta sentences Myanmar Now Photojournalist to 20 years in Prison", 2023, *Myanmar Now*, 09/06/2023, https://myanmar-now.org/en/news/junta-sentences-myanmar-now-photojournalist-to-20-years-in-prison/

그러나 우리 로힝야들이 받는 영향과 고통은 인간이 만들어낸 차별 환경, 이동의 자유 제약, 조직화된 소개 과정에서 배재, 인도주의적 물자에 대한 제약 등으로 더욱 악화되고 있는 것이다"[32]

군부가 사이클론 모카로 생계에 치명타를 입은 시트웨 수용소에 인도주의적 물자마저 '의도적으로' 차단한 이른 바 '6.8 결정'(6월 8일의 결정)은 제노사이드의 연장선이다.[33] 제노사이드 방지협약 제 4조, c항 즉 "타깃 그룹의 생활 환경을 부분 혹은 전면적 신체파괴가 야기되도록 조성하고 해를 가하는 의도적 행위"에 해당한다.

국제인권단체들과 로힝야 활동가들은 사이클론 모카 전후 로힝야들이 직면한 상황에 대해 "조용하게 진행되는 제노사이드"Silent Genocide라고 표현했다. 또한 2021년 쿠테타로 권력을 찬탈당한 민주진영 과도정부 〈민족통합정부〉(NUG)의 인권부 차관이자 그 자신 로힝야인 아웅 초 무Aung Kyaw Moe는 "총알과 폭력 없이 자행되는 제노사이드"라고 표현하기도 했다. 더 나아가 영국거주 로힝야 디아스포라 단체인 〈버마로힝야-영국〉Burmese Rohingya Organization UK(이하 'BROUK')는 신속하고 심층적인 조사 보고서까지 발표하며 이렇게 꼬집었다.

"우리는 단지 제노사이드에만 직면한 게 아니다. 우리가 직면한 또 다

---

32 Joint Statement by Rohingya CSOs for Immediate and unhindered access to life saving aid after devastating cyclone in Arakan State, 05/19/2023, https://twitter.com/akmoe2/status/1659437059101061120

33 OCHA, 2023, "Humanitarian Access Suspended in Cyclone-Ravaged Rakhine State (EN/MM)", 06/12/2023, https://reliefweb.int/report/myanmar/humanitarian-access-suspended-cyclone-ravaged-rakhine-state-enmm

른 문제는 유엔안보리와 국제사회가 이 상황에서 아무것도 하지 않고 있다는 점이다. 우리 모두 그들의 처절한 실패를 보고 있다" [34]

이어질 장에서는 2008년과 2023년 발생한 두 사이클론 사이 '첫 대규모 학살'이 벌어졌던 '2012년 폭력 사태'의 래거시, 시트웨 외곽 로힝야 수용소 캠프에서 출발한다. 사이클론 모카가 할퀴고 간 후 배고픔과 질병을 경고한 바로 그곳이다.

34 BROUK, 2023, "New Report : Preventable Deaths in Cyclone Mocha And The Rohingya Genocide", 05/25/2023, https://www.brouk.org.uk/new-report-preventable-deaths-in-cyclone-mocha-and-the-rohingya-genocide/

2.

미얀마의
'아파르트헤이트'

무슬림, 모조리 '쓸려' 나가다

2013년 8월 9일 오후 1시 50분. 시트웨.

간이역만한 공항 문간에 선 이민성 직원이 여권에서 뽑을 수 있는 정보를 빼곡히 뽑아냈다. 그의 B4크기 노트에 적힌 나의 조직은 'M'이다. 연계 조직이 없으면 공항 밖으로 나가는 것부터 쉽지 않을 거라며 현지 구호단체 'M'의 활동가 소뮌Soe Myint 과 테인 조Thein Zaw가 마중을 나와주었다. 도착일자가 적힌 작은 스티커가 내 여권 뒤에 붙었다. 그 순간, 전날부터 매스껍던 속과 두통이 기적처럼 사라졌다. 미얀마 서부, 라카인 주, 시트웨…이 동네가 얼마나 궁금했던가. 전년도(2012) 6월 이곳에서 벌어진 '무슬림-불교도' 두 커뮤니티간 폭력적 갈등은 공권력의 방관과 개입으로 종국에는 로힝야 무슬림 학살이 됐다. 그리고 10월 재개된 '2차 폭동'에서는 캄만Kamman 무슬림까지 공권력과 결탁한 불교도 폭도들의 타깃이 됐다. '캄만 무슬림'은 로힝야와 달리 시민권자로 인정받는 라카인 주의 극소수 무슬림 커뮤니티다. 2012년 라까인주 폭력 사태는 로힝야 혐오와 이슬람 포비아의 기폭제가 됐고 미얀마 곳곳에선 '안티—무슬림' 캠페인이 증오의 시대를 채워갔다. 그 시발점이 됐던 이 곳 라까인 주는 입문 자체가 쉽지 않을 거라고 수차례 들어왔기에 공항 밖을 나서기 전까지 마음을 놓을 수 없었다. 내 두통의 원인이었다.

"이틀밤 자고 방 비워주셔야 해요"

테인 조가 모는 차를 타고 도착한 노블 호텔의 리셉션 직원은 무뚝뚝했다.

방글라데시와 국경이 인접한 라까인 주는 북서 끝자락 인도와 국경을 맞댄 친Chin주 다음으로 미얀마에서 빈곤한 주state다. 주도主都인 시트웨는 오랫동안 외지인의 발길이 닿지 않는 고립된 도시였다. 그러나 2012년 이후 상황이 달라졌다. 외지인이 얼마나 늘었는지 시트웨 시내 몇개 되지 않는 호텔들은 여러 달 예약으로 꽉 차 있었다. 알고 보니 구호단체 직원들이 거의 모든 숙소를 장기 예약했기 때문이었다. 이틀 후 옮길 숙소를 미리 물색해 놓아야 했다. 그런데 내게 유일하게 방이 '가능하다'고 말한 곳은 문고리 없이 음침하기 짝이 없는 게스트 하우스 하나뿐이었다. 음침한 건 몰라도 문고리는 있어야 한다. 안전문제와 직결되므로 떼돈을 주더라도 문고리 달린 곳에 묵어야 한다. 아무리 주머니가 가벼워도 문고리는 내가 타협하지 않는 원칙이다.

다시 소뮌에게 SOS를 쳤다. 그리고는 그가 출장오는 동료의 숙소를 미리 예약하는 것처럼 꾸며서 쉐다지 호텔에 방 하나를 확보했다. 쉐다지 호텔은 내게 방이 없다고 여러차례 말했던 호텔중 하나다. 이틀 후 나는 노블호텔에서 짐을 싼 후 쉐다지 호텔로 갔다. '소뮌의 동료로서' 체크인을 하려하자 리셉션 직원은 '당신이었어?' 라는 표정을 지었다.

시트웨로 날아오기 전 나는 양곤에서 '88항쟁' 25주년 기념행사를 취재했다. 1988년 네윈의 군부독재에 저항하다 3천명 가까이 피를 흘렸던 시민항쟁, 그 항쟁 기념식이 그토록 성대하고 환희에 넘치는 행사로 치러질 날이 오리라 누가 상상이나 했을까. 5년 만에 다시 찾은 양곤의 8월은 개혁 2년이 선사한 '해방감'에 흠뻑 젖어 있었다. 기념행사를 주최한 구학생운동가 그룹 〈88세대〉는 25년 전 학살의 책임을 묻기보다는 학살자들의 명맥을 잇고 있는 테인 세인 정부 인사들을 행사에 초청하는 '관용'을 보였다. '개혁' '화해' '휴전협정'...플래시가 터지는 양곤은 전례 없는 화기애애함이 감돌았다.

북적거리는 양곤을 뒤로하고 날아온 시트웨는 전혀 다른 공기를 발산했다. 개혁의 요란함 같은 건 조금도 느낄 수 없었다. 한산한 밤거리엔 보안군들이 어슬렁거렸다. 2012년 폭력 사태 이후 밤 10시부터 새벽 5시까지는 여전히 통행 금지다.

시트웨 시내를 거닐고, 시장을 둘러봐도 싸늘한 공기는 고집스러웠다. 외지인을 반기지 않는 건 호텔만이 아니었다. 언어가 안 통해도 표정과 자신들의 언어로 수다스럽게 외국인을 맞이하는 시장통 상인들의 모습을 찾아볼 수 없었다. 눈을 마주치지도 않았다. 지난 해 이 도시를 휩쓸었던 폭력사태가 갑자기 외지인들을 대거 불러들인 셈이 됐지만, 또 그들을 강력히 거부하고 있었다. 불편한 기운이 흐르는 골목 어디에도 한때 이 도시 인구 절반에 달했다는 로힝야들은 찾아볼 수 없었다. 재래시장내 140여곳에 달했던 무슬림 상점들도 모두 사라졌다.

나는 그동안 종족과 종교 갈등 취재현장에서 금을 긋고 동네를 달리하여 사는 경우를 몇 차례 본 적이 있다. 하지만 2013년 내가 본 시트웨는 차원이 달랐다. 시트웨 외곽에 자리잡고 있다는 '국내피란민Internally Displaced Persons(IDPs) 캠프'를 취재하는 게 나의 시트웨 취재 주 목적이긴 했지만, 그렇더라도 거리를 오가는 로힝야들의 모습도 카메라에 담고 시장에서 장사하는 로힝야 상인도 만날 수 있을 거라 생각했다. 완전히 착각이었다. 이 분쟁의 심각성을 나도 모르게 과소 평가하고 있었던 것이다. 불충분한 사전 취재를 깨닫는 순간 낯이 뜨거워졌다. 그만큼 상황을 실랄하게 알려준 글이 없었고, 나는 그 가능성조차 생각지 않았던 것 같다. 흔적도 없이 사라진 로힝야들 그들은 다 어디로 가고 없는 걸까?

"벵갈리 취재하려고?"

가는 날이 장날이었다. 시트웨 도착한 당일 오전, 시트웨 외곽 수용소 캠프에서 경찰 총격으로 사상자가 발생했다. 유엔을 비롯한 구호단체들은 '치안 불안'을 이유로 캠프 방문과 활동을 보류했다. 미얀마 엔지오들은 당국으로부터 '캠프 방문 및 활동 불가' 방침을 전달받았다. 다음 날 현지 엔지오와 동행하는 방식으로 캠프를 취재하려던 내 계획은 수포로 돌아갔다. 이렇게 분쟁지역은 돌발상황이 '상수'다. '플랜 B'를 준비함이 좋다. 아니 반드시 해야 한다.

그런데 따지고 보면 '폭력 사태 발생' 이야말로 긴급 취재 사안 아닌가.

캠프안으로 반드시 들어가야 한다. 나는 시트웨 첫날 노블 호텔에 짐을 풀자 마자 바로 '플랜 B'로 돌입했다. 양곤에서 미리 연락해둔 '시트웨 픽서'[35] 아웅 윈에게 연락했다. 그는 내가 양곤에서 처음 연락할 때부터 단순 명쾌했다. "시트웨 도착하면 바로 연락하라"는 게 통화 내용의 전부였다. 엔지오와 동행하는 취재방식이 불가하다는 걸 알게 된 나는 아웅 윈에게 바로 연락했다. '캠프 안 총격 사건 대략 알고 있다'고 전한 뒤 '그래서 더더욱 취재를 해야겠다'고 강조했다. 내 경험상 보통 이런 돌발사태가 터지면 현지 픽서는 두 부류로 나뉜다. '그래서 가면 안된다'고 만류하는 부류와 '그러니까 당신이 취재를 해야지 않겠냐'고 부추기는 부류. 나는 단연 후자가 좋다. 아웅 윈은 정확히 후자였다. 그는 다음 날 오전 10시까지 모처로 오라고 간단 명쾌하게 말했다.

다음 날 '고맙게도' 거의 종일 장대비가 쏟아졌다. 덕분에 캠프 입구 검문소는 무기력해진 듯 보였고 내게는 천운이었다. 아웅 윈과의 접선도, 무기력해진 검문소를 지나 캠프 안으로의 진입도 오전 10시게 탈없이 이루어졌다. 나는 카메라를 우비 속에 파묻었고 몸도 최대한 우비 속에 파묻었다. 할 수 있는 한 눈에 띄지 말아야 한다.

"갑시다. 병원으로!"

말레이시아 자선단체인 '머시 말레이시아'Mercy Malaysia의 기부로 세워진 다파잉 클리닉, 상주 의사는 없다. 그래도 시트웨 외곽 로힝야 주민들과 피난민들에게 유용한 클리닉이다. 병동 안에는 경찰 총격 사건 이전부

---

35 '픽서'는 'fix-up'에서 유래한 말로 외신 기자 취재 보조나 취재 동료를 일컫는 용어다.

터 입원했던 환자들과 총격으로 입원한 환자들로 가득했고 12개의 침상
은 모두 차 있었다. 총격 부상자들은 어깨, 가슴, 허벅지, 다리 등 골고루
총상을 입었다. 온뚜지 캠프에서 발생한 1차 총격사건의 부상자들은 바로
옆 보두바 캠프로 우선 이송되어 면허 없는 "현지 의사"로부터 응급 처지
를 받았다고 했다. 그리고 밤에 이곳 머시 말레이시아로 이송되어 누워있
다는 게 아웅 윈의 설명이다. 환자는 있지만 의료진은 없다.

병원 뜰로 나갔다. 주차된 트럭주변에 사람들이 몰려 있었다. 트럭안
에는 다리에 총상을 입은 젊은 남성이 속수무책 누워 있었다. 상처는 매우
깊게 패여 있었고 당장 육안으로만 봐도 심각한 부상이었다. 그는 전날 늦
은 오후에 2차 총격이 발생한 보두바 캠프에서 온 부상자. 시트웨 시내
유일한 종합병원인 〈시트웨 종합병원〉까지 앰블런스로 10여분이면 닿지
만 아무도 그곳에 갈 엄두를 내지 못했다.. 캠프 환자 긴급 후송을 담당한
국제적십자사위원회(ICRC)는 그림자도 비치지 않았다. 치.안.불.안. 이 네
글자는 구호단체들의 활동 보류를 합리화하는 듯 보였다. '이렇게 심각한
부상자들이 대책 없이 누워있는데 코빼기도 안보이다니. 도대체 무슨 구
호를 한다는 건가' 순간 화가 치밀었다.

"정부는 신경도 안 쓰고, 국제적십자사(ICRC)는 정부와 협조 없이는 아
무것도 할 수 없다"

아웅 윈은 정부, 비정부 기구 모두 비난했다.

아웅 윈은 다파잉 마을에 거주하며 로힝야 피란민들의 상황을 유창한
영어로 외부에 알려온 57세 로힝야 남성이다. 그는 부모님과 가족 모두
'아웅 밍갈라'에 거주하고 있다고 말했다. 아웅 밍갈라는 시트웨 시내에서

유일하게 남아있는 무슬림 거주 구역이다. 2012년 6월 폭력 당시 살아는 남았으나 군경의 철조망과 눈에 불을 켜고 있는 불교도 자경단들의 감시 망으로 둘러 쌓여 있다. 이런 이유로 아웅 밍갈라 주민들은 한 발짝도 동네 밖으로 나올 수 없었다. 생계활동도, 학교도, 병원도, 은행도 갈 수 없다. 봉쇄란 그런 것이다. "90세 노모를 보러 갈 수도 없다"며 아들은 눈물을 글썽였다.

아웅 윈은 자신의 연락을 받고 유엔난민기구(UNHCR) 관계자가 폭력 발생 직후 잠시 다녀갔다고 했다. 보도에 따르면, 유엔난민기구는 사망자 주검을 검안하기 원했지만 경찰이 이를 거부하자 그냥 되돌아 갔다. 라까인주 주정부 대변인 윈 미아잉U Win Myaing은 사건 당일 지역 언론에 "사망자가 없다"고 말했다. 그러나 사건 발생 3일 째인 8월 11일 〈시트웨 종합병원〉으로 이송된 환자 한명의 죽음이 너무 명백해지자 '1명 사망'이라고 정정했다.

"벵갈리들은 토마스 퀸타나(당시 유엔의 미얀마 인권 보고관) 방문이 임박하면 어떻게 알았는지 꼭 그런 말썽을 일으킨다"

사건 발생 4일 뒤 주정부 사무실에서 인터뷰차 만난 윈 미아잉 대변인은 내게 오히려 총맞은 로힝야를 탓했다. 그가 말한 "벵갈리"는 로힝야들을 '방글라데시에서 온 불법 이주민'으로 보는 경멸적 호칭이다. 그런데이 경멸적 호칭이 미얀마인 대다수가 로힝야를 부르는 방식이다. 나는 미얀마 입국 이후 양곤에서부터 "로힝야"라는 호명을 한 번도 들어본 적이 없다. 로힝야 본인들 말고는. "로힝야"라는 호명은 마치 금기어 같았다. 양곤에서 개최된 소수민족 평화 협상을 취재하기 위해 미얀마 기자들로 북적대던 현장에서도 기자들은 "벵갈리"라는 호명을 사용했다. 예를 들면 이런 식이다. '여기 취재 마치고 라까인 주 로힝야 이슈 취재하러 갈 예정인데 뭐라도 좋으니 팁과 조언을 좀 주면 고맙겠다'고 말하면 '벵갈리 취재하려고?'라는 반응이 돌아왔다. 미얀마 언론들은 기사에서도 "벵갈리"를 당연한 듯 사용했다.

수용소가 된 피란민 캠프

다시 총격 사건으로 돌아와 보자. 사건의 진원지는 '온뚜지'라는 이름의 캠프였다. 8월 9일 이른 아침 온투지 캠프 인근 냇가에 주검 하나가 떠올랐고 상황이 어수선해지기 시작했다. 아웅 윈은 그 주검이 전날 캠프내 주둔 경찰이 로힝야 여성을 성폭행한 걸 목격하고 주민들에게 이 사실을 알리던 이의 것이라고 말했다. (아웅 윈은 "밤을 보낸"이라고 표현했으나, 정황상 양자가 동의한 데이트나 성관계로는 볼 수 없었다).

그의 '입질'에 화가 난 경찰이 이 남성을 경찰 초소로 불렀고 죽을 만큼 구타해 결국 살해했다는 것이다. 경찰은 그의 주검을 가져갔다. 로힝야들은 주검을 내놓으라 항의하면서 양쪽에 긴장이 고조됐다. 바로 그 때 경찰이 로힝야들을 향해 총격을 가한 것이다. 아웅 윈은 사건 당일 자신이 본 사망자만 2명이라고 말했다. 부상자는 10여명으로 추정됐다.

총격 소식이 전해지면서 온뚜지와 이웃한 보두바 캠프도 들썩거리기 시작했다. 보두바 캠프 주민들은 경찰이 일부 부상자를 이송 중이라는 정보를 접하고 경찰 차량을 저지하기도 했다. 부상자들마저 경찰 손에 맡겼다가는 살아 돌아오기 힘들 거라는 두려움 때문이었으리라. 그러자 보두바 캠프에서 경찰이 항의하는 로힝야들을 향해 2차 총격을 가했다. 사상자 수치는 묘연하다. 다만 내가 캠프에 들어간 게 총격 다음날인 8월 10일이고 이날 나는 사망자 나시르 압둘라(25)의 시체를 눈으로 확인할 수 있었다. 그는 등에 총을 맞았다. 목격자들은 그가 시위와 아무 상관이 없었다고 말했다. 단지 이웃 마을에서 장을 보고 길을 건너다 등에 총을 맞았다고 했다.

나시르의 죽음을 확인한 뒤 다시 차에 올랐다. 석연찮은 한 무리의 남성들이 지나고 있었다. 쏟아지는 비에 모두들 노출된 채 '트라쇼'(세 발 자전거로 된 대중교통 수단 중 하나)하나를 둘러싸고 이동 중이었다. 차를 세우고는 내려서 그들에게 다가갔다. 트라쇼를 덮은 대형 비닐을 거두어 보니 사람이 나타났다. 가슴에 총상을 입은 젊은이가 중년으로 보이는 한 남성의 무릎 위 앉은 채 이동중이었다. 몇 초간 무거운 침묵이 흘렀다. 부상자를 이송하는 이들의 눈엔 체념과 분노가 뒤섞여 있었다. 이 남성 역시 전날 경찰 총격으로 부상을 입었지만 병원행을 허가 받지 못해 하루가 지난 뒤에야 트라쇼에 실려 병원으로 향하는 중이라고 했다.

'병원이라...근데 여긴 병원도 없고, 다파잉 클리닉엔 의사도 없었잖아'

깊은 한숨이 나왔다. 보통의 난민캠프라면 캠프 안이든 근방이든 병원 역할을 할 만한 의료 시설이 있어야 한다. 그런데 로힝야 수용소 캠프엔 그런 게 없었다. 트럭 짐칸에 깊게 패인 상처를 한 부상자가 방치된 채 누워있던 곳도 소위 "병원" 뒷마당이었다. 그 심각한 상처에도 의사든 간호사든 누구하나 나타나지 않았다.

할 말을 잃을 틈도 없었다. 또 다른 부상자가 유사한 방식으로 이동 중이라는 급보가 아웅 원에게 전해졌다. 방향을 파악할 겨를도 없이 그를 따라 종종 걸음으로 달렸다. 논두렁을 가르고 따라잡은 부상자 자말은 허리 아랫 부분에 총상을 입었다. 들 것에 실려 두 남성이 앞뒤로 운송 중이었다. 그들 뒤를 계속 따라갔다. 그들은 따끼핀 캠프에 있는 〈국경 없는 의사회〉(MSF) 병원으로 향하는 중이라고 했다. 광활한 게토 가장 안쪽에 위치한 '시테마지' 캠프에서부터 부상자를 들 것에 싣고 무려 3시간 걸려 걸어왔단다. 그런데 이들이 향한다는 MSF 병원은 그날 당국이 캠프 출입을 불허하면서 제대로 운용되지 못하고 있었다.

자말은 8월 9일 시테마지 캠프와 1차 총격발생지인 온뚜지 캠프의 경계 지점에서 가축떼를 몰고 이동하다 총을 맞았다고 했다. 경찰은 자신들의 총에 맞은 부상자를 경찰 초소에 가두고 늦은 밤이 되어서야 가족에게 넘겨줬다. 사람 목숨 건질 수 있는 '골든타임'의 개념은 커녕 죽든지 말든지 부상자를 가둬 두는 경찰이라니. 이건 상식적인 난민 캠프의 모습이 아니다. 대신 구급자를 가두고 고문하는 악질적인 수용소 풍경에 가깝다. 아웅 윈은 전날 밤 자말의 아내가 자신에게 전화를 걸어 "남편이 거의 죽어간다 했다"고 말했다.

MSF 병원으로 향하던 자말은 다음 날 그러니까 부상 후 3일째인 8월 11일 결국 사망했다. 따끼핀 클리닉의 MSF팀은 수술이 필요하다고 말했지만 당국의 허가를 받지 못했다는 후문이 전해졌다. 자말은 결국 시트웨 종합병원으로 이송이 됐음에도 수술대에조차 오른지 못한 채 사망했다. 윈 미야잉 대변인이 사망자 없음에서 1명 있음으로 정정한 건 자말의 사례였을 것이다. 그나마 시트웨 종합 병원에서 사망이 확인되었기에 감출 수 없었던 것이다.

당시 라까인 주 전역으로 로힝야 혐오정서가 고조되면서 로힝야들은 시트웨 종합병원에 가는 걸 두려워하는 분위기였다.[36] 근거 없는 공포로만 치부할 수도 없었다. 자말의 사례에서 보듯 '일단 살리고 보자'와 같은 최소한의 인간적 동정심도 없을 만큼 로힝야 혐오 수위는 상상을 초월했다. 예컨대, 22세 라까인 여성 띠다는 〈세이브 더 칠드런〉이라는 아동 구호기구에서 일한 경험이 있다고 했다. 나는 그가 아무런 거리낌없이 로힝야 혐오 발언을 늘어놓는 걸 보고 적잖이 충격 받았다. 그래도 아동을 돌보는 국제구호단체에서 일했다는 활동가 아닌가. 그에겐 로힝야 어린이들에 대한 동정심이라곤 눈꼽 만큼도 없었다.

어느덧 저녁 6시가 됐다. 검문소가 닫히기 전 캠프를 나가야 한다. 비는 그쳤고 시야는 사방으로 선명해졌다. 검문소 군인들은 내가 어떻게 안으로 진입했는지 매우 의아한 표정을 지었다. '페이퍼?'(여행 허가증 'Travel Authorization'), '파스포트passport?' 두 단어를 번갈아 요구하는 그들에게 나는 그날 낮에 'TA 소지한 미국 기자 앤드류와 대니가 잠시 다녀갔다'고 들은 기억을 활용했다.

"내 동료 앤드류와 대니가 'TA' 갖고 있는데 먼저 나갔다. 조금만 더 있다 뒤따라 간다는 게 늦어졌다. 여기 취재비자 있고 체크할 거 있으면 다 해라. 필요하면 정보부 민 쵸 국장을 연결시켜 주겠다. 그가 나의 모든 취재 허가 절차를 담당한 인물이다."

....

36 이듬해인 2014년 이 병원에서 로힝야 임산부가 사망하는 사건이 발생하면서 그 분위기는 더욱 고조됐다. https://www.worldbulletin.net/asia-pacific/myanmars-hospital-of-death-kills-another-rohingya-h134944.html

약간은 고의적으로 빠르고 길게 그리고 당당하게 말했다. 검문소 군경을 적대시할 필요는 없었다. 그러나 당당할 필요는 있었다. 권위주의 체제가 몸에 벤 공권력은 쭈뼛거리는 시민들 위에 더 군림하려 든다는 사실을 나는 잘 알고 있다. 새로운 인물들이 번갈아 나타나며 똑 같은 질문을 했다. "페이퍼? 파스포트?" 결국 마지막 경찰이 귀찮은 듯한 표정으로 '나가도 좋다'고 했다. 그들의 '끄나풀'로 보이는 '뚝뚝'Tuk Tuk(동남아에 흔한 교통수단) 기사가 나를 태우려 기다리고 있었다. 수용소가 된 피난민 캠프에서의 하루가 저물고 있다.

'나사까'의 유령

나는 부상자 자말을 경찰 초소 안에 구금한 채 그의 부상을 방치했던 경찰의 행태에 경악을 금치 않을 수 없었는데 이에 대한 의문이 곧 풀렸다. 내가 캠프를 방문한 건 2013년 8월이고, 당시 캠프내 경찰 다수는 '론테인'Lon Htein(시위진압 경찰)과 '국경 수비대'Border Guard Police로 알려졌다. 그러니까 그들은 2013년 7월 12일 해체된 '나사까NaSaKa'의 후신이다.

나사까는 1992년 창설된 '로힝야 업무 전담' 이민경찰국이다. 〈국제위기그룹〉에 따르면 이 국경이민경찰국은 다수가 라까인족들로 채워져 있다.[37] 로힝야들의 이동 허가서, 결혼 허가서, 로힝야에게만 적용되는 산아

37 International Crisis Group, 2012, "Storm Clouds on the Horizon", P.4, 11/12/2012, https://icg-prod.s3.amazonaws.com/238-myanmar-storm-clouds-on-the-horizon.pdf

제한 정책 등 말하자면 '로힝야 업무'의 '집행자'들이고, 로힝야 인권 침해로 악명을 떨쳐온 이들이다.

나사까는 '안티-로힝야 폭동'에도 관여한 기록을 갖고 있다. 예컨대 2001년 2월 4일 ~ 8일까지 5일동안 라까인 주에서 집중 발생한 '안티-로힝야' 폭동으로 무슬림 40명이 사망하고, 승려 1인을 포함하여 30명이 부상을 입은 사건이 있었다. 이 폭동 당시 "(친군부 엔지오) USDA 청년 대원들이 승려로 가장하여 무슬림(로힝야) 구역을 공격했다"는 게 〈아라칸 로힝야 민족기구〉(ARNO)가 2001년 6월 7일자 성명에서 밝힌 내용이다. 성명에 따르면 그해 5월 13일부터 20일 사이 재발한 폭동에서는 나사까가 깊이 관여, 총 26개의 모스크가 파괴됐다.[38]

나사까에 대한 국제사회의 해체 요구가 거세지자, '개혁적 이미지'를 '관리'해야 할 테인 세인 대통령은 2013년 7월 12일, 지역령 'No. 59/2013'을 발표, 나사까를 해체했다. 그리고는 나사까 업무를 경찰에 이양한다고 밝혔다. '나사까'라는 이름 석자는 사라졌지만 누군가는 그 업무와 인권침해 행태를 그대로 이어간 것이다. 그게 국경수비대든 경찰이든 혹은 군인이든.

캐나다 국제인권전문 탐사 미디어인 〈Sentinel Project〉는 8월 9일 시트웨 캠프 로힝야 총격사건은 '론 테인' 혹은 '보안군'으로 가장한 '사실상

---

38 Arakan Rohingya National Organization (ARNO), 2001, "On Recent Anti-Muslim Riots and Destruction of Mosques in Burma", 06/07/2001, https://www.burmalibrary.org/reg.burma/archives/200106/msg00055.html

나사까'의 소행이라고 보도한 바 있다.[39] 국제인권단체들은 나사까 해체 후 로힝야 가구에 대한 야간 수색이 더 잦아졌다고 고발하고 있다. 나사까 해체 이전에도 나사까의 로힝야 가옥 야간 수색은 늘 문제였다. 그 야간 수색에서 부엌칼이 발견돼도 그게 '무기'인양 간주되며 벌금을 내야 하는 경우가 있다. 미국 뉴욕에 본부를 둔 인권단체 〈인권을 위한 의사들〉(PHR)이 밝힌 벌금 액수는 약 20,000~70,000(약 2만원~7만원)짯이다. 로힝야들에게 결코 작은 액수가 아니다.

이제 "나사까"라는 이름은 공식적으로 존재하지 않는다. 그러나 달라진 건 없다. 탓마도 군인들이 군복에서 민간복으로 갈아입고 권력을 그대로 향유하듯, 나사까도 국경수비대로 이름을 갈아타고 '로힝야 업무'를 계속 보고 있다. 그들이 바로 로힝야 들에게 총격도 가하고 부상자를 초소에 방치하기도 하는 끔찍한 인권침해의 주범들이다.

도심 속 게토, 아웅 밍갈라

시트웨 도착 첫 날부터 어레인지 해 놓은 일정이 어긋나면서 고민이 깊어졌다. 단지 일정에 차질이 생겨서가 아니라 취재가 필요한 현장 접근이 예상보다 훨씬 어렵다는 걸 피부로 느꼈기 때문이다. 시트웨 외곽 수용소 캠프 취재가 1차 미션이긴 했지만 내게는 0차 미션이 있었다. 바로 '아

39　Steven Kiersons, 2013, "Confidential Source Inside Burma Paints a Disturbing Picture of Eid Violence", 08/18/2013, https://thesentinelproject.org/2013/08/18/confidential-source-inside-burma-paints-a-disturbing-picture-of-eid-violence/

웅 밍갈라' 구역에 대한 취재였다.

'아웅 밍갈라'는 시트웨 도심에 유일하게 살아남은 도심 속 무슬림 게 토다. 2012년 폭력 사태의 여파로 시트웨시에 존재했던 로힝야 거주지 는 어디도 살아남지 못한 채 방화로, 불도우저로 납작히 갈려나갔지만 단 하나의 구역이 살아남았다. 그게 '아웅 밍갈라'다. 아웅 밍갈라엔 약 4,500명가량의 로힝야 주민들이 검문소와 철조망이 둘러쳐진 공간에 살 고 있다. 2013년 내가 취재할 당시 시국으로 판단해보자면 '시한 폭탄' 같 은 곳이었다.

나는 '아웅 밍갈라'가 로힝야 이슈에서 중요하다는 걸 그해 5월 말레이 시아 페낭에서 알게됐다. 라까인 주를 떠나 태국을 거쳐 페낭으로 넘어오 는 로힝야 난민들을 취재할 때였다. 도착한 지 얼마되지 않은 난민들을 인 터뷰할 때 인터뷰이 중 한 명이 자신에게 걸려온 전화라며 내게 통화해보 라 권한 적이 있다. 전화기 너머 로힝야 남성은 시트웨 산똘리 마을 출신 으로 보두바 캠프에 머무는 피난민이라고 자신을 소개했다. 보두바 캠프 는 앞서 다룬 '8월 9일 2차 폭력사태'가 발생한 바로 그 캠프다. 전화기 너 머 남성이 강조했던 게 바로 아웅 밍갈라 상황이었다. 목소리 나이는 지긋 한 중년으로 느껴졌고 차분하면서도 영어를 잘했다. 진지한 그의 말투를 살려 그가 한 말을 옮겨보면 대략 이렇다.

"기자 양반, 시트웨 시내에 아웅 밍갈라 라는 구역이 있소. 외곽에 있 는 피란민 캠프는 부족하나마 구호 식량을 받지만 아웅 밍갈라는 (공식적 피란민 캠프도 아니어서) 모든 게 봉쇄되어 있어요. 구호 물자도 받을 수 없거 든. 주민들이 매우 고통받고 있답니다"

사전 취재차 양곤에서 인터뷰한 〈유엔인도주의업무조정국〉UN Office for the Coordination of Humanitarian ffairs(OCHA) 미얀마 팀장 올리버 레씨 홀Oliver Lacey-Hall 역시 "아웅 밍갈라가 피난민 캠프보다 훨씬 더 어려운 상황"이라고 말했다. 그는 이런 식으로 "고립된" 인구가 아라칸 주 전역으로 35,000명 정도 된다고 덧붙였다. 또 다른 구호단체 직원은 내게 "일전에 아웅 밍갈라 주민들에게 구호 물자를 비밀스럽게 전달하려 했는데 (아웅 밍갈라를 감시하는) 라까인 주민들과 승려들이 막아서서 전달하지 못했다"고 말했다.

불교도 마을로 둘러 쌓인 아웅 밍갈라는 보이는 검문소만 4개 이상이었고, 보이지는 않지만 눈에 불을 켜고 선 불교도 이웃들의 경계 수준이 만만치 않았다. 밖으로 나올 수도 없고 시장에 갈 수도 없는 그들이 하루하루를 살아내는 게 신기할 따름이었다. 접근권으로 보자면 경찰 총격사건이 발생한 외곽 수용소 캠프보다 훨씬 더 나빴다. 당시 분위기로 보건대 만일 3차 안티-로힝야 폭동이 발생하면 가차 없이 타격을 받게 될 곳은 아웅 밍갈라였다. 내가 이 곳을 '시한 폭탄' 처럼 바라보며 조마조마했던 이유다. 피난민 캠프의 열악함으로 인해 아웅 밍갈라 상황은 가려졌고, 이곳은 당국의 '여행허가증(TA)'으로 악세스가 가능한 구역도 아니어서 더더욱 외면받고 있었다. 그 아웅 밍갈라가 내 머릿 속을 떠나지 않았다.

아웅 밍갈라를 시한폭탄으로 여긴 나의 판단은 과장이 아니었다. 당시 라까인 커뮤니티대표들이 테인 세인 정부에 제출한 '제안서'에 그 위험이 잘 반영돼 있다. 2013년 10월 15일자로 제출된 이 제안서를 보면 시트웨 외곽 수용소 캠프가 흉물처럼 혐오스럽게 묘사돼 있다. 그리고 아웅 밍갈라에 대해서는 다음과 같이 기술돼 있다.

"시트웨에서 유일하게 남은 마을 하나는 아웅 밍갈라다. 마을 인구가 약 4천명이 조금 넘는다. 우리 (시트웨) 타운의 사람들(라까인 불교도들)은 이 구역 근처를 지나 다니는 게 영 불편하다. 보안군이 배치돼 있다 보니 그 것도 영 불편하다. 만일 보안군이 철수한다면 그 마을은 언제라도 불타오를 지 모른다. 우린 이 마을주민들이 '벵갈리 영토'(방글라데시를 말함)로 옮겨가면 좋겠다. 이 이슈는 지역의 안정을 위협하고 있다. 우리는 중앙 정부가 벵갈리들을 분리하고 이주시켜주길 바라고 있다." [40]

나는 양곤에 체류할 때부터 아웅 밍갈라 주민 R과 지속적으로 통화하며 내부 상황을 챙겨왔다. 어떻게 마을에 들어갈 수 있을 지 아이디어와 자문을 구하고 또 구했다. 그때마다 R의 반응은 한결 같았다.

"음…여기 올 생각 마라. 불가능하고 위험하다"

그러던 중 유엔인권대사 토마스 오헤아 퀸타나Tomas Ojea Quintana가 시트웨를 방문한다는 반가운 소식이 날아들었다. 그의 일정에 아웅 밍갈라 방문이 없는지 체크했다.

8월 12일. 드디어 라까인 주 방문 마지막 날 퀸타나 보고관은 아웅 밍갈라로 들어갔다. 나의 취재를 돕던 라까인 동료 기자 티하Thiha의 오토바이 뒷좌석에 올랐다. 퀸타나 팀 꽁무니에 따라붙은 현지 기자단 '오토바이 부대'는 이 황금의 기회를 놓치지 않으며 힘껏 달렸다. '부릉 부릉' 소음을 싣고 아웅 밍갈라로 진입하자 다시 안도감이 밀려왔다.

....

40　Penny Green, Thomas Macmanus, Alicia de la Cour Vennig, 2015, "Countdown to Annhiliation : Genocide in Myanmar", *International State Crime Initiative*, P.34~35

유엔 인권 보고관의 방문으로 마을은 다소 들썩였다. 나는 주의가 산만해진 틈을 타 퀸타나를 둘러싼 기자 무리를 벗어났다. 할 수 있는 한 독립적으로 움직여 '내 취재'를 하고 싶어서였다. 나까지 퀸타나 동정을 보도할 필요는 없다고 생각했다. 그러나 개별행동이 유난스레 시선을 끌어서는 안된다는 점 주지하고 또 주지해야 한다. 몸을 낮추고 존재감을 낮추고 눈과 귀에 열심히 새겨 넣고 카메라를 들었다 놨다 들었다 놨다...곳곳에 AK47을 들고 선 보안 군들이 촬영에 민감한 반응을 보였지만 유엔 인권 보고관의 방문으로 들썩이는 분위기가 유연성을 제공했다. 일부 주민들은 내게 수갑 찬 듯한 모습을 표현하기 위해 양 손목을 교차하여 들어보였다. 갇혀 지내는 자신들의 현실을 절박하게 표현하려 애를 쓰는 게 분명했다. 나도 그들도 서로가 절실히 필요로 하고 있다는 그 어떤 강렬한 교감이 소리없이 오고갔다. 그렇게 절박하게 손을 들어보이는 아저씨 앞에 선 또 다른 맘 좋은 인상의 아저씨가 흐뭇하게 미소짓고 있다.

"의약품도, 먹거리도, 학교도 없다. 우리가 죽으면 어디에 묻힐지도 모르겠다."

쌓아둔 속내를 손짓을 섞어가며 줄줄이 풀어내던 노인은 그렇게 입을 열었다.

아웅 밍갈라에는 아이와 청년들이 아주 많았다. 그런 곳에 학교라고는 초등학교 달랑 하나뿐이다. 작은 구멍가게 너댓개와 몇 묶음 안되는 초라한 야채들을 올려 놓은 좌판이 몇 개 있을 뿐 시장이라고 불만한 공간은 없었다. 주민들은 경제활동을 할 수 없고 생계는 치명타를 입고 있었다. 이론적으로는 매주 월요일과 목요일 주 2회 〈국경없는 의사회〉(MSF) 방문은 허용되고, 다른 엔지오나 국제기구의 출입은 전혀 허용되지 않았다. 그러나 이론과 현실은 다를 때가 많았다.

아웅 밍갈라 안에는 극소수이기는 하나 힌두인들과 라까인 불교도들도 살고 있고 그들은 출입에 제약이 없었다. 이 점을 이용하여 일부 로힝야 주민들이 우산으로 몸을 가리고 외곽 수용소 캠프 인근 시장을 이용하는 경우도 있다. 혹자는 검문소 군경에게 돈을 쥐어주고 필요한 물품 구입을 시도하는 경우도 있지만 돈도 물건도 중간에 떼이는 경우가 흔하다는 것도 알게 됐다.

주민 B씨에 따르면 이 지역 주민들은 응급 상황이나 병원치료가 필요한 경우 '왕복' 8만 쨧 (당시 환율 기준 한화 약 8만원)을 내면 보안군의 호송차량으로 병원에 다녀올 수 있다. 그러나 절대 다수의 로힝야들은 엄두도 못 내는 돈이다.

"우리는 (로힝야와 라까인 두 커뮤니티간) 또 다른 폭력이 발생하는 걸 예방하기 위해 아웅 밍갈라 주민들의 바깥 출입을 허용치 않는다".

퀸타나 보고관과 대면한 한 보안군이 설명했다.

자신들의 정체성을 거부당하고, 기본권을 통째로 빼앗긴 채 엎어지면 코 닿을 거리에 먹거리가 풍성한 시장조차 갈 자유를 빼앗긴 사람들. 그에 반해 별다른 제약 없이 그럭저럭 생계를 꾸려가는 라까인 커뮤니티. 이 두 커뮤니티의 '분리정책'을 두고 정부도, 라까인 정치인도 그리고 88항쟁 학생운동의 주역인 코코치Ko Ko Kyi 같은 인물도 똑 같은 말을 했다. '또 다른 갈등을 예방하기 위해 로힝야를 특정 공간에 가두는 거'라고.

'88 세대'는 로힝야 이슈에 대한 국제사회의 비판이 거세지자 2012년 8

월 5일 기자회견까지 열었다. 그 회견에서 '왕년의' 민주 투사들은 성명을 발표했고 "라까인 주의 문제는 단순히 인도주의적 위기상황의 문제만은 아닌, 그보다는 국가 안보 이슈"[41] 라고 강조했다. 2013년 8월, 라까인 주 시트웨는 학살 책임자들까지 초대할 만큼 관용이 넘쳤던 양곤의 88항쟁 기념식장 화기애애한 공기를 조금도 느낄 수 없었다. 그곳은 지독한 배제와 차별의 땅이었다. 충돌 예방을 위한 '따로 살이'가 아니다. 그건 '아파르트헤이트'의 적나라한 그림이었다.

2년을 기다린 45일 허가서, 'Form 4'.

로힝야 여성 사데카를 만난 건 양곤의 한 엔지오 사무실에서였다. 라까인 주 취재에 앞서 양곤에서 가능한 정보는 사소한 팁까지 전부 모아야 했고 꼼꼼히 계획을 세우지 않으면 라까인 주 취재는 망칠 수 있다고 생각했다. '양곤에서 만난 로힝야'는 내게 시원하게 쏟아지는 '스콜'(동남아 등 열대 몬순기후의 소나기)같은 존재였다. 게다가 그는 내가 반드시 취재하리라 다짐을 한 봉쇄된 구역 '아웅 밍갈라'에서 왔다.

"그거 알아. 내가 시트웨에서 양곤으로 올 때 비자를 받아야했어"

사데카는 'Form 4'를 "비자"라고 표현했다. 'Form 4'는 미얀마의 이민성 양식 중 하나다. 본래는 외국인들을 대상으로 이동을 보고하도록 한 양

41 Saw Yan Naing, 2012, "88 Generation leaders speak out on Rohingya issue", *The Irrawaddy*, 08/07/2012, https://www.irrawaddy.com/news/burma/88-generation-leaders-speak-out-on-rohingya-issue.html

식인데 주로는 로힝야들이 자신의 등록 거주지에서 다른 거주지로 이동할 때 당국의 허가를 받기 위해 가장 많이 쓰고 있다. 그 신청 양식 받는 것조차 쉽지 않다. 사데카는 그 양식을 받기 위해 2년동안 시도했고 겨우 받아 작성해 제출했다. 그리고 랑군 체류 45일 허가를 받았다. 비용은 10만 짯. 가난한 로힝야들에게 엄청난 액수다. 미얀마가 로힝야들을 대상으로 'Form 4' 작성을 의무화하기 시작한 건 1997년 지역령 발표 시점으로 알려져 있다. 그후 2000년, 2008년에 해당령이 재차 내려졌고 업데이트 되었다. 로힝야들은 비단 시트웨에서 양곤으로 이동할 때만 허가가 필요한 게 아니다. 라까인 주 안에서 마을간 이동할 때도, '마을' 위 행정단위인 '타운쉽'간 이동할때도 허가를 받아야 한다. 마을간 이동 허가를 받으려면 최소 5천짯, 타운쉽간 이동시에는 2만짯 정도가 통상적인 뇌물액수로 알려져 있다. 뇌물도 뇌물이지만 허가 절차 자체가 심히 모욕적이다. 2018년에 시트웨 수용소 캠프를 허가없이 이탈했던 로힝야 여성이 체포된 적이 있다. 그때 미얀마 당국이 체포 사유로 제시했던 논리가 "이 여성은 심지어 Form 4를 작성하지도 않았다"는 거였다.

'Form 4' 양식은 '타운쉽 이민성'에서 받을 수 있다. 그 양식을 받기위해 마을 행정관, 지역경찰, 타운쉽 행정관 등으로부터 추천서를 받아야 한다. 사데카가 'Form 4' 양식을 받는 것부터 쉽지 않았다며 한 숨을 쉰 것도, 그 양식을 받는 데만 2년이 걸린 것도 이 같이 모욕적이고 불필요한 관료절차 때문이다.

사데카가 Form 4를 신청하기 위해 사용한 신분증은 '화이트 카드'다. '화이트 카드'는 1995년 당시 군정 통치기구였던 국가법질서회복위원회

(이하 "SLORC")이 로힝야들에게 배포한 카드로 외국인용 '임시 체류증'이다. 이 카드는 Form 4 양식을 받기 위해 제시해야 할 신분증 정도의 기능을 한다. 그런데 이 화이트 카드 발급받는 것도 쉽지 않다. 사데카는 화이트 카드를 발급받기 위해 400달러를 냈다고 했다. 부모님이 화이트 카드를 소지한 경우에는 그 쓰임새를 알기에 자식들도 발급받도록 챙기는 경우가 많지만 로힝야 다수는 이 화이트 카드조차 없는 경우가 많다. 교육의 기획를 박탈당한 로힝야 커뮤니티 내에서도 이따금 '학교를 다닌 적이 있다'고 말하는 로힝야가 있다면 거의 대부분 이 화이트 카드 같은 '신분증'을 지닌 경우다. 그러나 다수의 로힝야들은 아무런 카드도, 아무런 종이도 갖고 있지 않다. 서류상 존재하지 않으니 '취학 통지서' 같은 건 받을 일이 없다. 모든 기회는 박탈되고 존재는 그렇게 지워지는 것이다.

사데카는 양곤으로 온 즉각적 동기를 교육 때문이라고 말했다. 라까인주에서 학교를 다녔고 시트웨 대학에서 영어전공으로 3년간 공부도 했다. 로힝야 여성 치고는 아주 드문 사례인데 초등교사를 하는 어머니와 우루두어를 말할 줄 아는 아버지의 교육열 때문에 가능했다고 사데카는 자랑스럽게 말했다. 그런데 어느 날 선생이 그랬다. '너는 무슬림이니 공부를 지속하는 건 허용되지 않는다'라고. '너의 (로힝야) 커뮤니티는 여성들이 집에만 있지 않니?'라며 더 공부할 필요가 없다고 단정 지었다. 학교측은 뒤늦게 그가 갖고 있는 신분증이 부적절하다며 졸업장도 주지 않았다.

그러자 라까인주에서 할 수 있는 건 아무것도 없으니 우선 양곤으로 가라고 부추긴 건 아버지였다. 시트웨에서 받아온 45일 허가서를 양곤 이민성에서 1년 체류로 연장했다.

"어머, 체류 연장은 또 가능한거야?" 내가 물었다.

"당연히 안되지. 돈을 쥐어줬지!"

사데카가 웃으며 답한다. 45일 허가서를 1년짜리로 만들기 위해 쓴 돈은 500달러다. 뇌물이라도 통하는 부패한 공간에서 그나마 숨을 고른 경우랄까. 그리고 그는 내가 만났을 때 기준 3년째 돌아가지 않고 있다. 인도네시아로 가서 공부를 더 하고 싶은 맘에 여권을 신청해봤지만 여권은 뇌물의 힘으로도 쉬워 보이지 않았다. 이민성 직원은 그에게 라까인주에 가서 허가를 받아오라고 말했다. 로힝야들의 모든 일상을 감시하며 '로힝야 업무'를 담당하는 나사까Na Sa Ka로부터 우선 허가를 받아야 한다는 의미였다. '나사까'는 로힝야들에게 공포의 대상이고 억압과 멸시의 또 다른 이름이다.

사데카는 양곤에서 할 수 있는 마지막 부정행위를 하기로 했다. 바로 '입양'이다. 가상의 가족 즉 '페이퍼 가족'을 꾸몄고 그 가족에 입양된 딸처럼 이름을 올려 '존재 세탁'을 한 뒤 여권을 받았다. 이 작업을 위해서는 400달러를 요구받았지만 350달러로 합의를 봤단다. '입양 과정'은 6개월 걸렸다. 상상을 초월하는 부패가 만연한 미얀마 공무원사회, 그 덕에 사데카는 다시 한번 안도의 한숨을 쉬었다. 그리고 여권을 쥐었다.

이따금 로힝야를 둘러싼 제도와 시스템에 상식 밖의 일이나 일관성 없는 현실을 마주하게 되는데, 이는 시민권 박탈의 여파로 볼 수 있다. 이를테면, 로힝야 여성 사데카의 어머니는, 공립학교 교사이고 공립학교 교사는 엄연히 공무원이다. '로힝야가 교사라고?' 뭔가 앞뒤가 맞지 않는다. 그런데 과거에는 가능했고 그게 바로 로힝야의 '과거신분' 즉 시민권자 였고 그 시민권을 박탈당했음을 말해주는 대목이다. 흥미롭게도 사데카는 자신의 엄마가 "중국인에 가까운 외모"라며 그것도 나름 이점으로 작용했다고 웃는다. 제도 안에 있던 이들을 제도 밖으로 내동댕이 쳤지만 흔적이 남았고 혼선이 여전하다.

양곤에 와서도 공부를 계속했고 아빠의 지원이 있었다. 그러나 2012년 폭력 사태로 그 지원은 중단됐다. 사데카의 가족이 사는 아웅 밍갈라는 봉쇄됐고 사데카의 아빠는 봉쇄된 마을을 떠나 은행에 갈 수가 없다. 아니 한 발짝도 움직일 수가 없다. 이동의 자유가 없다는 것, 봉쇄 구역에 갇혀 감시받으며 산다는 것. 그건 로힝야 커뮤니티의 일상과 생계를 철저하게 파괴했고 처절하게 무력화시키고 있다. '파괴'와 '무력화' 제노사이드의 주요 구성 요건이다.

사데카가 자신의 화이트 카드를 보여줬다. "태어난 곳" 옆에는 '아웅 밍갈라'라고 적혀 있다.

"거봐, 그들도 우리가 여기, 이 나라에서 태어난 걸 알잖아!"

"불법 이주자 벵갈리"를 수도 없이 들어왔을 로힝야 여성 사데카가 크게 웃는다.

이슬람 학살

제2부

1. 폭동의 확산

칼춤 추는 승려

2013년 3월 21일, 미얀마 발 끔찍한 영상 하나가 타전됐다. 영상 속 샤프란 승복을 입은 한 '승려'와 십여명의 남성들은 숲으로 피신해 온듯한 누군가를 향해 우르르 몰려들어 장칼과 긴 몽둥이를 내리쳤다. 해가 중천에 떠 있는 시간이다. 나의 뇌리에 스친 캡션은 '칼춤 추는 승려'였다.

이 영상은 하루 전날 미얀마 중북부 도시 멕띨라Meiktila에서 시작된 안티-무슬림 폭동의 한 장면이다. 미얀마 제2의 도시 만달레이에서 차로 3시간가량 달리면 닿는 인구 18만의 소도시 멕띨라는 불교도, 힌두, 무슬림 그리고 시크교도들까지 다양한 커뮤니티가 어우러져 사는 도시다. 미얀마의 공군기지가 자리잡은 전략적인 이 도시에선 2차 대전 막바지 일본군과 연합군이 격전을 벌어졌다. '멕띨라 전투'다. 그곳에서 2010년대 미얀마를 휘감은 '안티-무슬림' 광기의 장면들이 3일동안 연출됐다. 영상 속 폭도들에게 칼과 몽둥이를 맞고 사망한 익명의 무슬림 남성 아내는 〈알자지라) 다큐 '제노사이드 어젠다'에서 이렇게 증언했다.

"(불교도 폭도들이 무슬림) 남자들 다 나오라고 소리를 질렀다. 안 나오면 4살된 내 딸을 죽이겠다고 협박했다. (그 협박 때문에) 남편이 나갔다…폭도들은 그의 등을 향해 긴 칼을 휘둘렀고 그 칼이 남편을 피해가자 (쓰러진) 그의 사타구니를 사정없이 내려쳤다. 산송장이 됐다. 경찰들은 근거리에서 지켜만 봤다"[42]

이 장면 속에 등장하는 '칼춤 추는 승려'가 진짜 승려인지 가짜 승려인지는 알 수 없다. 분열과 이간질에 능한 미얀마 군부는 종종 군인들에게 승복을 입혔고, 혐오 스피치 삐라를 뿌리게 했으며 종교와 종족의 다름을 이용하여 커뮤니티간 분열을 조장하는 데 그 누구보다도 능한 조직이다. 잘 알려지진 않은 사례 중에는 2005년 NLD불교도 당원과 무슬림 당원들간 이간질을 시도하다 실패한 '비밀작전'도 있다.[43]

당시 NLD 당원이었던 윈 미야 미야Win Mya Mya[44]에 따르면 군정은 NLD 불교도 당원과 무슬림 당원 사이 갈등을 조장하기 위해 만달레이 거리에 전단지를 뿌린 적이 있다. 그 전단지는 '승려 연합'이 작성한 것처럼 꾸며져 있었고, 내용은 'NLD 당내에 무슬림 영향력을 제거하기 위해 승려들

---

42 Genocide Agenda / Al Jazeera Investigations, 10/26/2015, https://www.youtube.com/watch?v=UrQRYrpp2cI&t=1637s

43 Wikileaks, 2005, "Mandalay activists manage to preserve", 10/19/2005, https://wikileaks.org/plusd/cables/05RANGOON1186_a.html

44 윈 미야 미야는 NLD 정치 운동의 핵심인물이다. 2015년 총선 당시 NLD의 '무슬림 배제 방침'에 따라 공천을 못 받았으나, 2020년 총선에서는 출마했고 당선됐다. 그러나 2021년 2월 1일 군부 쿠데타로 투옥됐다가 2023년 5월 석방됐다.

이 단결해야 한다'는 거였다. 선전물은 "무슬림 영향력'의 배후를 암시라도 하듯 NLD 고참 열성 당원이자 무슬림인 윈 미야 미야를 가리켜 "칼라마"Kalar Ma로 표현하기도 했다. '칼라'는 미얀마의 무슬림 혹은 인도계 커뮤니티를 비하하는 표현이다. 그 표현에 여성 혹은 누이을 뜻하는 '마'를 붙여 합성어로 표현한 것이다. 결정적으로 선전물엔 이렇게 적혀 있었다.

"NLD 만달레이 지부는 지금 도대체 무엇을 하고 있나. 수치 여사의 길을 따르는 건가 '칼라 마' 윈 미야 미야의 길을 따를 것인가 ?'

선전물은 무슬림 여성 윈 미야 미야의 당당한 태도를 비판하는 내용으로 가득했고 윈 미야 미야는 직접 '승려연합'에 이 정체 불명의 리플렛에 대해 작성여부를 물어봤다. 승려연합은 자신들의 소행이 아니라고 했다. 공작정치가 기승을 부리던 SPDC시대 발생한 윈 미야 미야 사례는 2010년대 잇따라 발생했던 안티-무슬림, 안티-로힝야 혐오 캠페인과 폭동의 배후 역시 군 정보국이 아닐까하는 의혹을 품게 한 전례 중 하나다. 위로부터의 '개혁'과 군부가 기획한 '민주화'지만 이 마저도 못 마땅해 하는 군부 강경파에 대한 의구심이 지속 제기됐다. 멕띨라 학살 역시 강력한 배후가 자리잡고 있다는 의혹을 살 수 밖에 없었다. 공권력의 철저한 방관과 협조 속에 마치 잘 짜여진 각본 마냥 전개됐기 때문이다.

시작은 언쟁이었다. 그해(2013) 3월 20일 오전 다운 타운 시장에서 금은방 주인(무슬림)과 손님(불교도) 사이에 오고 간 작은 언쟁이 폭력적 갈등으로 급 비화됐다. 한 승려가 무슬림 패거리에 살해당한 것을 제외하면 공권력의 협조와 방관 속에 불교도에 의한 무슬림 학살이 최소 3일 동안 이어졌다.

모스크, 마드라사(이슬람 학교)와 그 학생들, 무슬림 거주구역 등 이슬람에 관한 모든 시설과 상징들이 전부 공격받았다. 공식 희생자는 44명이다. 그러나 이 학살을 가장 밀도 있게 조사한 〈인권을 위한 의사회〉(PHC) 보고서는 사망자를 최소 148명으로 추산했다.[45] 희생자 대부분은 '마드라사' 기숙사에 머물던 10대 학생들이었다. 미얀마 언론은 16개의 모스크가 불탔다고 보도했다.[46] 〈휴먼라이츠 워치〉에 따르면 폭동 3일 동안 828개의 건물이 파괴됐고, 8천여명에 달하는 국내 피난민이 발생했다.[47] '안티-무슬림' 폭동에 취약한 미얀마 중북부 지역에서 발생한 그간의 폭동 중에서도 멕띨라는 최악을 기록했다.[48]

학살의 잔해, 멕띨라의 고요

2013년 8월 하순, 멕띨라로 향했다. 사원, 학교, 마을, 학생, 이슬람에 관한 모든 존재들이 총체적으로 공격받은 학살로 이 지역 무슬림 공동체 생활 기반은 회복 불능에 빠져 있었다. 폭동으로 입은 인명 및 재산 피해

....

45 Physician for Human Rights, 2013, "Massacre in Central Myanmar : Muslims studens terrorized and killed in Meiktila", 05/2013 https://s3.amazonaws.com/PHR_Reports/Burma-Meiktila-Massacre-Report-May-2013.pdf

46 List of the Mosques and Islamic Religious Schools Destroyed in Meiktila, 2013, *M-Media Group*, 03/23/2013, https://www.m-mediagroup.com/en/archives/7608

47 "Burma : Satellite Images Detail Destruction in Meiktila", 2013, *Human Rights Watch*, 04/01/2013, https://www.hrw.org/news/2013/04/01/burma-satellite-images-detail-destruction-meiktila

48 2001년 중북부 전역에서 '안티-무슬림' 폭동이 발생한 바 있다. 그리고 2003년에는 촉세, 2006년 마구웨 등지에서 다시 폭동이 벌어졌다.

에 대한 보상은 없었다. 대신 '개혁시대' 관료들이 무슬림을 향해 되려 으름장을 놨고 무슬림 주민들은 완전히 주눅 든 모습이었다. 피해자가 죄인 취급받는 풍경이 그곳에서도 연출되고 있었다.

3월 20일 폭동 첫 날 멕띨라로 출장 갔던 만달레이 주지사 우 예민이 4월 12일 이 지역 무슬림 대표들을 불러 약 45분간 (폭력 사태에 대한) 무슬림 책임론을 일장 연설했다는 게 주민들의 증언이다. 7월에는 만달레이 지방 치안 담당자인 우 쵸 무 대령이 다시 200명가량의 무슬림 대표들을 사무실로 불러들였다. 이 자리에 참석했던 무슬림 원로 나잉 웅(가명)에 따르면 우 쵸 무는 공터가 돼 버린 학살 현장은 이제 정부 소유 땅이고 그곳에 아파트 등을 건설할 계획이라고 밝혔다고 한다. '살던 땅으로 하루속히 돌아가길 원한다'는 피란민들의 의견을 전하자 우 쵸 무 대령은 "당신들은 지금 말할 처지가 아니니 듣기만 하라"고 했다. 사과와 보상은 커녕 으름장이 계속됐다.

멕띨라 취재를 통해 알게 된 사실이 있다. 폭동 발생 전 여러 해 동안 이 지역에선 갈등요소들이 하나 둘 싹을 틔우고 있었다.

우선, 2011년 7월 25일, 이 도시에 100년 넘게 자리잡고 있던 수니 무슬림 묘지가 불도우저로 갈려나갔다. 멕띨라 무슬림들이 2008년과 2011년 무슬림 묘지를 파괴하지 말아달라고 정부에 여러차례 요청했으나 소용없었다. 불도우저를 들이민 건설업체 '세인 란 소 프레이 에이'Sane Lan So Pyay Yay는 자신들이 그 땅을 사들였다며 토지 소유권을 주장하고 나섰다. 2013년 멕띨라 폭동 당시 불도우저가 신속하게 동원되고 모스크 등을 거침없이 파괴한 건 일종의 '데자뷔'다.

불교도들 입장에서도 못마땅한 건수가 있었다. 제 2차 세계대전 당시 영국과 일본의 격전지였던 멕띨라에는 당시 연합군으로 참전했던 터키군 묘가 남아 있다. 터키 정부는 최근 자국 군인들의 묘지를 재조성하겠다고 했고 미얀마 정부가 이를 수락했던 것으로 알려졌다.

"새로 조성되는 묘지에 '영웅'이란 문구가 들어갈 참이었다. 묘지 조성에 안 그래도 못마땅한 불교도들이 '무슬림'과 '영웅'의 조합을 받아들일 수 없었던 것 같다. 반발이 고조되기 시작했다"

이 문제에 밝은 만달레이 거주 무슬림 지도자 마중 윈(가명)의 설명이다. 2013년 8월21일 유엔 미얀마 인권 보고관 퀸타나가 멕띨라를 방문했을 당시 약 200명의 불교도 시위대가 보고관을 폭력적으로 제지한 사건이 있었다. 당시 항의서한을 전달했던 '88세대' 멕띨라 대표 테잉 민 카잉은 바로 '터키 참전용사묘 반대' 캠페인을 앞장서서 벌인 인물이기도 하다. 유감스럽게도 '88세대'라는 이름이 '안티-무슬림', '안티-로힝야' 캠페인에 태그된 건 처음이 아니다.

멕띨라에 위치한 공군기지와 무슬림 사업가들의 비즈니스 관계도 불교도-무슬림 간의 갈등을 악화시킨 요인이다. 군부대가 진행하는 각종 프로젝트, 부대 안팎으로 들고 나는 군수물자들, 군과 연계된 사업 전반의 파트너들 대부분이 무슬림들이었다. 부패한 군인들은 군용 물자 입출 내역이 불교도들에게 알려지는 걸 원치 않았다. 그렇게 쌓인 무슬림들의 부가 모스크 건축과 리모델링에 아낌없이 들어갔고 '군부와 결탁한 무슬림' 이미지가 불교도 대중에게 곱게 비쳤을 리 없다. 이런 상황이 '2012년 라까인 주 폭력 사태' 이후 왕성해진 안티-무슬림 캠페인 '969 운동'을 만나면서 거칠게 숙성됐다. 그리고 물론, 학살 몇 달 전 불교 극단주의 969 운동의 지도자 우 위라뚜 승려는 멕띨라를 방문하여 강력한 '안티-무슬림' 설교를 날렸다.

멕띨라 학살은 공격 대상에 있어서나 발생 지역 위치로 보나 2012년 라까인 폭력 사태의 확산 버전이다. 그리고 시작에 불과했다. 바고, 샨주, 몬주 그리고 중북부 사가잉 지방까지 곳곳에서 크고 작은 '안티-무슬림' 폭동이 그해 8월 하순까지 약 30건 발생했다. 그 중에는 라까인 주 캄만 무슬림들의 주 거주지인 탄드웨에서 5일째 이어진 폭동도 있다. 탄드웨에서는 무슬림 주민과 그의 집 앞에 오토바이를 주차한 불교도 주민 사이 언쟁이 불씨가 됐다. 불교도 폭도들 칼에 찔려 사망한 이는 구순이 넘는 무슬림 할머니 도 예 찌Daw Aye Kyi로 알려졌다. 그를 포함한 사망자 수가 9 – 25명선 거론됐다. 수십 채의 가옥과 모스크 등이 불탔다.

도대체 누가 왜 무엇을 얻고자 폭도를 동원하고 무고한 구순 노인의 등에 칼을 꽂았나. 8월 중순께 나는 탄드웨 주민 3명의 이름과, 그들이 랑군으로부터 1억 짯(약 1억원)을 송금받았다는 제보를 받았다. 바로 그 3명의 이름이 폭동 주도자 명단에 오르내리고 있었다. 모두 불교 극단주의 운동인 '969 운동'과 라까인 주의 극우 민족주의 정당인 〈라까인 민족 개발당〉(RNDP)에 깊이 관여해온 인물들이다. 안티-무슬림 폭동을 조장하는 검은 돈들이 혐오 정치와 제노사이드 어젠다에 올라타 있었다. 그리고는 가장 사악한 공간으로 배달되고 있었다.

이를 악문 소년

묘원(가명, 15)은 눈빛이 다부진 소년이었다.

"아니오, 울지 않았어요"

멕띨라 학살 아수라장에서 살아남은 그에게 기억을 들춰가며 '그래서 울었니?'라고 몇 차례 물었다. 그때마다 이를 악문 표정으로 같은 답이 돌아왔다.

"폭도들 손에 죽어간 학생, 선생님 모두 제 친구예요. 절친이었던 압둘라 작이 보고 싶어요"

이어진 소년의 답에 이번엔 내가 이를 악물었다.

묘원은 멕띨라 학살 당시 집중적으로 공격받은 히마야똘 마드라사 학생이다. 이 마드라사는 학생 33명과 교사 4명이 목숨을 잃어 이번 학살의 상징적 공간으로 떠올랐다.

첫 이틀간 오토바이로 거리를 돌며 상황을 수시 점검했던 주민 아웅조(가명, 48)는 멕띨라로 이어진 5개의 도로 중 남부 도로를 제외하고는 모두 폭도들에 의해 차단된 걸 봤다고 했다. 유일하게 열린 남부 도로 위, 타운 중심가에서 자동차로 5분도 안 걸리는 지점에는 '경보병 99 사단(LID 99)'과 공군기지 그리고 군인 가족들의 주거지가 있다. 폭도들은 이 '군사 구역'까지 제지 없이 파고 들었다. 폭도들에 쫓기다 군부대 안에 숨겨달라고 애걸하던 무슬림 학생들을 부대 경비원이 거부했다는 증언도 나왔다.

"싸욱 칼라!" (무슬림, 이X할 놈들아!)

3월 20일 저녁 7시경. 마드라사 밖에서 들려오는 욕지거리에 묘원과 마드라사 학생들은 공포에 휩싸이기 시작했다. 무슬림 구역인 '밍갈라 제욘'에 위치한 기숙학교 안에는 교사와 학생 등 130명 정도가 있었다.

밤 10시께. 부수고 불지르는 소리가 학교 건물 안까지 차 올랐다. 한 교사가 문 하나를 땄고 모두 건물 뒷 편 물이 홍건한 숲으로 숨어들었다. 이 중 30~40명 정도는 인근에 위치한 치 피아르(가명, 29) 집으로 숨어들었다.

치 피아르는 그날 8시께 피신하려다 '괜찮을 것'이라는 이장 말에 불안하지만 집안에 꼼짝 않고 있었다. '밍갈라 제욘' 주민 절반 이상은 이미 25km가량 떨어진 옆 타운 진도Yindaw로 피난을 갔고 나머지 200가구 정도가 남아 있었다. 전기가 나가고 폭력의 소음이 도를 넘자 2살 박이 아기를 안고 다른 두명의 아이와 시어머니 그리고 주민들과 함께 치 피아르도 결국 숲으로 숨어들었다. 남편은 집안에 숨어든 학생들을 돌보겠다며 집에 남기로 했다. 그게 남편과 영원한 이별이 됐다. 남편도 곧 학생들을 데리고 숲으로 빠져나온 듯했지만 다음날 벌어진 백주 대낮 학살극에 무참히 살해당했다.

3월 21일 새벽 4시께. 폭도들은 수백명이 숨죽이고 있는 숲을 발견하고 진입하기 시작했다. 교사의 지시에 따라 학생들은 근처 양계장으로 피신했지만 폭도들은 그곳까지 쳐들어왔다. 돌을 던지는 폭도들을 향해 학생들도 뭐든 집어 던졌다. 묘원은 그제서야 폭도들의 모습이 감지되기 시작했다.

"승려가 많이 보였어요"

그러나 오전 8시를 넘기며 폭도수가 불어났고 '승려보다는 '일반인'들이 훨씬 많아졌다'는 게 묘원의 증언이다.

잠시 목격자들이 증언하는 폭도들의 모습을 그려보자. 마을의 터줏대

감격인 아웅 조는 동원된 '선봉대'가 있었다고 굳게 믿고 있다. 금은방 논쟁 직후 얼마동안 흥분하는 정도에 그쳤던 불교도들이 괴성을 지르는 한 무리의 사람들이 폭력을 행사하자 순식간에 난장판에 동참했다고 전했다. 그리고 자신이 목격한 두 대의 차량이 유독 수상했다.

"3월 21일 오후 2시 30분께였다. 하얀색 15인승 트럭 한 대가 티리 밍갈라 모스크 근처에 주차돼 있었고, 똑 같이 생긴 또 다른 트럭 한대가 챔피온(까페) 근처에 있었다. 낯선 이들이 그 안에 타고 있었다. 눈동자도 풀린 것 같았다"

3월 22일 오후 '평화활동 승려들'과 함께 만달레이에서 멕띨라로 달려간 민 코코(가명)는 '랑군-만달레이 고속도로'를 달리다 멕띨라를 7마일(약 11km)즈음 남겨둔 지점에서 마찬가지로 15인승 하얀 트럭 세대가 멕띨라 방향에서 빠져 나오는 걸 봤다. 진행 방향은 만달레이였고 차에 타고 있던 이들은 환호성을 지르고 있었다. '동원된' 폭도들의 가능성을 암시하는 대목이다.

폭동 3일째였던 22일 오후 묘마Myoma 모스크 부근 자전거 부품 상점 뒷 편 숲에 숨어 있던 주민 마웅 한(가명, 40대 후반)은 자신이 엿들은 폭도들의 대화가 아무래도 수상했다.

"자야[49], 피곤해 죽겠어요"

"피곤하면 '이걸' 써봐"

얼마 후 마웅 한의 귀에는 깨부수고 난동 피우는 소리가 더욱 요란하

---

49   Saya, 선생, 상사 등 윗 사람을 부를 때 광범위하게 쓰이는 호칭

게 들려왔다. 마웅 한은 그들이 약물에 취했을 거라고 확신했다.

3월 21일 오전 8시께.

뒤늦게 나타나기 시작한 경찰은 폭도를 진압하기 보다는 숲에 피신해 있던 무슬림 주민들과 학생들을 소개疏開 시키는데만 집중했다. 그런데 경찰은 이들에게 깍지 긴 양손을 머리에 올리고 이동 하라고 명령했다. 보호 받아야 할 이들을 마치 포로 다루듯 했고, 무슬림들의 행렬은 포로들의 행렬처럼 비춰졌다. 폭도들은 그 행렬 사이 사이를 반복적으로 파고들었다. 칼과 몽둥이를 휘두르는 폭도들을 경찰은 제지하지 않았다. 실제로 경찰과 소방대원들은 '폭력에는 개입하지 말고 불이나 끄라는 지시를 받았다'는 증언이 나왔다.[50] 이와 관련 멕띨라 최 고위 관료가 '적극적으로 방관한' 정황도 다시 한번 확인할 수 있었다.

'인 허가' 문제로 평소 정부 관료들과 안면이 깊은 무슬림 사업가 니니(가명)에 따르면, 학살 전날인 3월 20일 저녁 만달레이 주지사Mandalay Region('region'은 한국의 '도' 정도에 해당) 우 예민U Ye Myint은 만달레이 지방 법원 수석 판사와 함께 멕띨라 타운쉽 사무실에 나타났다. 군경의 발포나 진압 명령이 법원의 동의를 구해야 하는 사안임을 감안할 때, 두 인물이 화염에 휩싸인 멕띨라까지 '출장'온 이유는 '유사시' 진압 여부를 판단하기 위한 것이 아니냐는 분석이 가능하다.

이후 상황은 무슬림들은 '저항'하지 못한 채 불교도들의 일방적 폭력

---

50 이유경, 2013, "부처의 나라 광기에 휩싸이다", 한겨레21 957호, 04/18/2013 https://h21.hani.co.kr/arti/world/world_general/34334.html

제2부

으로 흘렀다. 폭도 진압명령도, 해산도 없었다. 그대신 '장칼', '장대', '쇠사슬', '도끼' 같은 폭력적 도구들을 들고 나온 폭도들이 경찰 앞에서 '칼춤'을 췄다. 경찰 소개령에 따라 이동하던 이들마저 폭력에 노출되면서 경찰 '보호라인'에서 도망치는 이들이 생겨났다. 묘윈도 이때 도망쳤다. 더 안전하다고 여긴 숲으로 되돌아갔다.

경찰 보호라인 보다 숲이 더 안전할 거라는 그의 판단과 선택은 옳았다. 경찰의 말을 따르던 주민과 학생 다수는 결국 사상자로 변했다. 뿐만 아니라 온갖 모욕적 언사와 행위도 감내해야 했다. PHR 보고서에 따르면 폭도들은 무슬림들에게 돼지고기를 강제로 먹이기도 했고, '승려 폭도'들은 무슬림들에게 "무릎 꿇고 경배하라"는 모욕적인 강요도 서슴지 않았다. 그걸 제대로 안 한다고 무슬림들을 타박하는 경찰까지 있었다.

비록 남편을 잃었지만 치 피아르와 나머지 가족이 살아남은 건 그나마 기적이다. 3월 21일 오전, 그 역시 숲으로 들이닥친 폭도들과 맞닥뜨렸다.

"다 죽여버려"

고함 지르는 폭도들에게 치 피아르는 자신이 '포코쿠' (중북부 버마의 소도시. 불교도 강성 지역)에서 왔다며 살려달라고 빌었다. 유독 하얀 피부에 버마족 무슬림인 그녀의 말을 폭도들은 쉽게 믿었다. 그리고는 각각 장대와 장칼을 든 폭도 2명이 치 피아르 가족을 피신한 군중들이 모여 있는 언덕배기로 안내까지 해줬다. 그곳에서 치 피아르는 시누이에게 전화를 걸었다. 마침 군중들 사이에 있던 불교도 이웃의 도움으로 시누이가 있는 곳까지 무사히 이동할 수 있었다.

경찰 보호라인에서 탈출한 묘원도 목숨을 건졌다. 3월 21일 오후 2시경까지 숲에 숨어 있다가 멕띨라 호수를 거쳐 인근 병원으로 가 도움을 청했다. 그때서야 묘원은 자신의 왼쪽 엉덩이가 칼에 찔렸었다는 걸 알았다. 경찰 '보호라인'을 따를 때 그 줄을 파고든 폭도들에게 맞은 게 분명했다. 묘원은 병원과 경찰의 도움으로 3월 24일이 돼서야 가족과 상봉했다. 그가 죽은 줄 알았던 가족들은 눈물을 쏟았지만 묘원은 울지 않았다. 그 후 만 이틀 동안 소년은 어떠한 소리도 입 밖에 내지 않았다.

학살 후 5개월, 멕띨라 타운은 아무일 없었다는 듯 평온하게 시치미를 떼고 있다. 그러나 불교 극단주의 운동의 상징 '969스티커'가 곳곳에 붙어 있었다. 그들의 왕성한 활동을 짐작케 했다.

8월 19일 이 도시를 방문한 유엔 미얀마 인권 보고관 퀸타나는 불교도들의 무력 제지를 받고 반 강제적으로 서둘러 떠나야했다. 그가 멕띨라에 도착한 시간대인 밤 10시 이후는 공식적으로 통행금지 시간대였지만 그의 차량은 차유리를 치고 욕설을 퍼붓는 군중들에 휩싸였다. 경찰은 이번에도 제지하지 않았다. '안티 무슬림' 캠페인을 적극 벌여온 인물이자 멕띨라 지역 '88세대' 대표인 테인 민 카잉은 퀸타나에게 항의 서한을 전달했다. 보도에 따르면 테인 민 카잉의 서한에 담긴 메시지는 두 가지다.

로힝야에게 시민권을 부여하라는 반기문 유엔사무총장의 권고에 반대한다는 것. 미얀마 인권 상황에 대한 퀸타나의 "편파적" 보고서를 받아들일 수 없다는 것. 8월 21일 미얀마 현지 조사 임무를 마치고 떠나며 가진 기자회견에서 퀸타나는 이렇게 말했다.

"근거리 선 경찰로부터 전혀 보호받지 못했던 내가 그 순간 느꼈던 공포는 3월 폭력 사태 당시 폭도들에게 쫓기던 (무슬림) 주민들이 느꼈을 공포가 어떠했을 지 감히 짐작케했다" [51]

'샤프란 혁명' 승려들은 어떻게 포섭되었나

우 위라뚜. 그는 승려들의 반군부 시위 '샤프란 혁명'이 벌어지던 2007년 감옥에 있었다. 2003년 안티-무슬림 폭동을 선동한 혐의다. 2012년 1월 정치범들이 대거 포함된 대통령 사면으로 석방된 후에도 여전했다. 여전히 안티-무슬림 캠페인에 앞장서서 혐오 선동가의 삶을 살고 있다. 미시사주간지 〈타임지〉 표지모델에 오른 그는 타임이 지어준 대로 '불교도 테러의 얼굴'The Face of Buddhist Terror이란 악명과 수많은 추종자들을 거느린 '스타성'을 동시에 지니고 있다. 타임지 기사는 그의 추종자들은 물론 정부, 언론계 등 미얀마 사회 거의 모든 영역에서 반발을 불러왔다. 결국 위라뚜 인터뷰가 실린 타임지 2013년 7월호는 미얀마내에서 판매 금지됐다. 아마도 미얀마 전 사회가 '불교'를 건드린 타임지 기사로 자존심에 상처를 입은 게 아닐까 싶다.

잇따른 '안티-무슬림' 폭동 현장에는 거의 늘 위라뚜의 흔적이 있다. 폭동 발생 얼마전 그가 안티-무슬림 설교를 뿌려 놓고 간 뒤면 여지없이 폭동이 뒷따랐다. '설교 → 리플렛 배포 → 폭동'의 사이클이 돌아갔다. 멕

---

51 "Burma 'failed to protect' UN rights envoy", 2013, *BBC*, 08/21/2013, https://www.bbc.com/news/world-asia-23787470

딸라도 예외는 아니었다. 위라뚜가 다녀간 멕띨라 시내 곳곳에는 969 스티커가 모자라지 않게 붙어 있었고 그 시기 멕띨라에 배포된 리플렛에는 다음과 같은 문구가 있었다.

"매일 매일 한 무리의 '칼라'[52] 들이 모스크에 갈 때마다 우리는 공포를 느낀다. 누군가의 도움이 필요하다".

위라뚜는 미얀마의 '개혁 개방 환희'의 2010년대를 '증오의 시대'로 만든 주범이다. 그가 안티-무슬림 캠페인 선봉에 서게 된 건 군부 공작과 맞물려 있다는 의혹이 있다. 특히 2012년 석방 후 그는 2007년 샤프란 혁명으로 투옥됐다가 2012년 사면으로 풀려난 '샤프란 혁명' 승려들을 포섭하기 위해 다방면으로 노력해 왔다. 〈알자지라〉 다큐 '제노사이드 어젠다' Genocide Agenda에도 그렇게 포섭 대상이 된 샤프란 승려들의 익명의 인터뷰가 등장한다.[53]

예컨대, 2012년 대통령 사면으로 석방된 한 샤프란 승려는 "석방 후 먹고 살기 힘들 때 위라뚜를 찾아가면 돈을 주었다"고 증언했다. 그는 동료 승려들에게 전화를 걸어 100만짯 (당시 환율 기준 한화 백만원)이라는 적지 않은 돈으로 회유하며 샤프란 혁명 승려들을 모아 '불교민족주의'로 방패 삼은 안티-무슬림 캠페인에 적극 나섰다.

또 다른 승려는 석방되자 은퇴한 군장성으로부터 연락을 받았다고 증

52　칼라(Kalar)는 본래 '외국인'이라는 의미를 지닌 단어다. 그러나 피부색이 어두운 이들 즉 인도계나 무슬림을 비하하는 용어로 매우 광범위하게 사용된다. 영어권의 '니그로', 한국어권의 '깜둥이'식 표현과 유사하다.

53　Genocide Agenda / Al Jazeera Investigations, 2015

언했다. "가난하고 돈 없지?"라는 말로 시작된 회유는 "우리와 함께 일하자" "우리가 원하는대로 설교를 해주면 돈을 주겠다"는 회유로 이어졌다. 이제 막 석방된 가난한 정치범 승려들을 돈으로 회유한 이는 다름 아닌 테인 세인 정부하에서 양곤 지역Yangon Region 주지사를 지낸 인물 민 쉐Gen. Myint Swe와 라 테이Gen. Hla Htay였다. 민 쉐는 2021년 2월 1일 민 아웅 라잉의 군사 쿠테타 이후 군부가 구금한 NLD 대통령 윈 민을 대신하여 '대통령 권한 대행'을 맡을 만큼 군부의 핵심 권력이다. 2010년대 전반부 '친 군부 −준 민간정부' 시절 '민족주의'를 내건 거리의 승려들이 "(대통령) 테인 세인 만세"를 외친 배경에 이 같은 맥락이 있었음을 무시할 수 없을 것이다. 그렇게 전현직 군장성들, 군인 정치가들, 그리고 위라뚜 같은 '선봉대' 승려들은 가난한 정치범 승려들의 신경과 심경, 절박한 물적 상황을 건드렸다. 그리고 불교라는 종교적 신념과 주류종족의 민족주의를 교묘히 배합하며 이들을 군부 통치의 효과적 도구로 이용했다.

"빈민 중에서도 빈민 그들이 나를 따른다" 위라뚜 (인터뷰)

2013년 8월 하순, 불교 극단주의 상징적 얼굴 위라뚜가 있는 만달레이 마수예인Masoeyein 사원을 찾았다. 미소년 이미지에 말끔한 얼굴, 들릴 듯 말 듯 조용한 말투에 아무리 심기 거슬리는 질문을 던져도 불쾌한 표정을 내비치지 않는 그는 '외교술'의 대가다. 그러나 답변은 무슬림 혐오 수사로 강고했고, 확증편향과 괴변이 쏟아졌다. 이 괴변이 많은 불교도들의 몸과 마음을 파고든다는 건 민주화 이행기 미얀마가 넘어야 할 산이 만만치 않음을 역설했다. 결국 그 산을 넘지 못한 미얀마는 반 인도주의 범죄의 가장 극악한 형태인 '제노사이드'가 벌어진 나라의 오명을 얻었다. 그리고 2021년 2월, 제노사이드 범죄자들은 쿠테타까지 감행했고, 흠결 많은 민주화 이행기의 족적마저 원점으로 돌려놓고 말았다. 다음은 극단주의 승려 위라뚜와 나눈 대화록 일부다.

나   인터뷰에 응해주어 고맙다. 꼭 한 번 만나보고 싶었다.

위라뚜 (이하 '위') (웃으며) 타임지처럼 써도 된다.

나   (웃으며) 그럴 생각이다. 언론자유가 많이 풀린 걸 실감하고 있다. 멕띨라 사건의 한 장면부터 짚어보자. 3월 21일 사태가 터진 다음날 군중들을 진정시키는 차량에 민코나잉(88세대 대표 운동가)과 함께 타고 다녔던데

위   나는 그 전날(20일) 이미 가 있었고, 민코나잉은 다음 날 이른 아침에 왔다. 우리가 가지 않았으면 사태가 더 나빠졌을 거다. 군중들을 잠재우려 최대한 노력했다.

나   그럼에도 폭력은 멈추지 않았고 많은 사람들이 죽었다.

위   금은방 언쟁이 그 시작이다. 불교도들이 화가 많이 났다.

나   그 분노 때문에 인명 살상이 벌어졌고 불교도들이 이 폭력에 가담했다.

위 양쪽 다 비난한다. 무슬림 주인이 불교도 손님에게 처신만 잘했어도 그런 일
이 벌어지지 않았을 것이고 불교도들은 분노를 조절했어야 한다. 양쪽 모두
교훈을 얻어야 한다. 불교 가르침에 폭력은 허용되지 않는다.

나 며칠 전 토마스 퀸타나 유엔인권대사 방문 차량이 멕띨라에서 불교도 군중
들에 의해 폭력적으로 저지당했다. 그 폭력은 어떻게 보았나

위 퀸타나는 편파적이다. 지난 해(2012) 라까인 사태 이후 그는 무슬림 편이다.
유엔은 그렇게 편파적인 인물을 보내면 안된다. 라까인주 사태 이후 미얀마
인들의 분노가 나날이 더하고 있다. 국제사회가 편파적으로 가니까.

나 라까인 주 무슬림들은 이동의 자유도 없다. 무슬림 커뮤니티만 마비상태에
빠져있다. 내가 보기엔 그 모습이 편파적이다.

위 벵갈리들이 거기서 살고 싶으면 조화롭게 살았어야지. 로힝야 연대기구
(RSO)[54]가 폭력을 공개적으로 거부해야 한다. 벵갈리들은 어떠한 지하디 그
룹에도 연루되지 말아야 하고.

나 로힝야 무슬림들은 먹거리, 잠자리, 화장실, 마실물에 대한 염려로 나날을 보

....

54 로힝야 연대기구(Rohingya Solidarity Organization, RSO)는 1982년 결성된 로힝야 무장 단체다. 90년
대말 2000년대 초를 지나며 활동을 멈춘 단체였으나 2021년 미얀마 쿠테타 이후 방글라데시 로힝야
캠프를 중심으로 다시 모습을 드러내고 있다.

내고 있다. RSO 주장은 착각 아니면 과장이다.

위　일반 벵갈리들은 연루되지 않더라도 울라마Ulama(이슬람 학자)같은 이들이 RSO에 연루돼 있다. 왜 벵갈리는 근대화된 교육을 받아들이지 않나. 학교를 가란 말이다.

나　시민권이 없고 이동의 자유조차 없다. 학교 갈 자유도 없는데 근대 교육이 가능하겠나.

위　RSO는 그들이 목표한 바를 이룰 때까지 결코 포기하지 않을 것이다.

나　이슬람 극단주의를 굉장히 염려하고 있는 것 같다. 일각에서도 불교 극단주의도 염려한다. 당신이 이끄는 969 운동이 불교극단주의 운동으로 비판받고 있다.

위　969운동은 극단주의 운동이 아니다. 우리의 정책을 읽어 봐라.

나　969 정책 자료집을 보면 여성인권을 존중한다는 문구가 있다. 그러나 '불교도 여성은 다름 종교 남성과 결혼해선 안 된다'와 같은 조치는 여성 인권을 침해한다고 비판 받는다. 아웅산 수치도 이 점은 비판하고 있다.

위　미국을 봐라. 여성 권리를 존중하는 나라이고, 피부색에 따라 차별하지도 않는다. 그러나 '국익' 문제 봉착하면 아프가니스탄에 폭탄을 떨어뜨리지 않나. '민족주의'를 위해 여성의 권리를 희생시킬 수 있다. 아웅산 수치가 잘못 이해한거다.

나 그래서 미국내 여성인권과 '민족주의'가 어떤 관계라는 의미인가.

위 미국의 무슬림들은 이슬람 율법을 강요하지 않는다. 그러나 미얀마에서는 불교도 여성이 무슬림 남성과 결혼하면 이슬람으로 개종해야 한다. 이점도 미국과 다르다. 무슬림 남성들은 여성을 학대한다. 무슬림남성과 결혼하면 애나 낳고 집안에서 갇혀 지내며 남편에게 복종해야 한다.

나 969 정책을 보니 미물조차 존중한다고 적혀 있다. 멕띨라 사태도 그렇고 지난 해 라까인 폭력 사태때도 그렇고 승려들이 장대나 장칼 같은 무기를 들고 다른 이를 헤치는 건 어떻게 보았나

위 개인적으로 저지른 개인행동이다.

나 그 영상 속 승려가 누군지 찾아내려 노력한 적 있나? 그런 승려들이 불교 이름을 더럽히고 있지 않은가.

위 나는 기회 있을 때마다 무슬림 커뮤니티와의 대담에서 그런 승려들을 공개적으로 비판해왔다.

나   공개적으로 비판한 적 있다고? 당신 설교를 거의 다 봤는데 승려들의 폭력을 비판하는 말은 못들어봤다.

위   랑군에서 다아이몬드 쉐지Diamon Shwe Kyi(다이아몬드 숍 운영하는 무슬림 사업가)를 만났을 때 유감 표명을 한 적이 있다.

나   전 군사정권의 강경파들이 민주화 과정을 훼방하는 배후라는 설이 있다. 당신이 주도하는 969 운동이 그 강경파에 의해 이용되고 있다는 말도 있다.

위   사람들이 날 오해한다. 킨윤Khin Nyunt[55] 과 친하다는 둥. 내 배후는 군장성이나 권력 집단이 아니라 빈민들이다. 빈민 중에서도 빈민, 그들이 나를 따른다.

....

[55]   네윈 군부 독재 시절 군정보국장을 지냈고 SPDC 군정 시기 총리를 역임했다. 공작 정치로 악명 높다.

2.

불교 극단주의,
군부 파시즘과 손잡다

'786'은 무슬림들의 21세기 음모 : 포코쿠의 기억

2007년 10월 중순이었다. 해가 저물고 어둠이 깔리길 기다렸다. 나는 미얀마 중북부 소도시 포코쿠Pakkoku의 한 불교 사원 후미진 방에서 2명의 승려 그리고 1명의 동네 주민과 마주 앉았다. 약 한달 전 승려들이 선두에 선 반독재 시위 '샤프란 혁명'이 미얀마를 휩쓸고 간 끝물에 허겁지겁 미얀마로 들어갔고 '혁명'의 도화선이 됐던 시위 현장 포코쿠로 향했다. 그곳에서 시위에 깊이 관여한 승려와 사원을 찾아 그들과 마주 앉았다. 그 자리에 있던 '동네 주민'은 한국 기자가 사원에 취재를 왔다는 승려의 연락을 받고 인터뷰에 동석했는데 알고 보니 한국에서 이주노동자로 살았던 경험이 있다고 했다.

2007년 8-9월 미얀마 전역을 휩감았던 '샤프란 혁명'은 88항쟁 이후 가장 큰 반군부-반독재 시위로 기록됐다. 승려들이 그 시위의 선두에 서면서 그들의 승복 색깔을 따 '샤프란 혁명'으로 불렸다. 혁명을 가장 상세히 보도

하고 '버마 VJ'라는 훌륭한 다큐 영화까지 제작했던 〈버마민주소리〉(이하 "DVB")가 추산한 사망자 통계는 138명이다.[56] 사망자 중에는 일본 비디오 저널리스트인 겐지 나가이(Kenji Nagai)가 포함됐다. 겐지 나가이 기자는 9월 27일 양곤 다운타운 술래 파고다 부근에서 보안군 총에 쓰러졌지만 손에 든 그의 카메라는 끝까지 쓰러지길 거부했다. 샤프란 혁명의 여러 기념비적 장면들 중 하나로 남아 있다.

샤프란 혁명의 발단이 된 기름값 상승 반대 시위는 8월 24일 서부 라까인 주 시트웨에서 시작됐다. 그러나 시트웨와 달리 9월 5일 포코쿠 시위에선 폭력사태가 발생했다. 경찰이 승려 한 명을 나무에 묶고 죽도록 구타한 것이다. 다음 날 승려들은 보복 차원에서 군의 차량을 공격했고 일부 관료들을 인질로 삼는 사태까지 벌어졌다. 만일 포코쿠에서의 폭력적 장면이 아니었다면 샤프란 혁명의 거대한 물결은 일어나지 않았을지도 모른다. 많은 평론가들이 포코쿠 시위를 '혁명의 시작'으로 거론하는 이유가 거기에 있다.

그런데 나는 이날 인터뷰에서 당시까지만 해도 좀체 알려지지 않았던 역사 한 줄을 얻을 수 있었다. 포코쿠 승려들의 시위가 격하게 전개된 배경에는 4년전 발생한 한 사건이 계기가 됐을 가능성이 높아 보였다.

"2003년 승려들이 무슬림과 충돌했을 때 군이 불교 사원에 총격을 가했다. 우린 그 사건을 잊을 수 없다. 그래서 이번엔 (우리 승려들이) 군 차량을 공격한 것이다. 4년전 사건에 대한 보복이었다"

....

56   'Shaffron Revolution', *Academic Accelerator*, https://academic-accelerator.com/encyclopedia/saffron-revolution

맞은편에 앉은 승려가 말했다. '승려와 무슬림이 충돌한 2003년 사건이라…' 그건 포코쿠에서 약 160km(100마일)정도 떨어진 촉세Kyaukse에서 시작되어 몇 몇 도시로 확산됐던 '2003년 안티-무슬림' 폭동을 말한다. 2012년, 2013년 '안티-로힝야', '안티-무슬림' 선동가로 활약하고 있는 불교극단주의 승려의 대명사 우 위라뚜가 관여했고, 그로 인해 위라뚜가 옥살이까지 했던 바로 그 폭동 말이다.

당시 상황을 전한 뉴스는 손에 꼽을 정도로 드물다. 그 중 하나인 〈자유아시아방송〉Radio Free Asia(RFA)[57] 보도를 보면 당시 촉세 폭동은 두명의 무슬림 남성이 불교도 이미지를 훼손했다는 소문에 성난 불교도 폭도들이 항의하면서 시작됐다. 2003년 10월 19일, 수십채의 가옥과 '수 기'Su Kyi 모스크 1곳이 폭도들에 의해 불탔고 임산부 한 명과 어린이 한 명 등 10여 명 불에 타 묵숨을 잃었다. '무슬림에 의한 불교 이미지 훼손 소문'이라는 폭동의 시작도, 전개 양상도 오늘날과 흡사한 모양새인 촉세의 안티 무슬림 폭동은 이후 양곤과 만달레이, 그리고 포코쿠로도 확산되며 전형적 수순을 보였다.[58] 바로 그때 포코쿠 폭동에서 무슬림이 소유한 상점이나 차량 가옥 등이 파괴됐고, 군이 진압에 나서면서 폭도들을 향해 경고 사격을 가했다는 게 당시 언론 보도가전하는 상황이다.[59]

----

[57] "Pregnant Women, Child die in Burma Firee : Witness", 2003, *Radio Free Asia*, 10/29/2003, https://www.rfa.org/english/news/119306-20031029.html

[58] "Blackout heightens Fears of Religious Violence", 2003, *The Irrawaddy*, 11/04/2003, https://www2.irrawaddy.com/article.php?art_id=1307

[59] Ibid.

포코쿠 승려의 말대로라면 당시 무슬림과 충돌한 이들 중에는 승려들이 포함됐고 군의 경고 사격은 불교 사원에까지 미쳤던 모양이다. 2007년 샤프란 혁명에 나선 반군부 승려들도 그보다 4년전 안티-무슬림 폭동에 연루된 이들과 겹칠 가능성이 높아 보였다. 내 앞에 앉은 승려가 2003년 '안티-무슬림' 폭동 상황을 설명하자 인터뷰에 동석한 포코쿠 주민이 이렇게 추임새를 넣었다.

"무슬림, 그러니까 그 인디언놈들이 사우디 아라비아 도움을 받아서 '786' 운동을 나라 전역으로 확산시키고 있기 때문에…"

'동네주민'의 이 발언은 내용의 진위는 제쳐두고라도 무슬림에 대한 좋지 않은 감정과 편견을 고스란히 담고 있다.

'786'은 남아시아 무슬림들 사이에 보편적으로 통하는 상징수로 이슬람 경전 꾸란의 첫 구절 '자비로우신 신의 이름으로'(بسم الله الرحمن الرحيم, 'bismillah-ir-rahman-ir-raheem', In the Name of Allah, the most Compassionate and the most Merciful"를 상징한다. 그러나 미얀마 불교도들 사이에서 이 숫자는 음모론의 상징이 됐다. '786' 세 숫자를 더하면 21, 고로 무슬림들이 21세기 미얀마를 점령할 거라는 음모론이었다. 불교 극단주의 세력이 안티-무슬림, 안티-로힝야에 대한 혐오를 설파하며 캠페인을 벌이는 이유 중 하나가 바로 '무슬림들의 점령 음모'에 대한 공포 때문이다. 이 미신적 감성은 실제로 미얀마 시민들 사이에서 상당히 그럴싸한 공포로 자리잡고 있다. 심지어 아웅산 수치조차 2013년 10월 BBC와의 인터뷰에서 '안티-무슬림' 폭동에 대한 견해를 묻는 BBC기자에게 "두 커뮤니티가 서로를 두려워하고 있다"면서 이렇게 덧붙였다.

"무슬림만 공포감을 갖는 게 아니다. 불교도들도 공포심을 갖고 있다.

당신도 알다시피 글로벌 무슬림 파워가 엄청나지 않은가. 전 세계 여러 지역에서 그리고 우리 나라에서도 그런 우려가 견고하다."

로힝야 무슬림들이 아이도 많이 낳고, 또 방글라데시-라까인 주 국경을 넘어오는 바람에 인구수로 미얀마를 점령한다는 주장도 믿을 수 없을만큼 흔하게 받아들여지고 있다. 미얀마 무슬림 인구는 대략 5%에서 최대 10% 정도로 추산된다. 게다가 미얀마와 방글라데시간 이주 현상은 이들이 말하는 것과 반대방향으로 진행 중이다. 백만명이 넘는 로힝야 무슬림들은 라까인 주를 떠나 방글라데시 콕스 바자르에서 난민으로 전락해 대를 이어 살고 있다. 그럼에도 혹자에겐 웃고 넘어갈 '21세기 무슬림 점령' 음모론이 미얀마에선 꽤나 심각하게 받아들여지고 있다. 그리하여, '786 무슬림 음모'에 맞선다며 대항마처럼 생겨난 게 불교 극단주의자들의 이슬람 포비아 선동, 바로 '969 캠페인'이다.

'무슬림들의 21세기 음모'에 맞서 : 969 운동

"21세기 786 무슬림 음모"에 맞서겠다는 '969 운동'은 '대중적 불교 민족주의 운동'을 표방한다. 숫자 969는 불교전통에서 나온 상징수다. 9는 부다를, 6은 부다의 가르침 법륜을, 마지막 9는 부다의 제자 즉 승려를 가리킨다.[60]

969 운동의 이념적 뿌리는 1999년 미얀마 종교부Ministry of Religious Affairs

60   이유경, 2013

에 근무하던 우 초 르윈U Kyaw Lwin의 (제목이 알려지지 않은) 한 저서에서 출발된 것으로 알려졌다.[61] 이 운동을 설명하겠다는 '969 사이트'[62] 역시 이 운동이 "문화전통을 보존하기 위한 사회 운동으로서 1999년 우 초 르윈에 의해서 시작됐다'고 밝히고 있다.

969 운동의 '얼굴'로 자리잡은 위라뚜의 경우 2001년부터 969 운동에 연루되기 시작했다는 설이 있다.[63] 그가 2003년 안티-무슬림 폭동을 선동한 혐의로 25년형을 선고받고 복역했던 사실을 감안하면 개연성 있는 주장이다. 2012년 출소 후 위라뚜는 기꺼이 얼굴을 내미는 선동가로 활동하고 있지만 969 운동에 동참하는 다른 극단주의 승려들도 적지 않다. 예컨대, 2010년대 969 운동의 초기 캠페인 중 하나였던 '무슬림 상점 보이콧'도 2012년 11월 무슬림들의 '786 음모'에 맞서겠다고 나선 남부 '몬 주Mon State'의 한 불교 종파 '가나 와사카 상가'Gana Wasaka Sangha에서부터 개시된 것으로 알려져 있다.[64]

'969 스티커'에 그려진 심볼 역시 몬 주 중심도시 모울메인Moulmein에서 만들어졌다. 〈Burmese Labyrinth〉(2020, Verso) 저자인 스페인 기자 카를로스 사르디나 갈라슈Carlos Sardina Galache에 따르면 이 심볼은 969운동의 총무

61 Alex Bookbinder, 2013, "969 : The Strange Numerological Basis for Burma's Religious Violence", *The Atlantic*, 04/09/2013, https://www.theatlantic.com/international/archive/2013/04/969-the-strange-numerological-basis-for-burmas-religious-violence/274816/

62 969 운동 소개 사이트 https://969movement.org/what-is-969-movement/

63 Shehab Sumon, 2019, "Ashin Wirathu : The Buddhist bin Laden, Arab News", 07/30/2019, https://www.arabnews.com/node/1532846/world

64 "The 969 catechism of Myanmar's anti-Muslim Buddhists", 2013, *Reuters*, 06/27/2013, https://www.reuters.com/article/idIN122103441420130627

이자 모울메인의 〈미야 사디〉Mya Sadi 사원 주지승인 37세 승려 아신 사다마Ashin Sada Ma가 2012년 10월 20일 공식 출시한 것이다.[65] '969 운동' 몬 주지부장이기도 한 아신 사다 마는 카를로스와의 대화에서 "일부 뱅갈리 무슬림들이 테러리스트가 아닐까 두렵다"며 로힝야들의 "이주"가 분쟁을 조장하고 있다고 말한다. 더 나아가 "일부 뱅갈리들이 이 나라를 이슬람화하려는 임무를 수행하고 있을까 두렵"고 "아시아 전역으로 이슬람이 퍼질까 두려움"을 표하기도 했다. "아시아 일부만이 불교도들로 남아 있다. 과거에는 인도네시아, 방글라데시, 아프가니스탄 터키, 이라크 모두 불교도 국가였다"는 게 이들이 갖는 '이슬람포비아'를 덧씌운 공포의 논리다.

아신 시다 마가 저작권을 지니고 있는 969 심볼은 무슬림 상점 보이콧의 중요한 도구다. 불교도가 운영하는 상점에는 '969 스티커'를 붙여 표식을 하고 스티커가 붙지 않은 상점을 보이콧 하는 방식으로 전개됐다. 2013년 1월부터는 택시, 상점, 심지어 거리의 비틀넛Betel nut[66] 노점상까지 '969 상징 문양'을 붙여 놓고 장사를 했다.

2013년 3월 멕딜라 학살 직후 BBC 관련 보도에는 평범한 불교도 여성의 말이 이렇게 인용했다.

"무슬림들이 우리가 (그들에게) 지불한 물건값으로 돈을 벌고 그걸 우리

---

65   Carlos Sardina Galache, 2013, "Who are the monks behind Burma's 969's Campaign?", *DVB*, 05/10/2013, https://english.dvb.no/the-monks-behind-burma%E2%80%99s-%E2%80%9C969%E2%80%9Dmovement-2

66   열대지방 종려나무의 일종으로 그 잎에 마약성분의 하얀 액체를 묻혀 씹는 기호식품. 미얀마에서 매우 흔하게 볼 수 있다.

를 공격하는데 쓰기 때문에 무슬림 상점을 보이콧한다."[67]

이 말은 위라뚜의 워딩을 그대로 옮긴 것이라 해도 과언이 아니다.[68] 2013년 2월 하순 설교에서 위라뚜는 이렇게 말했다.[69]

"만일 당신들이 무슬림 숍에서 물건을 사면 당신의 돈은 그 숍에서 그냥 멈추는 게 아니다. "그 돈은 결국 당신을 공격하고, 당신의 종족과 종교를 파괴하는데 쓰일 것이다"

위라뚜는 한 발 더 나아간다.

"게다가 그 돈은 불교도-버마 여성을 잡아다 이슬람으로 강제 개종하도록 강요하는데 쓰일 것이다"

'보이콧'으로 시작된 혐오 스피치와 '가짜뉴스' 확산은 무슬림 상점 보이콧에서 무슬림 상점과 가옥 티숍 등에 대한 방화로 확대됐다. 순식간이었다. '이슬람 확장주의'를 비판하는 969 불교 극단주의 운동의 폭력은 빠른 속도로 확장됐다. 테인 세인 정부 고위 관료들의 지지와 찬사 역시 이 운동과 위라뚜 '성장'에 크게 기여했다. 예컨대, 버마 종교부 장관 산 신

---

67 "What is behind Burma's wave of Religious violences", 2013, *BBC*, 04/04/2013, https://www.bbc.com/news/world-asia-22023830

68 "Extremist forces causing disturbances in Myanmar", 2013, *Arabnews Editorial*, 04/01/2013, https://www.arabnews.com/news/446680

69 Alex Bookbinder, 2013

Sann Sint은 "우 위라뚜의 설교는 사랑을 가르치고 종교간 상호 이해를 돕는다"고 했다. 대통령실은 "우 위라뚜는 '부다의 아들 "이라고 평가하는 가하면 이민부 장관 킨 치는 위라뚜 등 969 승려들이 기안한 '불교도 여성 무슬림 남성과 결혼 금지' 제안을 적극 지지했다.

종교부, 이민부, 그리고 대통령실, 이들은 모두 무슬림 이슈에 즉각적으로 연계된 정부 부처들이다. 그들 모두 위라뚜와 불교 극단주의 운동 969의 손을 들어줬다는 건 심상치 않다.

2010년대 '의혹'으로 존재하던 위라뚜와 군부의 밀착 관계는 2021년 쿠테타 이후 선명하고 스스럼없이 드러났다. 2023년 1월 4일, 미얀마 독립기념일 75주년 기념식장에서 위라뚜는 쿠테타 주역 민 아웅 라잉으로부터 '띠리 퓌안찌Thiri Pyanchi훈장'을 수여받았다.[70] "불교도 테러의 얼굴"이라는 타임지의 표지사진 이후 정확히 10년만이다.

'969 운동'에서 '마 바 따'로

2014년 1월 15일, 만달레이에서 출범한 또 다른 이름의 불교 극단주의 조직 "마 바 따Ma Ba Tha('종교와 종족 보존 위원회'라는 뜻)"는 '969 운동'이 '업

---

70 "Wirathu, preacher of hate, receives top honor from Myanmar junta chief", 2023, *Myanmar Now*, 01/03/2023, https://myanmar-now.org/en/news/wirathu-preacher-of-hate-receives-top-honour-from-myanmar-junta-chief/

그레이드' 된 조직이다. 두 조직은 별개로 거론되기도 하지만 연장선으로 봐도 틀리지 않다. '마 바 따' 조직에는 변호사, IT 전문가 등 여러 전문직종 종사자들까지 참여하고 있다. 이름의 차이에서도 알 수 있듯 '969운동' 은 '불교의 상징수' 같은 순수한 의미의 종교적 외양이라도 묻어 있다. 이에 반해 '마 바 따'는 '종교와 종족보존' 이라는 이름에서 알 수 있듯 '불교 극단주의'와 '순혈주의에 가까운 민족주의' 이념을 보다 더 강화한 운동이다. 마바따는 조직내 자문 변호사, 외무담당 서기 등 전문적인 인적 풀을 활용한 조직도 역시 갖추고 있다. 이들이 출범하며 내건 모토는 '상좌부 Theravada불교 보호'와 '민족성 보호'이고, 출범직후 가장 중점을 두고 벌인 활동은 바로 '종족과 종교 보존'을 위한 4개 법안이 통과되도록 의회를 압박하는 것이다.

2013년 9월 친정부 승려 조직 '상하 마하 나야카 위원회'State Sangha Maha Nayaka Committee가 '969 운동 심볼이 정치적으로 쓰이는 걸 금지'한다고 공표한 적이 있다. 그러나 이때의 "금지"가 969 사상을 금지한 건 아니다. 승려위원회는 969 조직이 법안까지 기안하는 건 과도한 행위라며 비판한 것일 뿐이다.[71] 그로부터 몇 개월 뒤 출범한 마바따 법률 자문위원인 우에 파잉U Aye Paing은 그들이 추진하는 4개의 법안이 "불교도 여성을 보호하기 위한 것"이라 했다. 그리고 '놀랍게도' 4개 법안은 2015년 9월, 그러니

....

71 Jared Ferrie, Min Zayar Oo, 2013, "Myanmar Buddist committee bans anti-Muslims organizations", *Reuters*, 09/11/2013, https://www.reuters.com/article/us-myanmar-buddhism-idUSBRE98A0EP20130911

까 총선을 두 달 앞둔 시점 테인 세인 정부하에서 승인됐다. 총선 이후 민간정부로의 정권교체 가능성이 높다는 점을 의식하고 서두른 것으로 풀이된다.

이 시점에서 알자지라 다큐 〈제노사이드 어젠다〉에 등장한 한 승려의 말을 되새겨 본다.

"마바따와 969, 이 두 개의 민족주의 운동을 조종하는 건 군부다. 군은 어떤 문제가 발생하길 원하는 바로 그 시점에 수도꼭지 틀듯 문제의 버튼을 누를 것이고, 원치 않으면 끌 것이다. 마치 석탄 불씨와 같아서 꺼질 듯 말 듯 유지하다가 필요하다 싶으면 언제든 불을 붙이고 활활 타오르게 만들 수 있다"

미얀마 불교는 영국 식민통치시절 반제-반식민 저항부터 반군부-반독재 민주주의 향한 저항까지 저항의 선두에 선 역사가 있다. 동시에 안티-무슬림 안티-로힝야 최전선에도 설 수 있다는 게 '불교 민족주의'로 무장한 미얀마 '전투적 불교'의 모습이다. 유감스럽게도 미얀마에선 '반군부 민주주의'와 '안티-로힝야' '안티-무슬림' 노선이 반드시 충돌하는 것만은 아니었다. 그 약점을 파고든 군부 파시즘에 '민족 불교'와 '민주 진영' 모두 굴복한 결과가 로힝야 제노사이드다.

'민족'과 '불교'의 이름으로 제국에 저항하는 건 정당화될 수 있을 지 모르지만, '민족'과 '불교'의 이름으로 가장 박해 받는 소수 커뮤니티를 적대시하고 학살을 선동하거나 방관하는 건 결코 정당화 될 수 없다.

PTSD와 싸우는 '샤프란 혁명가', 우 감비라

2013년 8월 초 양곤에 머물던 당시 어느 새벽 5시께였다. 전화기가 진동했고 전화기 너머로 "양곤에 도착했다"는 목소리가 들려왔다. 그 며칠 전 내가 인터뷰를 요청했던, 이제는 승복을 벗은 전 승려 우 감비라U Gambira였다.

인터뷰를 요청한 건 사실이다. 인터뷰 하나하나 너무 소중해서 실패할 수 없고 따라서 인터뷰를 완성할 때까지 나는 인터뷰이의 모든 조건에 최대한 맞추어야 하는 '을'의 처지에 놓인 기자다. 그렇더라도 그 이른 아침에 인터뷰이가 도착했다며 확인 차 전화를 주는 건 꽤나 엉뚱한 행동이었다. 평범한 의사소통의 느낌은 아니었다. 감비라가 건강이 좋지 않다는 건 익히 알고 있었다. 그는 3년여 수감기간 동안 매우 심한 고문을 당했고 그 후유증에 시달린다고 했다. 나는 그날 이른 아침 그의 평범치 않은 상태를 읽을 수 있었다.

감비라는 2007년 8 - 9월 기름값 인상으로 폭발된 민심을 휘감으며 당시로서는 상상할 수 없는 대규모 거리 시위를 조직한 '샤프란 혁명'의 지도자였다. 그 시위의 최전선에 섰던 한 라까인 승려는 오늘 안티-로힝야, 안티-무슬림 전선에 서 있다. 반면 혁명을 주도했던 감비라는 종교적 갈등과 폭동을 선동하는 안티-무슬림 캠페인과 인종주의를 거침없이 비판하는 '전 승려'가 됐다. 고문의 후유증을 짙게 앓아온 감비라는 당국의 지령

탓인지 자신을 받아주는 사원이 없어 승복을 벗어야했다.

혁명은 사실상 실패했고 감비라는 그해 11월 체포됐다. 실은 온 가족이 잡혀갔다. 도망자가 된 아버지와 누이 한 명 빼고, 후천성면역결핍증(HIV+) 환자였던 남동생 윈쬬까지 잡혀갔다. 감비라의 자수 유도용으로 체포된 동생은 옥사했고, 감비라는 중노동이 포함된 68년형을 선고받았다. 2012년 1월 대통령 특사로 석방되기까지 4년 2개월간 그는 감옥에서 구타, 잠 안재우기, 화학주사 등 모진 고문을 당했다. 특히 머리를 많이 맞았다.

그날 새벽 전화 통화 이후 양곤에서 그를 두 번에 걸쳐 인터뷰 한 건 오로지 그가 나와의 인터뷰 약속을 다른 약속과 거의 동시에 잡았기 때문이다. 그는 외상후스트레스장애(PTSD)를 심하게 앓고 있었다. 두통이 심했고 까먹는 일이 잦았다. 이른 새벽 도착 전화를 준 것도 그 신호였다. 그러나 시국현안을 묻는 질문엔 믿기지 않을 만큼 '언변'이 살아났다. 그리고 '고맙게도' 기자가 듣고 싶은 말을 쏟아냈다.

한 때의 동지였던 샤프란 승려들이 이슬람포비아 늪에 빠져 혐오를 조장할 때 감비라는 '딴' 소리를 했다. "누구 좋으라고 인종주의를 부추기는가"와 같은. 불교도와 무슬림간 화해를 바랬던 그다. 그는 2007년 혁명의 기억을 더듬는 질문엔 날짜까지 기억했다. '기록'의 '흔적'을 남기지 말아야 했던 엄혹한 시절 모든 걸 머릿 속 '기억'으로만 붙들어 맸던 그의 의지를 읽을 수 있었다. 엄청난 고문과 강도높은 PTSD에도 그 기억은 용케 사라지지 않았다. 감비라 뿐만이 아니다. 미얀마의 정치범들의 기억력이 남다른데는 이런 사연이 있다.

그를 다시 만난 건 2015년 방콕에서다. 감비라는 독지가의 도움으로 태국 북부 치앙마이에서 뇌수술을 받았고 PTSD 전문 치료도 받은 후였다. "머리는 더 이상 아프지 않다"고 했다. 그런데 "PTSD는 평생 안고 가야 할 것 같다"고 했다.

서슬퍼런 독재와 그 체제가 자행한 고문은 한 사람을 후유증 속에 반영구적으로 가둬놨다. 감비라는 여러 해 동안 우여곡절 끝에 오스트레일리아 출신 아내와 호주에 정착에 살고 있다.

로힝야는 '뱅갈리'인가

제3부

1.

빼앗긴 시민권,
1982

200년전 조상을 증명하라

"인간은 누구나 국적을 가질 권리가 있다. 그 누구도 국적을 빼앗길 수 없으며 국적을 바꿀 권리가 부정되어서도 안 된다"(〈세계인권선언〉 제 15조) [72]

'국적' 혹은 '시민권'은 흔히 '권리를 가질 권리'로 표현된다. 다른 모든 권리를 보장받으려면 시민권부터 필요하다는 의미일 것이다. 시민권은 종족, 인종, 종교, 종파 혹은 그 어떤 소속을 이유로 거부될 수 없다. 정확히 그러한 이유로 로힝야 시민권을 박탈한 미얀마가 1948년 12월 10일 〈세계인권선언〉 채택에 동참한 첫 48개국 중 하나였다는 사실은 아이러니가 아닐 수 없다. [73]

....

[72] 〈세계인권선언〉 이외에도 국적에 관한 권리를 명시한 국제규약들은 아동권리협약 7조, 여성차별철폐 협약 9조, 모든 형태의 인종차별 철폐에 관한 국제협약 5조 D항 3 등이 있다.

[73] "Human Rights Day : The Human Rights of Rohingya Too are Universal Inalienable", 2022, Press Release *European Rohingya Council (ERC)*, 12/10/2022, https://www.rohingyapost.com/human-rights-day-the-human-rights-of-rohingya-too-are-universal-inalienable/

생각해 볼 예시가 있다. 미얀마 국경과 가까운 방글라데시 치타공 산악 지대에는 라까인족[74]을 포함하여 방글라데시내의 소수민족 불교도 커뮤니티가 있다. 방글라데시에서 차별과 억압에 놓인 그들이지만 그렇더라도 종족과 종교를 이유로 시민권을 박탈당하지는 않았다. 국경 넘어 미얀마 서부 라까인주, 여러 세기 동안 이곳에 정착해온 소수 종족 로힝야들은 '벵갈리 불법 이주민'으로 낙인찍히며 시민권을 빼앗겼다. 시민권이 없으니 다른 어떠한 기본권도 갖지 못한다.

변경지대 소수민족들에게 국경'선'이 갖는 의미는 다양한 논의 지점이 있을 것이다. 그럼에도 국경선을 기준으로 자신이 발 딛고 사는 영토의 국가로부터 국적을 부여받는 건 근대국가 시민이라면 누구나 누려야 할 기본권 중 기본권이다. 유엔에 따르면, 2018년 11월 기준, 전 세계 국적 없는 이들은 약 1,200만명이다.[75] 이중 가장 많은 분포를 차지하는 커뮤니티가 바로 인구 350만명의 로힝야 커뮤니티다.[76]

그런데 로힝야는 본래 미얀마의 시민권자였다. 독립국가 버마연방The Union of Burma(독립 당시 국호)의 첫 시민권법 '1948 연방 시민권법(1960.12.1 개

---

74 한국에서는 '줌마족'으로 더 알려진 불교도 주류 그룹으로 치타공 산악지대 12개 종족의 집합적 명칭이다. 그 중 하나가 라까인족이며 따라서 라까인족은 국경 양쪽 미얀마와 방글라데시 모두에 거주하는 커뮤니티다.

75 이 책에서는 로힝야를 필요에 따라 '무국적자'라고도 표현하기도 하지만 보다 정확한 의미 전달을 위해 '시민권 없는'이라는 표현을 우선한다. 로힝야들은 자신들을 "국적없는"(Stateless)이라고 표현하는 것에 강한 거부감을 표하고 있다. 자신들은 국적이 없는 게 아니라 빼앗겼다는 데 방점을 찍어야 한다는 주장이다. '무국적자'라는 표현을 삼가는 건 이 같은 로힝야들의 의사를 존중하는 차원이기도 하다.

76 The Rohingya : The World's Largest Stateless Population, *MSF*, https://msf.org.au/rohingya-worlds-largest-stateless-population

정)'이 규정한 버마시민의 자격은[77] "최소 2세대 이상 거주한 이들의 후손" descended from ancestors who for two generations at least"이었다. 로힝야는 당연히 시민권자다. 이때 '최소 두 세대'라는 표현이 주는 의미를 되짚어 볼 필요가 있다.

영국 식민통치 기간 '영국령 인도'('British India' 혹은 'British Raj')의 한 '주province'로 통치 받았던 버마와 인도 대륙(오늘날 인도 영토는 물론 방글라데시와 파키스탄까지 포함)간에는 왕성한 이주가 발생했다. 오늘날의 국경선이 존재하지 않는 하나의 피식민지 땅이었고 그 안에서 시민들은 다양한 이유로 이주했을 것이다. 영국 식민 통치자들이 정책적으로 장려한 이민이 있었을 것이고 또 생계와 일을 찾아 떠난 '자발적 국내 이주노동자'들도 있었을 것이다. 이 같은 이주와 별개로 버마 영토 특히 아라칸 주는 식민통치시대 이전부터 다양한 기원의 무슬림들이 대를 이어 거주하고 있었다. 따라서 미얀마의 첫 시민권법은 이들 다양한 기원의 무슬림들과 식민시대 이주한 후 그 후손으로 남아있을 '인도계 인구' 모두를 아우르는 포용성이 엿보인다. 즉, '독립 후 국경선'에 근거한 시민권 보장 기준을 보여준 것이다.

그에 기반한 주민 카드는 '국민등록카드'National Registration Card(약칭 'NRC') 였다. 현재의 주민카드인 '국민감시카드'National Scrutiny Card(약칭 'NSC')와 달리 NRC는 카드 소지자가 어떤 인종인지 어떤 종교를 신봉하는지에 대한 정보를 담고 있지 않았다. 로힝야 역시 연방 시민권법에 근거한 버마 시민

---

[77] 1948년 '연방 시민법' 전문은 다음 링크를 참조. https://www.burmalibrary.org/sites/burmalibrary.org/files/obl/docs/UNION_CITIZENSHIP_ACT-1948.htm

이었고 NRC카드를 소지하고 있었다.

88항쟁 2년 후 치뤄진 90년 총선때만 해도 NRC는 유효기간 끝자락에 있었고 여전히 사용 가능했다. 로힝야들 역시 NRC카드를 이용해 선거권과 피선거권 모두 누릴 수 있었다. 동시에 그 당시 미얀마는 이미 1962년 네윈의 쿠테타로 들어선 〈버마사회주의프로그램당〉(BSPP) 독재 하에서 변화와 과도기를 지나고 있었다. 로힝야 시민권 박탈의 초석이 된 '1982년 시민권법'도 그 중 하나다. 네 윈 정권의 순혈주의 논리가 적용된 대표적 변화였다.

'1982 시민권법'은 미얀마 시민을 '온전 시민'full citizenship, 제휴시민 associated citizenship 그리고 귀화시민naturalized citizenship등 세 등급으로 나눈다. 네윈은 온전 시민과 제휴시민의 권리가 동등하지 않다고 공개천명하기도 했다. 우리가 상식적으로 생각하는 시민권은 온전시민만 해당한다. 놀라운 건 이 '온전 시민'의 자격이다. 무려 1824년, 그러니까 제 1차 '버마–앵글로 전쟁'이 시작되어 영국의 버마식민화가 시작된 해를 기준으로 그 이전에 조상이 버마에 거주한 기록을 증명할 수 있어야 한다. 1차 버마–앵글로 전쟁에서 패배한 버마가 영국에 빼앗긴 첫 영토가 바로 아라칸(현 라까인 주)이다. 이 전쟁은 3차까지 치뤄졌고 세 번째 전쟁이 끝난 1887년 버마는 영국령 인도에 완전히 복속되었다. 그리고 1937년 이후로는 영국령 인도에서 분리되어 식민통치를 받다가 1948년 독립한 것이다.

엄밀히 말하면 1824년 이전 조상의 기원과 흔적을 증명할 수 있는 미얀마인들은 그리 많지 않을 것이다. 따라서 이 법의 '의도'는 다른 데서 찾을 수 있다. 국가가 시민 한 명 한 명의 족보를 살펴보겠다는 것이라기 보다는 '로힝야'라는 특정 커뮤니티 전체를 미얀마 시민권 자격에서 배제하겠다는 의도를 선명히 담고 있다. 네윈 정권도 그리고 역대 군부 통치자들도 그들의 순혈주의 사관에 따르면 로힝야들은 '벵골 지방에서 넘어온 불법 이주민'일 뿐이다. 이들에게는 로힝야가 아라칸 땅에 수세기 거주해 온 토착민이라는 역사적 논의나 증거들은 별로 신경쓰지 않는다. 자신들의 편견에 기반하여 토착성과 시민권자 여부를 고집하는 것이고 그 경우 로힝야는 배제된다.[78] 이 고집스런 의지는 제노사이드 범죄가 성립되기 위한 중추적 요건인 종족말살 '의도'와도 맥이 닿아 있다.

두번째 등급인 '제휴 시민'은 1948년 〈연방시민권법〉Union Citizenship Act 1948에 따라 시민권을 신청했으나 1982년 새 시민권법 발효 전까지도 결정을 통보 받지 못한 이들이 신청할 수 있다.

세번째 귀화시민의 경우는 본인이나 조상이 영국으로부터 독립한 1948년 1월 4일 전부터 거주했다는 "결정적인 증거"를 가진 이들이 신청할 수 있다. 18세 이상이어야 하며 "이 나라(버마연방) 언어들" 중에서 적어도 하나를 "잘 말할 수 있어야" 한다. 그리고 "좋은 성품"과 "건강한 정신"을 지니고 있어야 한다. 제휴 시민도 귀화시민도 공직이나 공무원은 될 수 없다.

1982년 시민권법이 개정된 후 바로 적용된 건 아니었다. 한동안 이 법은 잠자는 법에 가까웠다. 이 법이 다시 깨어난 건 얄궂게도 88항쟁 직후

---

78 이유경, 2018, "시민권 받으려면 200년전 조상 증명하라…미얀마의 이슬람 공포증", 한국일보 06/08/2018, https://m.hankookilbo.com/News/Read/201806071392011116

다. 그해 9월 19일 쿠테타를 감행한 소 마웅Gen. Saw Maung의 신군부는 전국
적 규모의 시민 항쟁을 보며 나름 고민에 빠진 듯 하다. 88항쟁은 네윈 쿠
테타 이후 벌어진 최초의 반독재 항쟁이었고 종족 종교 지역을 망라한 경
계 없는 전국적 규모의 시민항쟁이다. 군부 독재자들에게 충분히 위협적
이었다. 새 통치술이 필요했다. 1982 개정 시민권법은 그 전술실행에 완
벽한 '도구'였다. 그때부터 '종족'과 '종교'가 표기된 새 주민카드가 구 카드
를 대체하는 과정에 돌입했다. 그 절차가 90년대 초까지 이어졌다.

시민의 등급을 나누고, 종교와 인종을 주민 카드에 기록하고, 커뮤니
티간 다툼과 분쟁이 유지되면 군부에게 이롭다. 나는 88항쟁 이후 들어선
신군부 SLORC이 취한 새 통치 전술의 주요 골격이 '다름'의 사이를 파고
들어 이간하는 분열정책에 있다고 본다. SLORC이 그 시기 소수민족무장
단체들과 잇따라 휴전 협상을 체결한 것도 같은 맥락으로 볼 수 있다. 소
수민족 무장단체는 이제 '군부와 휴전한 그룹'과 '군부와 싸우는 그룹'으로
나뉘게 되었다. 1982년 시민권법도, 소수민족 군대의 자치 향한 무장투쟁
도 이 분열 전술에 안성맞춤이었다.

'인종카드' 말고 주민카드를

시트웨 외곽 로힝야 수용소 캠프 거주 피란민 아부 시디끄(44)는
2010년 치뤄진 총선에서 "탄쉐당을 찍었다"고 말했다. 탄쉐Than Shwe
는 1992년부터 2011년까지 미얀마 군정 통치기구 'SLORC(1992~1997)'과
'SPDC(1997~2011)'시대 수장을 맡았던 군부독재자다. "탄쉐당"이라는 건 그

시대 친 군정 "엔지오" USDA가 2010년대 '민주화 이행기'를 앞두고 변모한 정당, USDP를 말한다. 이 책의 제 1부에서 아웅산 수치 생일 잔치에 '깽판'을 냈다고 기록한 그 조직이다. 2010년 총선은 비록 군부의 기획이긴 하나 '군부독재 시대'에서 '민주화 이행기'로 들어서는 길목 첫 총선이었고, 시디끄는 '집권하면 로힝야에게 시민권을 주겠다'는 그들의 약속을 믿었던 것이다.

2010년 총선 당시 로힝야 정치인들은 SPDC와 정치적 거래를 한 것으로 보인다. 로힝야들이 USDP를 찍는 대신 SPDC는 로힝야에게 시민권을 주고 이동의 자유를 제한하는 조치도 해제해 주겠다고 약속했다. 주민 카드가 없는 로힝야들은 90년대 중반 이후 군부가 발행하기 시작했고 특히 2008년 군정 헌법 국민투표 과정에서 발급받았던 '임시 등록 카드'(TRC), 이른 바 '화이트 카드'를 이용해 투표 했다. 선거 뒤 USDP는 집권여당이 됐고 테인세인을 대통령으로 한 준 민선정부가 들어섰다. 그러나 로힝야들은 여전히 시민권이 없다. 아니, 로힝야들의 처지는 군사정권때보다 더 나빠졌다고 해도 크게 틀리지 않다.

"배신감을 느낀다. 다시는 그 당을 찍지 않겠다"

아부와 마찬가지 이유로 USDP를 찍었던 또 다른 로힝야 피난민 누르잔(54)은 2012년 폭동 때 화이트 카드마저 분실했다. 아들 하나는 보트난민이 되어 태국에 있단다. 또 다른 아들은 작은 고기잡이 배로 먹고 사는 어부인데 2012년 6월 불교도 폭도들이 배를 부수는 바람에 고기잡이가 어려워졌다. 어부 아들은 이제 수용소 캠프와 연결된 무슬림 게토 시장에서 허드렛일을 한다. 하루 1달러 내외를 벌 수 있다. 2012년 폭동 당시 폭도들이 내려친 긴 칼에 비명횡사한 3명의 이웃 마지막 모습을 목격했다가 누르는 자신의 목격담을 설명하느라 팔을 올렸다 내렸다 반복했다. 자신은 용케 살아남았다며 깊은 숨을 쉬었다.

80년대 말부터 90년대 초까지 계속된 주민카드 교체 과정에서 '헌 카드(NRC) 반납하면 새 카드(NSC) 준다'는 군부 당국자들의 말에 '그린카드'로 불리는 NRC를 반납했던 로힝야들이 적지 않다. 그러나 '핑크 카드' NSC를 받지 못했다. 몇 년 지나서야 그들이 받은 건 '화이트 카드'다. 화이트 카드는 1994년, 방글라데시에서 미얀마로 송환된 로힝야 난민들을 등록하는 과정에서 당국이 나눠준 게 그 시작이다. 구 카드 NRC를 반납하지 않으면 10년형에 처해진다는 경고가 있었지만 반납하지 않은 로힝야들이 있다. 이들이 갖고 있는 '그린카드'는 그들이 과거 이 나라 시민권자였음을 말해주는 증거물이다.

로힝야들을 비껴간 '핑크 카드' 뒷면에는 이런 문구가 적혀 있다.

"당신이 30살이 되면 이 카드를 변경(재발급)해야 한다"

서른 살 즈음 시민권 자격 여부를 다시 심사한다는 암시문이다.

이 핑크카드에는 '종교'와 '인종'이 표기된다. '종교'와 '인종'은 본인의 것만 드러나는 게 아니다. 다인종 국가 미얀마에서 흔하디 흔한 혼혈이라면 이 카드는 그 혼혈의 내용도 기록한다. 그러다 보니 부모의 인종은 물론 조부모의 인종도 알 수 있다. 내가 취재과정에서 수집한 사례 몇 개를 소개하면 이렇다.

랑군에 거주하는 무슬림 웅 나잉(가명)의 주민카드에는 이렇게 적혀 있다.

'벵갈리 버마 x 버마 벵갈리 / 버마 & 이슬람'

해석하면 이렇다.

'이 카드의 소지자는 벵갈리와 버마족 사이에서 태어난 아버지와, 버마족과 벵갈리 사이에서 태어난 어머니에게서 태어난 버마족 시민이고, 종교는 이슬람이다'

옹나잉은 이 주민카드를 만드는 데 8개월이 걸렸다고 말했다. "무슬림은 주민카드를 만드는 데 1년쯤 걸린다. 하지만 300달러를 쥐어 주면 한 달 안에 가능하다"는 게 그의 말이다.

중국계이자 무슬림인 코코르윈(가명)의 주민카드엔 '중국/이슬람'이 아니라 '버마/이슬람'으로 적혀 있다. "외양도 버마족과 비슷한데 그냥 '버마'로 하는 게 앞으로 살기에 편할 거라며 담당 공무원이 그렇게 적었다"는 게 그의 말이다.

퓨퓨르윈(가명)은 외모상으로만 보면 남아시아계의 특징이라곤 찾아볼 수 없는 버만족이다. 그러나 그가 무슬림이어서인지 공무원은 그의 카드에 '벵갈리/이슬람'이라고 간단히 적어 버렸다.

소아웅(가명)은 버만족 무슬림이다. 그러나 그의 주민 카드엔 '버마/불교'라고 적혀 있다. "카드 만들 때 공무원이 그러더라. 이슬람 보다는 불교로 적힌 카드가 좋다고. 그렇게 적겠다고 해서 그러라고 했다". 소아웅의 설명이다. 덕분에 그는 무슬림이라면 얼씬도 할 수 없는 로힝야 피란민 캠프에 구호단체를 따라 자원봉사를 다녀오기도 했다.

라까인 주 시트웨시의 마지막 무슬림 구역 아웅 밍갈라에는 극소수이지만 대략 400 - 500명선의 힌두인들이 거주한다. 이 구역 로힝야 무슬림들은 밖으로 나갈 수 없지만 무슬림과 유사한 외모의 힌두인들은 출입을 허가 받는다. 바로 '힌두'라 적힌 그들의 시민권 카드가 그들의 출입을 보장해주고 있다.

로힝야 정당 〈민족민주개발당〉 대표인 아부타헤이는 1990년 총선에 출마했던 로힝야 정치인이다. 그러나 2010년, 다시 출마하려니 상황이 달라졌다. 선거관리 위원회는 '로힝야'로 후보등록 하는 건 곤란하다며 조상 중에 공식적으로 인정받는 135개 인종에 속하는 사람이 없느냐고 그에게 물었다. 없다는 말에 그의 후보 등록은 '벵갈리 / 이슬람'으로 이루어졌다.

"우리는 인종카드가 아니라 주민카드가 필요하다. 인종과 종교 표기란을 없애면 간단히 해결된다"

아부타헤이는 '미얀마 주민카드'라는 이름으로 주민 카드를 통일시켜야 한다고 주장한다. 일관성도 없고 원칙도 없는 현재의 주민 카드는 부패의 온상인데다 무엇보다 인종주의가 제도의 중심에 꽂혀 있기 때문이다.

역사에 가정은 없다지만 여전히 이런 가정을 해본다. 만일 2015년 11월 총선에서 압승하고 이듬해 2016년 4월 6일 출범한 '아웅산 수치-NLD 정부'하에서 NLD 의원이 85%를 차지하는 의회가 '1982 시민권법'을 개정하고 로힝야 시민권의 길을 터 주었더라면, 지금 미얀마는 어떤 국가의 모습을 하고 있을까. 매우 최소한 아웅산 수치를 열렬히 지지하는 미얀마 대중들의 로힝야 혐오 정서는 다소 완화될 수 있었을 지 모른다. 동시에 친군부-보수 세력의 반동 역시 격하게 나타났을 가능성이 높다. 그러나 적어도 미얀마 사회 가장 밑바닥에서 차별 받아온 로힝야를 보듬으려 했던 아웅산 수치와 NLD의 노력은 후세가 기억하고 교훈 삼았을 것이다. 유감스럽게도 아웅산 수치와 NLD는 반대의 길에 들어섰다.

NLD는 로힝야를 보듬지 못한 것은 물론 2014년 야당 시절부터 로힝야 커뮤니티의 정당활동을 어렵게 할 법안에도 적극적이었다. 당시 친군부 정당 USDP가 다수를 차지한 미얀마 의회는 로힝야의 정치 활동 참여를 제한하고 로힝야들이 90년대 중반부터 발급받았던 '화이트 카드'를 이용하여 "벵갈리들의 당"을 만들지 않도록 정당 창당의 요건을 강화해야 한다고 주장한 바 있다. 야당 NLD의 동참 속에 2014년 '정당 등록법'Party Registration Law 개정안이 두 차례에 걸쳐 하원을 통과됐다.[79] 민주화 운동의 상징성이 강한 조직 〈88세대〉도 이 개정에 찬성 의견을 피력했다.

어디 그 뿐인가. NLD 정부하에서 치뤄진 2020년 총선에서는 아부 타헤이를 비롯한 로힝야 정치인 6명이 후보등록을 위해 온갖 '조상님 관련 서류'를 제출했지만 후보등록 자체를 거부당했다. 거부당한 정치인 중에는 1990년 총선에서 당선됐던 우 초민 같은 인물도 있다. 우 초민은 90년 총선결과를 인정치 않는 군부에 맞서 대안의회 역할을 했던 인민의회 Committee Representative for People's Parliament(CRPP)에서 NLD 의원들과 나란히 활동한 로힝야 정치인이다. 2020년 선관위가 이들 로힝야 정치인들의 후보등록을 거부한 사유는 그들의 부모와 조부모가 미얀마 시민이 아니라는

---

79   Pyidaungsu Hluttaw Law No. 38/2014 - Second Amendment of the Registration of Political Parties Law (Burmese) https://www.myanmar-law-library.org/law-library/laws-and-regulations/laws/myanmar-laws-1988-until-now/union-solidarity-and-development-party-laws-2012-2016/myanmar-laws-2014/pyidaungsu-hluttaw-law-no-38-2014-second-amendment-of-the-registration-of.html

거였다.[80] 민주와 개혁의 시대 민선정부는 로힝야들의 민주적 권리를 짓밟고 있었다.

'화이트 카드 투표권' 상실하다

'SLORC-SPDC'(1989 ~ 2010)군정 시대 로힝야들은 투표권을 세 번 행사할 수 있었다. 1990년 총선, 2008년 군정헌법 찬반 국민투표, 그리고 2010년 '민주화 이행기'로 향하는 입문 길 총선이 그 세번의 선거다. 2008년에 이어 2010년 총선에서도 로힝야들은 '화이트카드'를 이용해 투표했다. 로힝야들의 2010년 총선 투표권 행사 배경에 대한 로힝야 역사 저술가인 암만 울라Amman Ullah의 설명은 이렇다.[81]

"미얀마가 개혁 개방기에 들어서기 직전 군부는 2008년 헌법을 비롯하여 자신들의 기획 의도대로 기반을 모두 다져놨다. 2010년 첫 총선을 앞두고 선거관련 법들을 정비했고 정당등록법Political Parties registration law에 "(온전 시민권자, 제휴 시민권자, 귀화시민권자는 물론) 임시 신분증을 지닌 사람"[82]도 정당등록이 가능하고 투표할 수 있게 길을 터주었다. 그렇게 되면 얻을 수 있는 로힝야들의 잠재적 표를 친군부 정당 USDP표로 계산해

80   News Release "Myanmar : Prevent Exclusion of Rohingya Candidates from National Elections", 2020, *Fortify Rights*, 08/19/2020, https://www.fortifyrights.org/mya-inv-2020-08-19/

81   Amman Ullah, 2019, "Rohingya and White Card Sagas", *The Rohingya Post*, 05/04/2019, https://www.rohingyapost.com/the-rohingya-and-the-white-cards-saga/

82   2010 정당등록법 4조(A)항, 03/082010, https://aceproject.org/ero-en/regions/asia/MM/burma-myanmar-political-parties-registration-law/view

놓았던 것이다."

NLD는 2010년 총선을 보이콧했다. 라까인 주의 경우 NLD 동맹 정당인 〈아라칸 민족동맹〉(ALD)도 역시 보이콧에 동참했다. 그러자 그해 5월 출범한 신생우익정당 〈라까인 민족 개발당〉Rakhine National Development Party(이하 'RNDP')이 라까인 주의 라까인족 표를 거의 모두 휩쓸었다. RNDP는 주의회 35석 중 18석을 얻어 1당이 됐다.[83] RNDP 지지세를 이미 의식하고 있던 군부는 그 대항마로서 라까인 주 부띠동 선거구에서 로힝야 정치인을 USDP후보로 내세웠고 로힝야들이 '화이트 카드'를 이용하여 그 로힝야 후보에게 투표하게 했다. USDP 의석 확보용으로 로힝야를 이용한 것이다. 라까인 주 유권자 270만명 중 75만명이 화이트 카드 소지자인 로힝야들이었다.[84]

부띠동 타운쉽에서 당선됐던 우 쉐마웅(로힝야 이름 : 압둘 라작)이 바로 USDP소속 로힝야 정치인이다. 나는 그에게 '왜 친군부 정당 USDP를 택했는가?'고 물었다. 그는 "90년대부터 라까인 극우 민족주의자들과 갈등이 계속 빚어졌다. 그때마다 군부 관료를 찾는 일이 많았다"고 우선 전제했다. "그래서 (군사) 정부와 로힝야 커뮤니티간 다리 역할을 할 수 있지 않을까 믿었다"는 것이다. 그는 집권여당 의원으로서 로힝야 시민권 문제를 가시화하고 싶었다고도 말했다. 로힝야들이 "탄쉐당"에 투표하면 시민권

----

[83] 라까인 주 의회 전체 의석수는 47석이다. 2008 군정 헌법에 따라 12석은 군부 임명직이 차지, 나머지 35석만이 선거로 채워진다.

[84] Aman Ullah, 05/04/2019

을 준다는 약속을 받았을 때 우 쉐마웅 후보의 역할이 적지 않았을 것이라 짐작케 하는 대목이다.

그러나 로힝야 유권자도, 그리고 우 쉐마웅 자신도 "탄쉐당"에 대한 배신감을 갖고 있다. 우 쉐마웅은 2015년 총선에서는 '당선 가능성 없다'는 이유로 공천받지 못했다.[85] 2010년 그를 당선시킨 부띠동 타운쉽의 15만 로힝야 유권자가 2015년 총선에선 단 10명으로 쪼그라 들었기 때문이다. '화이트 카드' 소지자에 대한 선거권과 피선거권이 모두 없어진 결과다. 뿐만 아니라 우 쉐 마웅은 2017년 9월 8일 부띠동 경찰에 의해 대테러법 위반으로 피소됐다.[86] 2017년 대학살의 형식적 '트리거'가 됐던 로힝야 무장단체 '아라칸 로힝야 구원군'Arakan Rohingya Salvation Army(ARSA)를 지원했다는 게 그의 혐의다. 그는 로힝야 상황을 담은 영상을 페이스북에 올렸을 뿐이라고 해명했다. 신변의 위협을 느낀 그는 결국 미국으로 망명길에 올랐고 현재 미국에 체류 중이다.

그렇다면 화이트 카드 소지자는 2015년 총선에서 왜, 어떻게 투표권을 잃었을까?

2015년 총선이 다가오면서 '화이트 카드' 소지자의 '임시 투표권 부여' 문제를 두고 정치권과 불교민족주의 단체들, 승려단체들이 모두 들썩이

---

85 이유경, 2015, "민주주의 연꽃이 시궁창에 폈다", 한겨레21 1078호, 09/09/2015, https://h21.hani. co.kr/arti/world/world_general/40297.html

86 San Yamin Aung, 2017, "Police open case against former Buthidaung MP", *The Irrawaddy*, 09/08/2017, https://www.irrawaddy.com/news/burma/police-open-case-former-buthidaung-mp. html

던 중 2월 10일 미얀마 의회는 테인세인 대통령의 제안에 따라 화이트 카드 소지자도 임시로 투표권을 주자는 안을 승인했다. NLD는 투표권 부여 반대를 고수했지만 USDP 다수 의회는 테인세인 대통령의 제안을 찬성 328 대 반대 79 (기권 19)로 통과시켰다. 이때까지만 해도 화이트 카드 소지자는 투표권을 갖게 될 예정이었다. 그러나 승려들을 중심으로 불교 민족주의자들의 거센 시위가 촉발됐고[87] 테인 세인 대통령은 이내 곧 마음을 바꿨다. 의회가 승인한 바로 그날 밤 테인 세인 대통령은 "화이트 카드 유효기간 3월까지"라는 공표했다. 총선이 11월이니 '화이트 카드 임시 투표권'은 없던 일이 됐다.

'화이트 카드' 소지자의 투표권 박탈을 일관되게 주창해 온 NLD는 한 발 더 나아갔다. 당내 화이트 카드 소지자 2만명의 당원권을 정지, 사실상 출당시킨 것이다. 그리고 3월 12일, 라까인 극우정치인인 닥터 에 마웅은 자신이 속한 상원에 정당등록법 개정안을 제출했다. 개정안은 오로지 시민권자만 정당을 구성하고 투표권을 지녀야 한다는 점과 피선거권도 시민권자만 가능해야 한다는 요지를 담았다. 전년도인 2014년 NLD도 '88세대'도 모두 찬성하고 하원을 통과했던 그 정당 등록법과 같은 내용이다.

'화이트 카드 투표권' 문제는 불교 민족주의자들의 로힝야 혐오 정서가 문제의 한 축이다. 그리고 화이트 카드를 정치적으로 이용해온 군부에 대

....

87   Tim Hum, 2015, "Myanmar gives Rohingya voting rights, backtracks immediately", *CNN*, 02/12/2015, https://edition.cnn.com/2015/02/12/asia/myanmar-rohingya-voting-rights/index.html

한 민주진영의 반감이 또 다른 축이다. NLD는 물론 후자에 속한다. 두 축이 공통적 명분을 만난 결국 화이트 카드 소지자인 로힝야들의 투표권은 박탈됐다. 개혁 개방의 힘찬 깃발을 펄럭이던 미얀마의 민주화 이행기, 이전 군부가 꼼수로라도 부여했던 로힝야들의 투표권, 피선거권, 정당 구성권 등이 남김없이 사라졌다. 그로부터 한 해가 가고 두 해가 흘렀다. 그리고 미얀마에선 로힝야 제노사이드 대학살이 벌어졌다.

"시민 아니면 평등 요구할 자격 없다"

2013년, 시트웨로 날아가 로힝야를 취재하는 동안 로힝야와 충돌했던 라까인 커뮤니티를 만나 그들의 입장을 들어보는 건 로힝야 취재 못지 않게 중요한 과제였다. 2012년 폭력 사태를 비롯하여 사태 전후로 로힝야 무슬림에 대한 적개심이 라까인 주를 휘감은 배경에는 라까인 극우 민족주의 정당인 '라까인민족개발당'(이하 "RNDP")의 역할이 지대했다. RNDP는 2012 안티 로힝야 정서 고양에 불을 지핀 주범이다. 동시에 2010년 군부의 민주화 로드맵에 따른 첫 총선에서 정치적으로 가장 큰 수혜를 입은 정치 그룹이기도 하다.

라까인 주는 2010 총선에서 군부의 정통을 잇는 USDP가 권력을 잡지 못한 유일한 주다. 그만큼 라까인 민족주의 바람이 컸기에 전혀 놀라운 일이 아니다. 그러나 로힝야 이슈에 관한한 테인 세인 정부와 라까인 극우 정당의 '안티-로힝야' 입지는 별 반 차이가 없다. 일례로, 2012년 7월 13일 테인 세인 대통령이 '로힝야 80만명을 제 3국으로 그냥 보내 버렸으면 좋겠다. 우리는 이들을 원하지 않는다'라고 말했을 때 RNDP 대표 닥터 에 마웅Dr. Aye Maung은 미얀마 언론 〈민주버마소리〉Democratic Voice of Burma(혹은 'DVB')와 인터뷰에서 이를 공개적으로 지지했다. 그의 논리는 이렇다.

"우리는 우리 나라에 불법적으로 들어와 난민 캠프(시트웨 외곽 수용소 캠프를 지칭)에 머물고 있는 사람들을 1982년 시민권법에 따라 철저히 검증 하라고 정부에 요구해왔다"

RNDP 닥터 에 마웅의 표현대로라면 시트웨 외곽 수용소 캠프로 쫓겨 난 14만 로힝야들은 '난민캠프를 차지하기 위해 불법적으로 미얀마에 온 사람들'이라도 된 것 처럼 보인다. 이 같은 시각은 이 당의 중앙위원인 도 에 누세인Daw Aye Nu Sein이 나와의 인터뷰에서 보여준 언어와 혐오 정서에 서도 가감 없이 드러났다. 그는 2012년 폭력 사태 당시 체포됐던 라까인 불교도 피의자들의 변호를 맡기도 한 변호사다. 그는 내게 "시민 아니면 평등을 요구할 자격이 없다"고 매몰차게 말했다. 인간적으로 넘어서는 안 될 선이 있다면 바로 그들이 넘고 있는 이 선이 아닐까 생각하며 그와 얘 기를 나눴다. 그와 나눈 인터뷰 몇 줄 옮겨본다.

Q. 라까인 주에도 자신들이 동등하게 대우받지 못한다고 여기는 사람 들이 많다. 당신이 평등을 원하듯 그들도 평등을 요구하고 있는데

A. (그는 우회적인 내 질문의 요지를 금방 알아챘다). 현행법에 따라 시민권 이 없는 자들은 그런 말을 할 자격이 없다. "벵갈리"는 불법 이민자 들이다. 그들은 스스로를 '로힝야'라고 부르지만. 그들은 우리 땅을 빼앗으려는 자들이다. 라까인 주에는 시민권을 가진 다른 무슬림도 살고 있다(캄만 무슬림을 말함). 그들은(로힝야들은) 이동의 자유가 있

는데 왜 여기서 북적대며 살고 있는지 모르겠다. 다른 지역으로 좀 가면 좋겠다.

Q. 당신은 2008년 헌법의 비민주성을 지적하며 개정해야 한다고 했다. 마찬가지로 1982년 시민권법에도 잘못된 부분이 있으니 개정해야 한다는 목소리가 나온다.

A. 1982년 시민권 법은 잘못된 게 없다. 라까인 주 분쟁은 벵갈리들, 특히 시민권이 없는 이들이 시민권을 가지려고 무리한 요구를 하는 바람에 불거졌다. 정부가 1982년 시민권법에 따라 이 문제를 해결할 수 있는데 왜 제대로 안하고 있어 문제다.

Q. 1982년 시민권법은 잘 적용되고 있는 것 아닌가.

A. 2008년 신헌법 찬반투표때 벵갈리들에게 '화이트 카드'를 대량 발급해줬다. 그건 정당한 법치가 아니었다.

Q. 로힝야들에게 화이트 카드를 주고 투표권을 부여한 것을 말하는 것인가?

A. 말은 바로 하자. 그들은 로힝야가 아니다. 이곳 라까인 주에 "로힝야"란 집단은 없다. 벵갈리만 있을 뿐이다.

Q. 시트웨 도심 한가운데 '아웅 밍갈라'라는 구역이 완전히 봉쇄돼 있다. 그럴 필요까지 있나.

A. 그들을 차별해서 그런게 아니다. 치안 유지 차원에서 불가피한 조치다.

Q. 아웅 밍갈라 주민들은 이동의 자유가 없다. 시장도 갈 수 없고, 생계를 이어가기도 어렵다고 토로한다.

A. 그래도 치안은 완벽하지 않은가. 식량도 부족하지 않을 거다. 보안 군들이 그들에게 매일 먹거리를 가져다 주니까.[88]

"바이러스가 밀려온다"

로힝야를 '바이러스'에 비유한 학자가 있다. 바로 일본 간다 외어대 에 이 찬Aye Chan 교수다. 그는 우익성향의 라까인 민족주의자로 '로힝야'가 "위조된"fabricated 정체성이라고 강변하는 인물이다. 그에 따르면 "로힝야" 라는 호칭은 1950년대 들어서야 등장했다. 그리고 그 "로힝야"는 영국 식 민통치 기간 '(오늘날) 방글라데시 영토인 치타공'에서 이주한 이들을 가리 킨다'는 게 그의 주장이다.

"1824~1826년 버마-앵글로 1차 전쟁 직후 '영국령 인도 식민지'에 속해 있던 치타공 지역에서 아라칸 주로 수많은 "치타고니안"들이 이주했다. 1950년대 초부터 '벵갈리 무슬림' 학자들이 이 치타공 이주민들을 일컬어 '로힝야'로 부르기 시작했다"[89]

2005년, 그가 우 쉐 잔U Shwe Zan('Golden Mrauk-U의 저자)이라는 인물과 공저로 발행한 저서에는 아예 '제노사이드'를 연상하는 제목이 달려 있다.

....

88 '에 누 세인'Aye Nu Sein은 2021년 2월 1일 쿠테타가 발발하자 군부 통치기구인 국가행정위원회 (SAC)에 위원으로 임명되었다.

89 Aye Chan, 2005, "The Development of a Muslim Enclave in Arakan (Rakhine) State of Burma(Myanmar)", *SOAS Bulletin of Burma Research*, Vol.3 No.2, Autumn 2005, http://web. archive.org/web/20070609092417/http://web.soas.ac.uk/burma/3.2files/03Enclave.pdf

"바이러스의 침투 : 아라칸의 무슬림 불법 체류자들"이 책 제목이다.[90] 특정 커뮤니티를 "바퀴벌레"나 "바이러스" 등으로 '비인간화' 하는 방식은 전형적인 제노사이드 레토릭 중 하나다. 바퀴벌레이므로 죽여도 되고, 바이러스이므로 절멸시켜야 한다. 국제분쟁 이슈에 관심있는 독자들이라면 1994년 발생한 르완다 제노사이드 과정에서 후투족 프로파간다 역할을 톡톡히 해냈던 라디오 RTML Radio Télévision Libre des Mille Collines(RTLM) 이야기를 알 것이다. 후투족은 이 친정부 라디오 RTML을 통해 투치족을 "바퀴벌레들"로 반복적으로 칭했다.[91] 이 같은 '비인간화'를 두고 세네갈 출신 전 유엔 제노사이드 방지 특별 보고관 아다마 디엥 Adama Dieng은 "모든 제노사이드는 (타깃 그룹에 대한) 비인간화에서 비롯된다"고 지적했다.[92] 아르헨티나 출신 사회학자인 다니엘 파이어스타인 Daniel Feierstein의 '제노사이드 6단계론' 역시 "비인간화"dehumanization를 통한 '낙인찍기'stigmatization를 '제노사이드 1단계'에 나타나는 현상으로 설명하고 있다. 제노사이드 단계에 대한 가장 보편적 설명인 '10 단계론'의 경우 '비인간화'를 그 4번째 단계에 놓는다.[93]

90 U Shw zan and Dr. Aye Chan, 2005, "Influx Viruses. The illegal Muslims in Arakan, Arakanes in United States, 다음의 링크에서 PDF로 다운 로드 가능하다. https://www.burmalibrary.org/docs21/Aye-Chan-2015-08-Influx_Viruses-The_Illegal_Muslims_in_Arakan-en-red.pdf

91 Kennedy Ddahiro, 2019, "In Rewanda, We Know all about Dehumanizing Language", *The Atlantic*, 04/13/2013, https://www.theatlantic.com/ideas/archive/2019/04/rwanda-shows-how-hateful-speech-leads-violence/587041/

92 "Genocide begins with 'dehumanization' ; No single country immune from risk, warns UN official", 2014, *UN NEWS*, 12/09/2014, https://news.un.org/en/story/2014/12/485822

93 "Ten Stages of Genocide", *Holocaust Memorial Day Trust*, https://www.hmd.org.uk/learn-about-the-holocaust-and-genocides/what-is-genocide/the-ten-stages-of-genocide/

'비인간화'는 타깃 그룹을 인간 이하의 존재, 혹은 인간 이외의 존재로 간주하는 적극적 심리전을 통해 대량살상을 실현한다. 미얀마에서 가장 영향력 있는 거물급 승려 시타구 자야도Sitagu Sayadaw는 2017년 10월 30일 카렌주 군사훈련학교에서 군장교들을 대상으로 섬뜩한 설교를 했다. 그는 불교도가 아닌"non-buddhist" 사람은 "완성되지 못한 인간" 이라거나 어쩌면 "인간이 아닐 지도 모른다"고까지 표현, 그들에게 "상해를 입히는 건 허용되는 일"이라고 설교했다.[94] 로힝야 제노사이드가 정점에 달하던 시점에 군인들에게 이렇게 설교한다는 건 '불교도가 아닌 로힝야 무슬림을 죽이는 건 죄가 아니'라는 제노사이드 면죄부를 준 것으로 해석됐다.

'시타구 자야도'Sitagu Sayadaw의 '배신의 여정'은 흥미롭다. 그는 한때 민주화 운동 진영에서 존경받아온 인물이고 2008년 사이클론 나르기스 당시 구호활동에 적극적이었으며 '종교간 화해'를 주창한 시절도 있었다. 그러나 최근 년간 부쩍 '불교 민족주의'로 연결된 극단주의로 흐르는 경향이 짙어졌다. 불교 극단주의 조직 '마바따'에도 관여해오다 2021 쿠테타 전후로 친군부와 공감대를 나누는 승려가 됐다.[95] 쿠테타 주역이자 군 최고 사령관인 민 아웅 라잉이 불교극단주의 조직 '마바따'의 전 의장인 우 틸로카 비왐사u tilawka bhivamsa 승려에게 최고의 불교 명예 경칭을 부여하자 시타구

94 Paul Fuller, 2017, "Sitagu Sayadaw and Justifiable evils in Buddhism", *New Mandala*, 11/13/2017, https://www.newmandala.org/sitagu-sayadaw-justifiable-evils-buddhism

95 "Monk Praises Myanmar Junta Chief for Honoring Prominent Nationalist", 2022, *The Irrawaddy*, 03/21/2022, https://www.irrawaddy.com/news/burma/monk-praises-myanmar-junta-chief-for-honoring-prominent-nationalist.html

자야도 승려는 민 아웅 라잉을 "왕"으로 칭송했다.

한편 〈바이러스 침투〉 서문에는 "로힝야"라는 호명이 버마 독립 후 급진적 이슬람 주의자들에 의해 사용되기 시작한 용어라고 적혀 있다. 서문은 또한 "이 트렌드가 '아라칸인들'Arakaneses(로힝야를 제외한 아라칸주/라까인주 토착민들을 지칭하며 보통 라까인족 불교도를 일컬을 때가 많다. 문맥상 이 서문에서도 마찬가지다)과 버마의 시민들, 그리고 역사가들과 학자들의 불안과 우려를 낳는다"며 "로힝야"가 1950년대 불현듯 나타난 듯 논리를 전개했다. 이 주장은 적어도 두 가지 점에서 진실과 거리가 멀다.

하나는, 로힝야가 아라칸주에 거주한 역사와 '로힝야'라는 이름의 등장 시기는 비록 역사가들이나 연구자에 따라 조금씩 다르게 설명하고 있긴 하나 아무리 짧은 역사를 채택하더라도 최소 18세기로 거슬러 올라간다. 그 대표적 예시 문헌 하나는 1799년 발행된 스코틀랜드 출신 의사 프란시스 부챠난Francis Buchanan의 저작 "버마제국" 중 '버마제국 다 언어 비교'라는 소논문이다.

"힌두국의 언어에서 유래한 것으로 보이는 버마 제국의 방언 세 가지를 보자. 그중 첫째는 '무하메단Muhammedans의 언어다. 이들은 아라칸에 오랫동안 정착해온 이들이고 자신들을 아라칸의 토착민이라는 뜻의 '로잉야Rooinga'로 부르고 있다."[96]

두번째, '로힝야'라는 이름을 1950년대 "급진적 이슬람주의자"들이 밀

----

96 Francis Buchanan M.D 1799, "A comparative Vocabulary of Some of the Languages spoken in the Burma Empire" SOAS Bulletin of Burma Research 1(1), Spring 2003 https://eprints.soas. ac.uk/8050/1/BuchananComparativeVocabulary.pdf

어붙인 것처럼 적었지만 그 시기 '아라칸 주 무슬림'을 "로힝야"로 호명하자고 공개 주창한 이는 로힝야 정치인 모하메드 압둘 가파르Mohammed Abdul Gaffar(M.A. Gaffar) 라는 인물이다. 그는 '급진적 이슬람주의자'와는 거리가 먼 정치인이다. 굳이 따지면 로힝야 민족주의자 정도로 보는 게 타당할 것이다. 가파르는 1947년 4월 버마가 독립하기 하나 해 전에 치러진 제헌의회 선거당시 라까인 주 북부 '부띠동Budhidaung' 선거구에서 당선됐다. 1951년 총선에서는 '아크얍Akyab(현 '시트웨')' [97] 서부 선거구에 출마하여 상원의원 (Chamber of Nationalities 1948 ~ 1962 버마연방의 상원)으로 당선됐다. 1956년 총선에서도 마웅도 및 부띠동 혼합 선거구에서 하원의원으로 당선됐을 만큼 선출직 의원의 신분을 이어간 정치인이다. 버마연방 초대총리 우 누 U Nu는 그를 보건부 총괄 의회 서기로 임명하기도 했다는 기록이 남아 있다.[98] 그는 독립국가 버마의 출범과 국가건설 과정 초기에 적극 참여해 온 로힝야 정치인이다.

바로 그 시기 1948년 11월 20일, 버마연방 출범에 맞춰 가파르는 '연방 정부가 "로힝야"를 버마연방의 "공식 민족"official nations 중 하나로 인정하고 호명 역시 "로힝야"로 해줄 것을 요청했다. 그가 "로힝야"라는 이름과 정체성을 고집한데는 이유가 있다. 식민시대 이주자들의 후예인 '인도계 버마인'(혹은 '버마 무슬림'Burmese Muslim으로 표현되는 그룹)과 아라칸의 토착 무슬림

---

97 '아크얍'은 시트웨의 옛 이름이다. 아직도 많은 이들이 여전히 시트웨를 '아크얍'이라고 부른다.

98 Martin Smith, 2019, "Arakan, a land in conflict on Myanmar's western frontier", *Transnational Institute*, P 29-30, 12/2019

즉 로힝야들은 동일한 그룹이 아니라는 점을 그는 명확히 하고 싶었던 것이다. 이와 관련, 버마 영자 신문 〈가디언 데일리〉(1951년 8월 20일자)에 실린 그의 글을 보자.

"우리 로힝야들은 아라칸의 민족이다. 우리는 '로힝야'와 아라칸인들 Arakanese(문맥상 라까인족을 일컬음)이 아라칸 땅에 거주해온 두 개의 주요 민족임을 분명히 하고자 한다. 우리는(로힝야는) 90만 민족이다. 하나의 민족 그룹으로 인정받기에 인구수로도 충분하다. 아울러 우리는 구별된 문화와 문명화를 거쳐 온 민족이고, 언어와 문학, 예술과 건축, 이름과 학명, 가치와 감각, 법과 도덕관습, 관습과 달력, 역사와 전통, 재능과 야망 등 민족 그룹에 대한 어떠한 정의에도 충족한다. 로힝야는 아라칸의 민족이다." [99]

---

99   Ibid. P.30

2.

토착민,
로힝야

영국이 '실종'시킨 '이름'

식민통치자들은 피식민지 사회의 다양성과 고유성을 개의치 않고 그들의 편의대로 종족을 통합하기도, 갈라치기도 해왔다. 그리고 자의적으로 국경선을 긋기도 했다. 그렇게 그어진 수많은 국경선 부근 변방 지대 커뮤니티는 시대를 초월하여 통치자들의 분열정책에 취약한 그룹이다. 우리 모두가 알고 있는 식민통치 기본 문법들이다. 그리고 오늘날까지 식민통치의 래거시로 남아 있다. 로힝야 이슈 역시 그 맥락에서 살펴볼 필요가 있다.

'로힝야'를 "벵갈리 불법 이주민"이라거나 이 프레임에 동조하는 이들은 '로힝야'라는 호명이 어느 날 갑자기 등장한 것처럼 부각하며 이를 불법 이주의 증거로, 더 나아가 로힝야의 존재를 지우는 방편으로 삼는다. 또한 로힝야들이 미얀마의 다른 커뮤니티를 탄압하는 식민주의자들에 부역하며 식민통치 수혜를 입은 것처럼 왜곡하는 논리도 적잖이 볼 수 있다. 이 같은 논리는 유독 로힝야 관련 한국어 기사 댓글에 단골이자 주류로 등장한다. 우리의 식민경험을 어설프게 빗 대어 '로힝야가 버만족을 탄압했다' 라든가 작금의 로힝야 박해는 그 과거에 대한 인과 응보라는 식의 논리를 전개하는 것이다. '오늘' 로힝야들이 학살당하는 와중에도 최소한의 인간적 동정마저 배제한 채 굳이 식민지 부역자 논리를 내리꽂는 불특정 다수의 주류 댓글에서 나는 또 다시 'K-중화론中華論'을 본다. 우리의 역사적 경험이 다른 모든 역사에도 적용될 프레임으로 섣부르게 들이대는 건 오류를 범할 수 있다. 그리고 이슬람포비아 증상을 본다. 미얀마 사회가 넘지 못한 그 신드롬 말이다.

"로힝야"라는 이름이 식민주의자들의 문서에서 사라진 이유가 바로 식민주의자들의 편의적 통치 방식에 기인할 수 있다는 가능성은 배제한 채 피해자를 탓하고 피해자에게서 원인을 찾으려는 습성 또한 잘못된 접근이다. 미얀마의 군부독재자들이 과거 식민종주국 영국과 서방국가들에 적대적이다 못해 제노포비아의 광기를 발산하면서도 그 식민시대 악법들은 고스란히 유지하면서 시민 탄압에 적극 활용하고 있는 모순만큼이나 모순적이다.

앞장에서 일별한대로 최소 18세기 혹은 그 이전의 문헌들이 명기하고 암시하는 다양한 스펠링의 '로힝야' 이름이 존재한다. 영국 식민통치 기간 '이름'이 사라졌다고 해서 그 전에 존재하던 이들을 존재하지 않았다고 말할 수 없는 것이다. 예컨대, 1911년 〈영국령 인도〉British India 인구 조사에서 '로힝야'는 "Indian origin"으로 표기 돼있다. 10년 후인 1921년 또 한차례의 인구 조사에서는 '로힝야'가 "Arakanese"으로 분류돼 있다. 영국은 버마를 영국령 인도의 한 '지방'province으로 통치했고 그 과정에서 "Rooingya" 라든가 "Native Arakan"과 같은 용어들은 사라졌다. 대신 '아라칸 무슬림', '아라카니즈 모하메단'Arakanese Mohammedan' '벵갈리 무슬림'Bengali Muslims', 치타고니안Chittagonian, 캄만Kaman, 제르바디Zerbadi 등이 두루 사용됐다. 식민통치 시대 마지막 인구 조사였던 1931년 조사에서도 '로힝야'라는 이름은 없었다. 영국이 버마를 합병한 이래 식민정부가 '로힝야'라는 이름을 공식적으로 등장시킨 예는 좀체 찾아볼 수 없다. 그런데 식민시대 문서에서 지워진 이름이 '로힝야'만은 아니다. 그럼에도 '로힝야'를 콕 집어 타깃 삼고 '조작된 정체성'이라 주장하는 건 다른 '의도'가 숨어 있다는 뜻이다. 식민주의자들이 "로힝야" (혹은 그 여러 변형들)을 사용하지 않았다고 해서 역사와 문화가 지워지는 건 아닐 터, 그걸 빌미 삼아 지우려는 시도, 그게 바로 제노사이드 방편이다.[100]

로힝야를 "식민시대 잔재"로 여기며 '제거해야 한다'고 여겼던 네윈식의 '순혈주의 x 이슬람포비아' 사고방식이나, "2차 대전 이후로 끝내지 못한 비즈니스"[101] 라는 섬뜩한 표현을 하며 제노사이드를 전두지휘한 탓마도 최고 사령관 민 아웅 라잉이 식민통치 잔재 청산을 부르짖는 것 같지만

100 Aman Ullah, 2019, "Muslim of Arakan and Censuses of India", *Rohingya Post*, 04/04/2019, https://www.rohingyapost.com/muslim-of-arakan-and-censuses-of-india/

101 민 아웅 라잉의 발언 전체를 옮겨 보면 다음과 같다. "The Bengali problem was long standing one which has become an unfinished job despite efforts of the previous governments to solve it. The government in office is taking great care in solving the problem", United States Holocaust Memorial Museum, https://exhibitions.ushmm.org/burmas-path-to-genocide/chapter-5/burmese-leaders-deny-genocide

실은 그 통치 논리에 철저히 복무하는 자들이다. 식민통치 기간 사라진 이름 '로힝야'를 일부 로힝야 정치인들이 찾겠다고 한 건 독립직후 였지만, 로힝야는 수백년간 아라칸주/라까인주에 살아온 아라칸 토착민이다. 그 토착성의 토대 위에 이주의 역사가 쌓이며 이주민은 동화됐고 토착민은 누적됐다. 따라서 오늘날 로힝야 커뮤니티에 대한 포괄적 정체성은 '누적된 정체성'으로 이해하는 게 타당할 것이다. 엄밀히 말해 여느 민족이나 종족이나 '누적된' 과정을 거치지 않은 영원한 순혈주의가 과연 가능한지도 의문이다.

로힝야의 본향 '아라칸' 경우를 보자. 라까인 민족주의자들에게 그토록 자부심을 부여하는 아라칸 마지막 왕국 '므라우 왕국'은 (오늘날 방글라데시 영토에 해당하는) 치타공까지도 주권을 행사했던 왕국이었다. 그러다 18세기(1784년) 버마에 1차 식민화 된 후, 19세기(1884~1886)에는 영국에 2차 식민화 되는 등 등 반복된 영토주권 상실과 복잡한 식민화 과정을 거쳤다. 복잡 다단한 역사 속에서 다양한 이주 현상이 없을 수 없다. 예컨대, 식민지 시대 계절 노동자, 일용직 노동자들의 아라칸으로의 이주도 있었을 것이고 이는 국경을 침투한 이주가 아니라 피식민지 영토 안에서 벌어진 이주로 이해해야 한다. 또, 영국은 벵골 지방 무슬림들을 아라칸과 미얀마의 여러 지역 노동자로 이주시켰다고 알려져 있다. 그 다양한 이주 현상이 독립 후 70년이 지난 오늘의 제노사이드를 합리화할 논리가 되어서는 안된다.

단도직입적으로 말해보자. 2017년 8월 30일 라까인 주 마웅도 타운쉽 뚤라뚤리 마을에서 벌어진 학살에서 불 구덩이에 던져진 18개월 된 로힝야 아기 사디끄Sadiq는 영국 식민통치 시대와 무슨 관련이 있나.[102] 미얀마 군의 제노사이드 수단이 된 '집단강간'으로 짓밟힌 로힝야 여성들은 또한 식민시대 무슨 대역죄를 지었길래 이 무참한 폭력에 희생되어야 하는가[103] 로힝야 제노사이드 이슈를 피해자 중심주의가 아니라 가해자 진영 (라까인) 극우 민족주의자들과 (버만) 국가 주의자들이 포장하는 '식민잔재 청산'론에 고스란히 휘말리는 한국 사회 일부 "평론가"들과 불특정 다수 대중들의 인식은 로힝야 이슈에 대한 식민지 담론의 방향성을 잃은 것이다. 무고한 이들의 희생과 반세기 '종족말살 의도'를 지우는 어마어마한 국제범죄가 '방구석 평론가'들의 말장난 소재가 되어서는 안될 것이다.

로힝야는 아라칸의 토착민

로힝야들의 아라칸 거주 역사에 대해서는 몇 가지 이론이 있다.

우선, 8 ~ 9세기로 거슬러 올라가는 '아랍 상인 표류설'이다.

"마하토잉 짠다야 왕 시대 (AD 788–810) 람리Ramree 섬 - 아라칸 주 남부 - 해안가에서 아랍 상인들의 배가 여러 차례 난파된 적이 있다. 아라칸 역사책은 이때 살아남은 이들을 외국인이라는 뜻의 단어 '쿨라(스)'Kula-s(오늘

....

102 "Rohingya survivor : The army threw my baby into a fire", 2017, *Aljazeera*, 10/13/2017, https://www. aljazeera.com/news/2017/10/13/rohingya-survivor-the-army-threw-my-baby-into-a-fire

103 "Women and Children burnt alive, widespread rape and a dam full bodies : New report details the harrowing testimonies of Rohingya Children", 2017, *Save The Children*, 11/06/2017, https://www. savethechildren.net/news/women-and-children-burnt-alive-widespread-rape-and-dam-full-bodies-new-report-details-harrowing

날 경멸적 언어로 쓰이는 '칼라Kalar'의 기원)라고 불렀다."

그 뒤 왕 앞에 불려간 아랍인들에게 왕은 농지를 제공하고 정착을 허용했다. 로힝야를 당시 아라칸 지역에 표류한 아랍 상인들의 후예로 보는 시각이 바로 '8-9세기론'이다.[104] 이 이론으로 보면 9세기 버마 최초의 통일왕조인 바간 왕국 건설 이전 혹은 그 즈음 로힝야는 이미 아라칸 영토에 거주하기 시작한 셈이다.

다음은 '15세기론'이다. 15세기론은 연구자료와 증거가 상대적으로 많고 따라서 가장 보편적으로 채택되는 설명이다. 미얀마 북서부와 방글라데시 동남부 치타공 일대의 다이나믹한 역사를 가장 잘 설명하는 이론도 바로 이 '15세기론'이다.

15세기 중반부터 18세기 후반(1429~1785)까지 아라칸 지역에 실재했고, 그리고 1784년 버마의 침공 탓에 아라칸의 마지막 왕국이 된 '므라우Mrauk-U 왕국'Kingdom of Mrauk-U은 오늘날 아라칸 주는 물론 미얀마 서부 끝자락 친주Chin State와 방글라데시의 치타공 지역까지 통치(1550~1666)하며 찬란한 전성기를 누린 것으로 기록돼 있다. 그러나 1666년, 무굴 제국(1526~1857)과의 전쟁으로 치타공 지역을 내주었다.[105]

므라우 왕국을 건설한 나라마이클라Narameikhla(1404~1434) 왕은 1404년

104 Abdul Karim, 2000, "The Rohingya : A short account of their history and culture". Chittagong, Bangladesh, *Arakan Hitorical Society* (AHS)

105 D. Mitra Barua, 2020, "Arakanese Chittagong Became Mughal Islamabad : Buddhist-Muslim Relationship in Chittagong (Chottrogram), Bangladesh", *Buddhist-Muslim Relations in a Theravada World*, 02/22/2020 외 다수 문헌 참조.

버마 아바 왕조의 팽창에 벵골 술탄국Bengal Sultanate(14세기~16세기) 수도인 가우어(오늘날 인도 서벵골West Bengal 지방에 위치)로 피신한 적이 있다. 그 시기 벵골 술탄국은 이미 무굴 제국에서 독립한 지 86년이나 지난 소군주국이었다. 벵골 술탄 아흐마드 샤, 가우어 술탄 등은 므라우 왕국의 난민들을 환영해주었다고 한다. 그리고 1430년, 24년 동안 가우어에서의 '피난' 생활을 끝낸 나라마이클라 왕은 벵골 술탄국이 제공한 군대와 함께 아라칸으로 되돌아왔다는 게 관련 역사를 기록한 다수 문헌의 기록이다.

'버마의 무슬림' 이슈를 깊게 다룬 논문 중에는 이스라엘 외교관 출신 모세 예가르Moshe Yegar가 집필한 '버마의 무슬림'The Muslims of Burma이 있다. 모세에 따르면 바로 이 시기 "나라마이클라가 아라칸으로 돌아온 1430년" 이후로 "그전까지 미미했던 무슬림의 영향력이 아라칸에 자리잡기 시작"했다.[106] 아라칸의 불교도 왕들이 무슬림 경칭을 같이 사용한 건 그 무슬림 영향력의 방증이다. 예컨대, 나라마이클라 왕의 뒤를 이은 멩 카리Meng Khari 왕은 스스로를 '알리 칸'Ali Khan이라고도 불렀다. 아라칸 왕의 무슬림 경칭 관습은 8명의 왕이 승계된 약 200년 동안 계속되었는데, 아라칸이 치타공 지역에 대한 주권을 행사하기 위한 의도에서 비롯됐다는 분석은 꽤 설득력 있다.[107]

---

106 Moshe Yegar, 1972, "The Muslims of Burma – a Study of a Minority Group", *Schriftenreihe des Südasian-Instituts der Universität Heidelberg*, 1972, P 18

107 Syed Murtaza Ali, 1967, "Arakan Rule in Chittagong (1550 ~ 1666 A.D)", *Asiatic Society of Pakistan*, Vol. XII, No. III, 12/1967, P.1 https://rohingyakhobor.com/mdocs-posts/arakan-rule-in-chittagong-1550-1666-a-d/

영국 '아시아 아프리카 연구 대학'(SOAS) 마이클 차니 교수 역시 이 같은 역사를 근거로 하여 '최소 15세기'경부터 로힝야의 아라칸 거주가 시작됐을 거라고 설명한다.[108] 버마 출신 역사학자 탄 툰Than Tun(2005년 사망)은 아라칸 주 유적지 비문stone inscription 분석을 통해 아라칸 주 무슬림의 역사를 최소 1400년대, 15세기로 거슬러 올라간다고 설명해왔다.[109]

1784년, 버마 꼰바웅 왕조 보도파야 왕은 '대 미얀마'Greater Myanmar, 혹은 '아라칸은 우리땅' 확장주의 논리로 아라칸을 침략했다. 또 다시 후자에 거주하던 주민들(불교도, 무슬림)은 그 당시 영국령 인도에 속해 있던 벵골 지역으로 피난했다. 오늘날 방글라데시 동남부 콕스바자르Cox's Bazar는 이처럼 여러 세기에 걸쳐 불교도, 무슬림 할 것 없이 아라칸 영토에서 피난한 이들의 피난처 역할을 해왔다. 그 데자뷔가 오늘날까지 계속되고 있는 것이다.

그로부터 40년이 지난 1824년, 이번엔 영국의 버마 식민화 작업이 시작됐다. 이때 '버마'란 아라칸이 포함된 버마다. 그해 '1차 버만-앵글로 전쟁'으로 아라칸 왕국이 가장 먼저 영국에 넘어갔다. 그러자 40년전 즉, 1784년 버마의 침략결과 콕스바자르 일대 난민으로 이주했던 므라

....

108 Michael W. Charney, "State and Society in Arakan Since the Fourteenth Century : From Inclusion to Polarisatin and Exclusion" – text of presentation at the research workshop "Myanmar's Democratic Transiton and the Rohingya Persecution" *Oxford Union*, 2016, https://www.scribd.com/document/362069819/Michael-Charney-s-Public-Talk-on-Rohingyas-and-Rakhines-at-Oxford-Conference-May-2016

109 Aman Ullah, 2016, "Michael Charney and Muslims in Arakan", *The Stateless*, 07/10/2016, http://www.thestateless.com/2016/10/michael-charney-and-muslims-in-arakan.html

우 왕국시대 난민들과 그 후세 일부는 다시 아라칸주로 '재이주'하는 현상이 벌어졌다. 바로 이들, 1824년 아라칸 주가 영국령 인도에 복속된 직후 치타공에서 아라칸 주로 귀향 이주한 이들을 영국은 "치타고니안" Chittagonians(치타공지역 사람들)이라고 불렀다. 라까잉 우익 역사학자들이 부르는 호명과 일치한다.

아라칸 영토의 식민주의 역사는 최소 세 단계로 나눠볼 수 있는데, 1784년부터 1824년까지는 버마의 콘 바웅 왕조의 침략이 그 첫번째 식민화를 야기했다면, 1824년부터 1941년까지는 버마의 일부로서 영국 식민지가 된 두번째 단계의 식민화다. 이때 영국은 버마를 '영국령 인도'의 한 지방으로 통치했다. 그리고 1937년부터는 별도의 식민지로 통치했다. 그리고 1942년부터 1945년까지 아라칸은 (여전히 버마의 일부로서) 일본의 식민통치를 받았다. 바로 이 시기 아라칸은 일본과 영국 두 제국의 격전장이 됐다. 라까인 불교도와 로힝야 무슬림들은 각각 일본과 영국 두 개의 다른 제국의 편에서 격하게 충돌했다. 로힝야 무슬림들은 일본과 라까인 불교도들이 주류인 아라칸 남부를 떠나 북부로 대거 피난했고 북부(오늘날 라까인 주 북부)는 로힝야 무슬림들이 주류지역이 됐다. 반대로 라까인 불교도들은 영국과 로힝야들이 통제하는 북부에서 남부로 대거 피난하며 정착했다. 이른 바 '1942 아라칸 학살'로 알려진 무력 충돌로 양측 모두 엄청난 희생을 보았다. 이 갈등의 역사가 오늘까지도 두 커뮤니티에 깊은 상처와 트라우마로 내재돼 있고 서로에 대한 적개심이 '필요할 때마다' 소환되고 있다. 특히 라까인 커뮤니티는 로힝야에 대한 적대감을 표할 때 이 사건을 그들의 심장부에서 꺼내 되새김질한다. 그리고 1945년 일본의 패망 후

1948년까지, 영국은 다시 버마의 식민통치 세력으로 돌아왔으나 1948년 버마는 독립했다.[110]

아라칸은 지리적으로도 불교문명과 이슬람 문명이 교차하는 지점에 위치해 있다. 오늘날 종족과 종교로 갈등을 빚으며 급기야 제노사이드의 현장이 되고 말았으나 과거 아라칸 므라우 왕국은 두 커뮤니티와 두 문명이 평화롭게 공존했던 땅으로 역사가들은 기록하고 있다. 이때의 무슬림 군인 지도자 이름을 따 1430년 지어진 모스크가 므라우 지역에 남아 있던 '산디 칸Sandi Khan 모스크다. 다문화 공존의 상징으로 남아 있어야 할 이 역사적 모스크는 안타깝게도 1997년 3~4월 라까인 주에서 발생했던 '안티-로힝야' 폭동 당시 상당부분 전소됐다. 그해 폭동은 랑군, 만달레이, 통구 등으로 확산됐고 총 42개의 모스크가 파괴됐다.[111]

아라칸 땅에서의 로힝야 거주 역사의 증거이자 상징인 모스크를 파괴했다는 건 의미 심장하다. 므라우에 남아 있던 로힝야 역사와 문화를 지움으로써 로힝야의 아라칸 거주 존재감을 지우는 작업은 아닌지 의구심을 갖게 한다.

110 Martin Smith, 2019, P.11~14

111 Arakan Rohingya National Organization (ARNO), 2001, "On Recent Anti-Muslim Riots and Destruction of Mosques in Burma", 06/072001, https://www.burmalibrary.org/reg.burma/archives/200106/msg00055.html

로힝야는 '독립국가 버마'의 토착민

2005년 12월 19일 〈위키리크스〉가 공개한 "라까인 주의 참담한 상황에 대한 UNHCR의 보고"라는 타이틀의 케이블을 보면, 당시 UNHCR 미얀마 대표였던 장-프랑수와 듀리에는 라까인주 시뜨웨 방문 길에 고령의 '물라'Mullah(이슬람 종교 지도자)를 만났다는 내용이 담겨 있다. 놀랍게도 그 물라는 버마 독립 직전 아웅산 장군과 함께 독립을 준비하던 인물이었다고 소개된다. 그가 듀리에 대표에게 보여준 문서에는 아웅 산 장군이 로힝야들에게 '버마 연방'에 동참하도록 초대한다는 내용이 담겨 있다.[112]

이어 케이블은 "샨족이나 카렌족과 마찬가지로 로힝야 역시 단한번도 버마에 속했던 적은 없다. 그러나 아웅산 장군은 로힝야를 버마 연방에 동참하자며 초대했다"고 적었다. 그럼에도 "샨이나 카렌과 달리 로힝야 시민권은 여전히 손에 잡히지 않는 먼 얘기가 됐다"는 것이다.

로힝야가 독립국가 버마의 '국가건설' 과정에 참여한 흔적은 모자라지 않다.

우선, 1947년 4월 9일 독립을 한 해 앞둔 시점, 버마는 제헌의회 선거를 치렀고 이 선거에서 두 명의 로힝야 정치인이 제헌의회 의원으로 출마, 당선됐다. 한 명은 앞서 "로힝야" 호명 사용을 주창했다고 언급한 모하메드 압둘 가파르Mohammed Abdul Gaffar(M.A.Gaffar)이고, 한 다른 한 명은 술탄 아흐메드Sultan Ahmed다. 가파르는 부띠동에서 당선됐고, 술탄 아흐메드는

---

112 Wikileaks, 2005, "UNHCR on diplorable conditions in Rakhine State" 12/19/2005 (confidential) https://wikileaks.org/plusd/cables/05RANGOON1413_a.html

마웅도에서 각각 당선됐다. 술탄 아흐메드는 1947년 제헌의회 선거 당시 마웅도에서 당선된 뒤 〈아라칸 무슬림 협회〉를 이끈 인물이다.

이 두 정치인은 당시 활동 중이던 '분리주의' 성향의 로힝야 무장단체인 〈무자히드〉[113]를 설득하여 무기를 내려놓게 하는 것이 로힝야들의 정치적 요구를 진중히 전달할 수 있는 효과적 방법이라 판단했다. 또한 아라칸 주 모든 커뮤니티가 뜻을 합쳐 버마로부터 아라칸 분리운동을 해야 한다 주장했던 '아라칸 독립 의회 그룹'Independent Arakanese Parliamentary Group(APG)과 이 의회그룹이 창당한 '아라칸민족연합기구'Arakan National Unity Organization(ANUO) 의 동맹 제안은 거부했다. 두 로힝야 정치인은 동맹이나 화합노선 보다는 의회 지도자들과 파편적 협상을 통해 무슬림의 권리를 얻어내는 데 보다 중점을 두었던 것으로 보인다.[114] 라까인 정치 세력과의 동맹을 거부하고 무슬림 무장단체들의 분리주의도 거부한 이들의 정치적 스탠스에 대한 평가는 일단 논외로 치자. 주목할 건 이 시기 로힝야 정치인들의 행보가 독립국가 건설 과정부터 적극 참여해왔다는 점과 어느 쪽이든 분리주의를 부인해왔다는 점이다. 로힝야 커뮤니티는 극우학자의 프레임대로 1950년대 갑자기 등장한 불청객도 아니고 불법 이주자도 아니다.

1948년 1월 4일 독립 이후 '국가건설'Nation Building 프로세스에 돌입한 버마연방 초기 내각 관료들은 로힝야를 버마의 토착민으로 인정하는 발언

---

113 로힝야 무장단체 '무자히드'는 여느 소수종족과 마찬가지로 버마연방 독립 직전인 1947년부터 독립 후인 1961년까지 활동했다. 이들은 남아시아 대륙 분리 (인도-파키스탄)의 기류를 타고 동파키스탄 – 오늘날 방글라데시 – 와 국경을 맞댄 아라칸 주가 파키스탄으로 편입되길 원했다.

114 Martin Smith, (2019), P.30

을 잇따라 공개적으로 했다. 그 자신 미얀마 소수종족인 샨족 출신이었던 버마 연방 초대 대통령 사오 쉐 따익Sao Shwe Thaike는 1959년 이렇게 말한 바 있다.

"'아라칸 주의 무슬림은 버마의 토착민이다. 만일 그들이 토착민 종족에 속하지 않는다면 우리 중 누구도 토착민 종족이라고 말할 수 없게 된다"[115]

이보다 앞서 1954년 9월 25일 버마 연방 초대 총리 우 누U Nu는 "부띠동과 마웅도 타운쉽에 사는 이들은 로힝야이고 그들은 버마의(버마에 속한) 종족ethnic"이라 발언했다. 1959년 11월 3일에는 우누 총리와 당시 국방부 장관 우 바 쉐U Ba Swe 모두 이런 발언을 했다. '로힝야는 카친, 카야(카레니), 카렌, 몬, 라까인, 샨과 똑같은 동등한 내셔낼러티 신분을 지니고 있다". 더 나아가 1961년 11월 20일 우누 총리 산하 프런티어 행정 사무소는 "마유 프런티어 거주민들은 로힝야 종족이다"라고 공표했다.[116]

시민권자로서의 로힝야의 또 다른 모습은 버마의 '의회 민주주의'(1948 ~1961)시절 우 누 정부하에서 시작했던 〈버마방송서비스〉(BBS)에서도 알 수 있다. 정부 공영 방송에서 전국으로 송출하는 '토착민 언어 방송'의 성격을 지녔던 이 소수민족 언어 방송에는 로힝야어도 포함됐다. 로힝야어는 일주일에 세 번, 각 10분씩 방송할 수 있었다. 이 프로그램이 1961년 5월

115 Benedict Roger, 2012, "A friend's appeal to Burma", *New Mandala*, 06/19/2012, https://www.newmandala.org/making-rohingya-statelessness/

116 Nay San Lwin., 2012, 'Making Rohingya Stateless', *New Mandala*, 10/29/2012, https://www.newmandala.org/making-rohingya-statelessness

15일 시작하여 1965년 10월 30일까지 계속됐으니 1962년 네윈 쿠테타 이후로도 약 3년 반 더 이어졌음을 알 수 있다.[117]

1960년대 로힝야 추방을 중단하라 명령한 대법원 판결도 눈 여겨 볼 만하다.

1960년 10월 27일 버마 대법원은 아라칸 무슬림(로힝야 지칭) 축출 명령에 제동을 걸었다. '(버마)현지인 로힝야'와 '동파키스탄인 (현 방글라데시)' 구분이 어려우니 일단 추방을 멈추라는 판결이었다. 버마처럼 많은 소수 종족이 거주하는 나라에는 아마도 버마어를 말하지 못하는 이들이 있을 것이고 관습도 버마와 다른 이들이 있을 것이라는 점을 인정하면서 그럼에도 그들은 이 나라 시민권자라는 게 판결의 골자였다. 이 판결문을 다룬 언론 보도 제목은 명쾌하다. "아라칸 무슬림 축출명령 취소하라. 그들은 버마연방의 시민이다" 였다.

"버마연방에는 버마어를 하지 못하는 인종races이 존재한다. 이들은 버마와 관습도 다르다. 그럼에도 불구하고 그들도 이 나라의 정당한 시민권자들이다"[118]

한편, 1950년대 활동하던 초기 로힝야 무장단체 무자히딘은 1961년 마침내 투항했다. 이 투항 과정에 대한 기록 역시 당시 우누 정부하에서 로힝야는 버마연방의 구성원으로 분명히 받아들여졌음을 보여준다. 1961년

---

117 Maung Zarni, 2013, "Official evidence of the Rohingya ethnic ID and Citizenship which the Burmese ethno and genocidists don't want you to see", *Rohingya Blogger*, 05/2013 http://www. rohingyablogger.com/2013/05/the-official-evidence-of-rohingya.html

118 The Daily Guardian, Rangoon, 27th October 1960 - 모세 1972 보고서 참조

7월 8일 당시 버마군 부사령관이던 아웅지Aung Gyi(Brigadier-General)는 마웅 도에서 있었던 '무자히딘 투항 환영식'에서 이렇게 말했다.

"마유 지구 경계를 기준으로 서쪽에 거주하는 이들은 (동)파키스탄인 이다. 경계 동쪽에 거주하는 이들은..미얀마에 속한다. 오늘부로 당신들 에게 공개적으로 천명하겠다. 우리는 마유지구에 거주하는 이들을 버마 연방에 소속된 종족으로 간주한다"

아웅지 부사령관의 이어지는 연설은 탓마도 군 고위 장성이 로힝야를 버마의 시민으로 인정한 발언으로 유명하다.

"마유 변경지대에 사는 이들은 로힝야들이다. 파키스탄이 마유 변경지 대 서쪽에 위치하고 있고 그곳에도 무슬림들이 산다. 그 서부 일대 사는 이들은 파키스탄인들이라 부르고 이쪽에 사는 이들은 로힝야라고 부른 다. 이 지역이 국경 양쪽에 같은 종족이 사는 유일한 국경이 아니다. 중국 과의 국경, 인도와의 국경, 태국과의 국경에도 같은 상황이 펼쳐져 있다. 이를 테면 보라. 카친 주에 사는 리수, 이-코Ei-Kaw, 라-와La-Wa같은 소수종 족은 국경너머 중국 쪽에도 살고 있다. 샨족은 중국에서 '타이'Tai라는 이름 으로 살고 있다. 몬족, 카렌족, 말레이족은 태국에도 살고 있다. 인도-버 마 국경인 친주에는 리-소Li-Shaw와 나가인들이 산다. 이들은 모두 버마에 도 살고 인도에도 사는 종족들이다." [119]

---

119 Maung Zarni, 2018, "Un-official translation of the official Burmese transcript of the speech delivered by Vice-Chief-of-Staff (Army) Brigadier General Aung Gyi, 4 July 1961" https://www.scribd.com/ document/379857099/Un-official-translation-of-the-official-Burmese-transcript-of-the-speech-delivered-by-Vice-Chief-of-Staff-Army-Brigadier-General-Aung-Gyi-4-July-19

당시 탓마도 육군 부참모총장이 로힝야 무장 반군인 〈무자히드〉 투항 및 휴전의식을 치르면서 "로힝야"를 직접 입에 담은 건 대단히 의미 있는 행동이다. 그가 덧붙인 유일한 경고라면 '미얀마 변방지대 양쪽에 거주하는 다른 소수민족들과 마찬가지로 로힝야들도 버마 연방에 충성해야 한다'며 애국심을 부추긴 정도다. 여느 변방지대나 국경이 무의미하리만치 양쪽에 거주하는 소수종족들이지만 자신이 발 딛은 영토가 속한 국가의 시민으로서 충성심을 가져달라는 의미다. 아웅지 부참모총장의 말에는 그가 국경너머의 '치타고니안'과 로힝야를 굳이 구분하지 않았다는 전제가 깔려 있다. 그는 로힝야 상황이 카렌이나 샨, 코캉지역의 중국계 미얀마인들처럼 국경을 중심으로 양쪽에 모두 거주하는 변방 주민들이라는 인식을 보였다. 이는 최소한 근대 국가의 국경선의 의미와 변방의 특수성을 합리적으로 이해하고 있다는 그의 인식 수준을 보여주는 대목이다.

1961년 5월, 버마연방정부는 로힝야들의 오랜 바람이었던 마유 변방행정구역Mayu Frontier Administration(MFA)을 선포했고 두 달 후 무자히딘의 투항도 끌어냈다. MFA 신설로 로힝야들은 자신들의 정체성이 일면 받아들여졌다고 여겼다. MFA는 로힝야들에게 개선된 자유와 일의 기회를 부여하는 효과를 가져왔지만 한계도 뚜렷했다. MFA가 중앙 정부의 직접 통치를 받는 것으로 돼 있지만 사실상 탓마도의 통치를 받게 된 것이다. 그나마도 MFA는 이듬해인 1962년 3월 네윈의 쿠테타가 발생하면서 원점으로 되돌아갔다.

제노사이드 반세기

제4부

1.

종족을 말살하려는
'의도'

'제노사이드'의 탄생

'제노사이드'는 '종족'race, tribes을 뜻하는 그리스어 'genos'와 '살해'killing
를 뜻하는 라틴어 'cide'의 조합어다. '제노사이드' 개념을 최초로 고안한
이는 익히 알려진대로 유태계 폴란드 법학자인 라파엘 렘킨Raphael Lemkin이
다. 라파엘은 자신의 저서 '점령당한 유럽에서의 추축국 통치' 서문(1943년
11월 15일자로 작성)에서 '제노사이드'를 이렇게 설명했다.[120]

"제노사이드는 한 민족 구성원 전체를 즉각적으로 파괴하는 범죄만을
의미하는 건 아니다. 그보다는 그 민족 그룹의 말살을 목표로 한 여러 (탄

---

120 Lemkin, R, 1944, "Axis Rule in Occupied Europe: Laws of Occupation, Analysis of Government,
Proposals for Redress", Washington DC : Carnegie Endowment for International Peace, 11/1944
P.79 다음 링크에서 해당 자료를 다운받아볼 수 있다. https://www.academia.edu/5846019/
Raphael_Lemkin_Axis_Rule_in_Occupied_Europe_Laws_of_Occupation_Analysis_of_Government_
Proposals_for_Redress_Chapter_IX_Genocide

압)행위를 체계적으로 가함으로써 그 민족그룹의 필수적 생활 기반을 의도적으로 파괴하는 것이다. (중략) 그 파괴가 의도하는 바는 타깃 그룹의 정치적 사회적 기관들institutions을 해체하는 것, 그리고 문화적 언어적 민족 정서적, 종교적 존재감은 물론 그 민족 그룹의 경제적 존재감까지도 해체시키는 것 등을 모두 포함한다. 더 나아가 개인의 안전과 자유, 건강, 존엄 그리고 그 민족그룹에 속한 개인들의 생명까지도 모두 파멸시키는 것이다"

이때 "제노사이드는 타깃 민족 그룹을 '하나의 실체entity'로 보고 있으며 그 그룹에 속한 개별 구성원을 공격하는 건 '그 민족그룹 일원으로서의 개인'을 겨냥하는 걸로 봐야 한다"며 선명하게 의미 부여했다. 이를 테면 로힝야 제노사이드 과정에서 미얀마 군이 A라는 로힝야 여성을 강간한 행위는 그 여성 개인을 겨냥한 범죄가 아니라, '로힝야 그룹에 속한 여성'을 겨냥한 범죄행위다. 그 여성은 '로힝야여서 범죄의 타깃이 되었다'는 의미다.

'제노사이드' 개념이 탄생한 1940년대, 라파엘 렘킨은 독일 나찌 정권의 유태인 대학살 ─홀로코스트와(1941 ~ 1945)와 〈오스만투르크 제국〉 쇠퇴기에 발생한 아르메니아인 대학살(1915 ~ 1917)을 국제범죄로 인정해야 한다고 주장했다. 더 나아가 유사 범죄의 재발을 막기 위한 국제 협약이 필요하다고 강조하며 고안해 낸 용어가 바로 '제노사이드'다.

이에 대해 유엔은 1946년 12월 11일 결의안 96(1)을 채택하고 제노사이드를 국제법상 범죄라고 선언했다. 그리고 2년 후인 1948년 12월 9일 유엔총회는 결의안 260A(III)호를 통해 '제노사이드 범죄 방지와 처벌에 관한 조약'Convention on the Prevention and Punishment of the Crime of Genocide(이하 '제노사이드 방지 협약')을 채택하기에 이른다.[121] 마침내 1951년 1월 12일 제노사이드 방지협약이 발효되었다.[122] 미얀마는 1949년 12월 30일 '버마 연방 공화국' 시절 이 협약에 서명하고 1956년 3월 14일 비준했다.[123] '비준 국가' 미얀마는 〈제노사이드 방지 협약〉을 준수할 의무가 있다.[124] 2019년 11월 11일, 서아프리카의 작은 나라 감비아가 〈이슬람협력기구〉Organization of Islamic Cooperation(OIC)를 대표하여 유엔 최고 법정인 국제사법재판소(ICJ)에 미얀마를 제노사이드 혐의로 제소한 것도 비준국 미얀마의 협약 위반에 대한 제소다.[125]

〈제노사이드 방지협약〉이 채택됨에 따라 '제노사이드'는 단순히 주장이나 이론만이 아닌 국제법이 명시한 명백한 범죄 행위다. 제노사이드는 '전쟁범죄'war crime, '반인도주의 범죄'crime against humanity 등 잔혹한 국제 범죄들과 같은 선상에서 거론될 때가 많지만 엄밀히 말하면 선명한 구분점

....

121 https://digitallibrary.un.org/record/666848?ln=en

122 2023년 7월 21일 현재 〈제노사이드 방지협약〉에 비준한 국가는 154개국이다. 한국은 1950년 10월 14일 비준했다. https://treaties.un.org/pages/ViewDetails.aspx?src=IND&mtdsg_no=IV-1&chapter=4&clang=_en

123 https://ihl-databases.icrc.org/en/ihl-treaties/genocide-conv-1948/state-parties/mm

124 Riyaz Ul Khaliq, 2020, "Myanmar Obliged to Genocide Convention : Top UN Court", *Anadolu Ajansi*, 01/23/2020 https://www.aa.com.tr/en/asia-pacific/myanmar-obliged-to-genocide-convention-top-un-court/1711791

125 Ibid.

이 있다. 제노사이드는 특정 종족을 전체 혹은 부분적으로 말살할 '의도'를 갖고 행해진 범죄라는 점에서 다른 국제 범죄들 보다 훨씬 더 극악하다. 따라서 그 '의도'를 입증해야 하는 게 만만찮은 도전으로 남는다.

한국어로 된 문헌들 다수는 '제노사이드'를 '집단 살해'로 번역하고 있다. '집단성'이라는 특징을 살려 둔 번역으로 이해할 만하다. 그러나 제노사이드 중추적 요소인 '의도성'을 선명하게 담기에는 '집단살해'라는 표현만으로는 뭔가 부족하다. 나의 경우 지난 10여년간 로힝야 관련 기사를 쓰면서 '대학살', '대량살상', '인종청소' 그리고 '제노사이드' 등을 혼용해왔다. 앞의 세 표현들은 제노사이드 최종 단계에서 자행된 심각한 범죄 '규모'에 초점을 둔 선택이었고, 그러나 '과정'으로서의 제노사이드를 모두 담았다고 보기엔 충분치 않다는 점이 늘 마음에 걸렸다. 제노사이드는 '종족말살 의도'를 범죄로 실현하는 '과정'이자 '행위'이며 또한 '결과'다. 종국에는 타깃 그룹의 미래까지도 짓밟고 존재감을 살해하는 범죄다. 이 같은 이유로 나는 원점으로 돌아왔다. 내가 선호하는 용어는 그냥 '제노사이드'다. '제노사이드'를 구성하는 키워드들, 예컨대 '의도적'deliberate, '특정 종족'particular group of nation, ethnic or religious group, '파괴'destruction, '대학살'mass killing 등이 모두 반영된 용어 '제노사이드' 자체를 고유명사처럼 사용하는 건 나쁘지 않다고 생각한다.

제노사이드 범죄가 성립되려면 다음의 세 가지 요소를 필수적으로 점검해 보아야 하다.

첫째, 피해자들은 제노사이드 방지협약이 내린 '정의'에 부합하는 '보호대상 그룹'인가

Whether the victims constitute a group under the Convention

둘째, 제노사이드 방지 협약이 분류한 5가지 범죄 유형 중 하나의 범죄라도 저질러졌는가

Whether the acts perpetrated are among those enumerated in the Convention's definition

셋째, 하나 이상 발생한 것으로 판단하는 그 범죄행위(들)가 피해자 그룹의 부분 혹은 전체를 파괴할 의도를 갖고 저질러졌는가. (Whether these acts were carried out with intent to destroy the group, in whole or in part)

이상의 세 가지 물음에 모두 '그렇다'로 답이 나와야 한다. 이때 '고의성' 입증은 역시나 쉽지 않다. 제 아무리 질과 양이 심각한 범죄여도 고의성을 입증하지 못하면 '제노사이드'로는 판단하기 어렵기 때문이다.

〈제노사이드 방지협약〉 제 2조가 명시한 제노사이드 범죄행위 다섯가지는 다음과 같다.

- 보호대상 그룹의 구성원을 죽이는 행위 : Killing members of the group
- 보호대상 그룹의 구성원들에게 신체적 혹은 정신적으로 해를 입히는

행위

Causing serious bodily or mental harm to members of the group

- 보호대상 그룹의 생활환경을 그 그룹의 전체 혹은 부분적 삶이 파괴
  되도록 고의적으로 설계하는 행위

  Deliberately inflicting on the group conditions of life calculated to
  bring about its physical destruction in whole or in part

- 보호대상 그룹의 출생을 저지하기 위해 인위적 조치를 취하는 행위 :
  생물학적 제노사이드biological genocide Imposing measures intended to
  prevent births within the group

- 보호대상 그룹의 아이들을 다른 그룹에 강제 전이하는 행위

  Forcibly transferring children of the group to another group

로힝야 사례를 보면 위 5개의 범죄사항 중 첫 4가지가 모두 발생했다.

문제는 다시 '의도'로 모아진다. '의도가 있었다' vs. '범죄는 발생했지
만 말살 의도를 갖고 자행된 것으로 보긴 어렵다'와 같은 사뭇 말장난스
런 대립각이 필요이상의 논쟁을 반복할 것이다. 결국 가해자들의 언어와
행동양식, 치밀한 계획성과 준비과정의 물적 증거에 기반하여 그들의 행
동과 정책이 얼마나 체계적이고 조직적으로 보호받아야 할 대상 그룹을
무력화시켜왔는지, 해당 그룹의 말살을 야기하는지와 같은 과정을 촘촘
히 이어야 할 것이다. 그 과정에서 의도를 들추어내고 논리적으로 입증하
는 방식이 될 가능성이 높다.

로힝야 제노사이드 논쟁이 고조되면서 이를 법적으로 검증해보려는 실험이 있었다. 2015년 미국 예일대 법학대학원 '로웬스타인 국제인권 클리닉'Lowenstein International Human Rights Clinic은 국제인권단체인 〈포티파이 라이츠〉Fortify Rights의 의뢰로 로힝야 커뮤니티가 수십년 동안 직면해온 억압과 박해를 제노사이드로 볼 수 있는가의 물음에 심도 깊은 토론과 분석, 법적 검증 프로젝트를 실행한 바 있다. 결론은 제노사이드 필수 요건 세 가지가 모두 충족되고 있으며, 제노사이드 범죄가 저질러지고 있다는 게 이들의 잠정 결론이었다. 이에 따라 국제적 독립적 진상 조사가 필요하다고 촉구했다.

"우리의 보고서는 "의도"를 증명하기가 특히 어려웠음을 인정하지 않을 수 없다. 그럼에도 정부와 불교지도자들이 생산하는 안티-로힝야 레토릭을 기록하고, 로힝야만을 타깃으로 삼아 적용한 정책들과 방대한 규모의 로힝야 박해 등을 모두 분석해보았을 때 로힝야를 파괴하려는 의도가 있었다는 추론을 피할 수가 없었다" [126]

제노사이드의 '의도'를 포괄적으로 유추한 또 다른 판례는 〈국제사법재판소〉International Court of Justice(ICJ)판결사례에서 찾아볼 수 있다. ICJ는 2015년 크로아티아와 세르비아 두 나라의 제노사이드 법정 분쟁 사례와

126 "Clinic Study finds evidence of Genocide in Myanmar", Yale Law School, 2015.10.29 https://law.yale.edu/yls-today/news/clinic-study-finds-evidence-genocide-myanmar

관련 '대규모 강제 이주'를 지칭하는 '인종청소'ethnic cleansing의 경우 그 자체는 제노사이드 방지 협약 내 아무런 법적 의미를 갖지 못할 수도 있다면서도, 그러나 그 행위가 제노사이드 방지 협약 2조 C항 즉, "특정 그룹의 생활환경을 그 그룹의 전체 혹은 부분적 삶이 파괴되도록 고의적으로 설계하는 행위"에 준하여paraellel 발생할 수 있다may occur는 점을 인정했다. 그리고 '보호대상 그룹의 전체 혹은 부분을 파괴하려는 "구체적인 의도""specific intent"를 암시한 범죄행위로 볼 수 있다'고 기술했다. '의도 있음'의 해석 가능성을 넓힌 것이다.[127]

다음은 제노사이드 전개 수순이다. 누차 강조한대로 제노사이드는 단기간 대량 살상의 이벤트라기 보다는 과정과 누적을 거쳐 최종단계에 이르는 체계적, 지능적 그리고 절멸을 의도한 범죄다. 각 단계마다 나타나는 특징은 제노사이드의 꾸준한 신호로 인식할 수 있고, 그게 제노사이드 예방을 촉구하는 동기가 될 수 있다. '제노사이드 단계론'의 가장 보편적 이론은 〈제노사이드 워치〉 창시자이자 제노사이드 학자인 그레고리 스탠톤의 10단계론이다. 오랫동안 유엔과 국제사회는 이 10단계론을 적극 활용하였다. 그 10단계는 다음과 같다.

1단계 분류 classificaation

....

127 International Court of Justice, "Application of the Convention on the Prevention and Punishment of the Crime of Genocide (Croatia v. Serbia), Judgment", ICJ Reports 2015, 72 [161-163]. https://www.icj-cij.org/case/118 ₩

2단계 상징화 Symbolization

3단계 차별 Discrimination

4단계 비인간화 Dehumanization

5단계 조직화 Organization

6단계 양극화 Polarization

7단계 폭력을 가할 준비 Preparation

8단계 박해 Persecution

9단계 절멸 Extermination

10단계 부인 Denial

또 다른 단계론으로는 아르헨티나 출신 저명한 제노사이드 연구자인 다니엘 파이어스타인Daniel Feierstein은 6단계론이다. 지극히 사적인 관찰이긴 하나 나는 이 6단계론이 로힝야 사례를 설명하기에 조금 더 적절하다고 생각한다. 다니엘 파이어스타인의 6단계론은 다음과 같다.

제 1단계는 낙인찍기stigmatisation와 비인간화dehumanization의 과정이다. 박해대상을 부정적으로 타자화하고, 로힝야를 "불법 벵갈리 이주민"으로 낙인 찍는 것 그리고 안티 무슬림 내러티브 등이 모두 낙인찍기에 해당한다. 예컨대, 2015년 미얀마 국가인권위원회 위원장이자 그 자신 라까인 커뮤니티인 윈 므라Win Mra는 로힝야를 일컬어 '이방인'이라 칭했다. 또한 극우 민족주의 성향의 라까인 역사학자 에이 찬 교수가 로힝야를 '바이러스의 유입'으로 표현한 건 낙인찍기와 비인간화를 동시에 실행하고 있다.

아울러 2012년 10월 유출된 후 몇 몇 분석 보고서에 거듭 인용되고 있는 미얀마 장교 교육 자료집을[128] 보면 "뱅갈리 무슬림"이라는 타이틀 아래 다음과 같은 내용이 적혀 있다. 가히 낙인찍기의 정수다.

- 그들은(무슬림들은) 그들의 종교를 설파하기 위해 인민들 속을 파고 든다.
- 대규모 불법 이주를 통해 인구가 급증한다.
- 그들은 기회가 있을 때마다 미얀마인들을 이용해서 이득을 취한다

제 2단계는 물리적 심리적 괴롭힘과 폭력, 체포, 구금, 투표권제한, 민권civil rights 박탈과 테러를 가하는 단계다. 로힝야들의 시민권 박탈, 투표권 박탈, 일상적 괴롭힘과 갈취, 이유없는 체포 등 로힝야들은 이에 해당하는 모든 걸 오랫동안 겪어왔다.

제 3단계는 고립과 격리라는 '분리' 단계다. 사회적 고립과 지리적 경제적 정치적 문화적 이념적 격리를 시도하고 그동안 유지해왔던 다른 커뮤니티와의 관계들을 파괴한다. 2012년 폭력 사태 이후 시트웨 거주 로힝야들이 대부분 외곽 수용소 캠프로 쫓겨나 갇혀 지내는 상황은 더할 나위

128 네이 피 도 우 지역 군사 본부 교육 자료집, 전투병 조직학교 'Fear of Extinction of Race', 보 토 나잉 Bo Toe Naing 강의 자료, 가제트 No-Army 62505, Ka Tha No. 32 2012 October 26 알자지라 입수 자료, ISCI 2015 P.55 재인용 / Leaked document 3: Nyi Pyi Taw Divisional Military Headquarters, No (13) Combatants Organizing School, 'Fear of Extinction of Race', Lecture by Bo Toe Naing, Gazette No-Army 62505, Ka Tha No. 32, 26 October 2012. Acquired from Al Jazeera. ISCI 2015 P.55 재인용

없는 분리 단계라 할 수 있다. 아울러 군부의 분열 정책으로 그나마 간헐적으로 존재하던 로힝야 커뮤니티와 다른 커뮤니티와의 관계성은 서서히 파괴됐고 2010년대를 거치며 거칠게 금이 갔다.

제 4단계는 보호대상 그룹을 체계적으로 무력화시키는 것이다. 이때 무력화시킨다는 건 영양실조나, 전염병, 보건위생의 취약함을 유발하여 신체적 파괴를 유도하는 전술이 포함된다. 고문, 간헐적으로 발생하는 살해, 그리고 모욕주기와 지속적인 폭력행사 연대의 끈을 손상시키는 것 모두 이 4단계에 해당한다.

제 5단계, 대량 살상이다. 2016년 2017년 로힝야들이 직면한 상황이 이에 해당한다. 대량살상을 통하여 타깃 종족을 전체 혹은 부분 절멸시키는 것이다.

그리고 마지막 6단계는 타깃 그룹을 미얀마 역사에서 지우는 것이다. 제노사이드 타깃 그룹이 물리적으로, 상징적으로 '사리지게 한 후' 이전과 다른 사회를 재구성하는 것이다. 예컨대 '로힝야 없는 혹은 극소수만이 남아 있는 라까인주' 라든가 '로힝야 없는 혹은 극소수만이 남아 있는 미얀마' 같은 이전과 다른 사회를 재조직화하는 것이다.

마지막으로, 제노사이드 법정에서 '처벌대상 행위와 처벌대상'은 어디까지인가에 대한 물음이다. 〈제노사이드 방지 협약〉 제 3조는 다음과 같은 행위를 처벌 대상으로 명시하고 있다.

- 제노사이드 Genocide 행위
- 제노사이드 범죄를 모의하는 행위 Conspiracy to commit genocide
- 제노사이드 범죄에 가담하도록 직접적이고도 공개적으로 선동하는 행위 Direct and public incitement to commit genocide
- 제노사이드 범죄를 저지르려고 시도하는 행위 Attempt to commit genocide
- 제노사이드 범죄에 공모한 행위 Complicity in genocide

로힝야 제노사이드의 경우, 2023년 8월 기준, 〈국제형사재판소〉(ICC), 〈국제사법재판소〉(ICJ)등 2개의 국제법정과 보편적 관할권Universal Jurisdiction을 행사하는 두 나라 독일과 아르헨티나 법정까지 총 4개의 법정에서 관련 재판이 진행 중이다. 유엔인권위 산하 설립된 독립적국제진상조사위Independent International Fact-Finding Mission on Myanmar가 2018년 발표한 보고서는 로힝야 제노사이드 처벌 대상을 여섯 개의 기관 혹은 개인으로 분류했다.

첫번째, 민 아웅 라잉 탓마도 총 사령관이다. 그는 최우선 처벌 대상이다.

두번째, 소 윈 탓마도 부사령관이다.

세번째, 제 3특수작전국 사령관들이다.

네번째, 서부지역 군 사령부다.

그리고 다섯번째와 여섯번째는 각각 로힝야 학살에 여러차례 가담한

두 부대 '경보병사단33'과 '경보병 사단99'이다.[129]

눈여겨 볼 대목은 〈제노사이드 방지 협약〉이 제시한 처벌 범위가 제노사이드 범죄에 직접 가담한 이들에만 그치지 않고 이 범죄를 모의하거나 경우에 따라서는 적극 방관한 행위도 '공모죄'complicit로 처벌될 수 있다는 점이다. 로힝야 제노사이드 사례에서는 아웅산 수치가 그 공모자가 될 수 있다. 실제 아웅산 수치는 아르헨티나 법정에 피제소자로 이름이 올라 있다.[130]

아웅산 수치와 '가짜 강간'

그동안 로힝야 박해 상황에 대한 아웅산 수치의 태도와 발언은 적극적 방관자를 뛰어넘는 것이었다. 아웅산 수치의 직함이자 국가최고지도자격 직위인 '국가자문역'State Councilor 사무소는 2016년, 2017년 두 차례의 '청소작전' 과정에서 발생한 엄청난 규모의 대학살과, 방화, 집단 강간 등 로힝야를 향해 저질러진 끔찍한 범죄행위를 '대테러 작전의 일환'이라 주장하는 군의 목소리를 앵무새처럼

129 OHCHR, Independent International Fact-Finding Mission on Myanmar, 2018 Sep. https://www.ohchr.org/sites/default/files/Documents/HRBodies/HRCouncil/FFM-Myanmar/A_HRC_39_64.pdf

130 AFP, 2019, "Myanmar's Aung San Suu Kyi faces first legal action over Rohingya crisis", https://www.theguardian.com/world/2019/nov/14/myanmars-aung-san-suu-kyi-faces-first-legal-action-over-rohingya-crisis 11/14/2019

읊었다. 특히 아웅산 수치 대변인 조 테이_{Zaw Htay}는 쇼셜 미디어를 적극 활용하며 '학살 프로파간다'를 주도한 인물이다. 일례로 2017년 3월 <국가자문역> 공식 페이스북 페이지에는 'FAKE RAPE'라는 문구가 대문짝 만하게 걸려있었다.[131]

이 '가짜 강간' 선동은 로힝야 여성들이 군에 집단 강간당했다는 증언을 거짓으로 모는 것인데, 구체적으로는 2016년 10월 ARSA첫 공격 후 '1차 청소작전' 당시 피양 퓌아익_{Pyaung Pyaik}마을에서 발생한 25세 로힝야 여성 자말리다 베굼_{Jamalida Begum} 강간 사례가 널리 알려지자 이를 부인한 것이다.

아웅산 수치는 2011년 5월 노벨평화상 수상자들의 컨퍼런스에 보내는 'Ending Sexual Violence in Conflict' 제하의 영상 메시지에서 "내 나라에서는 강간이 평화속에서 살고자 하는 이들을 공격하는 무기가 되고 있다"고 말한 적이 있다. 그는 "미얀마 군인들이 소수민족 여성들을 겁박하고 버마인들을 분열시키기 위한 수단으로 강간을 무기로 사용하고 있다'는 선명한 메시지를 담았다.

그러나 2016년 ~ 2017년 로힝야 제노사이드 전개 상황에서는 그런 성명을 발표하던 아웅산 수치의 모습은 온데 간데 없었다. 아웅

131 Jonah Fisher, 2017, "Hounded and ridiculed for complaining of rape", *BBC*, 03/11/2017, https://www.bbc.com/news/magazine-39204086

산 수치 자신이 로힝야 제노사이드 대학살이 정점에 이르던 2017년 9월 2일에 수십명의 군 장성들 앞에 섰다. 그리고는 그 특유의 찌렁찌렁하고 선명한 발음으로 전한 영어 연설문이 이랬다.

"도대체 모르겠다. 일부 로힝야들이 왜 방글라데시로 피난을 갔는지, 그리고 왜 또 다른 일부는 이곳에(미얀마 라까인주에) 남기를 선택했는지" [132]

귀를 의심케 하는 워딩이지만 동시에 예상됐던 발언이기도 하다. 아웅산 수치의 침묵을 '방관'이라 비난하면서도 언젠가는 비판의 목소리 내줄 것으로 고대하던 국제사회는 다시 한 번 뒤통수를 맞았다.

아웅산 수치 국가 고문은 마치 군부의 학살 규모를 잘 알 지 못하는 사람처럼 말했고, 로힝야들이 왜 고통스런 피난 행렬에 올랐는지 모르는 사람처럼 행동했다. 차가운 심장에 머리가 굳은 자의 발언을 이어갔다. 이때 주목할 점은 그가 미얀마 관료들을 앞에 두고 영어로 연설 했다는 점이다. 아웅산 수치는 그날 유엔총회에 참석하는 대신 모국 미얀마에서 이 영어연설을 함으로써 국제사회 비판에

---

132   아웅산 수치 연설문 링크 https://www.youtube.com/watch?v=-6PSh40ZwRA

수용치 않겠다는 입장을 전한 것으로 보인다. 비난의 포화에 직면한 군과 조국에 대해 전 세계 국가 수반들 앞에서 하는 연설을 유엔총회가 아닌 국내에서 그러나 국제사회를 향한 "외교적 성명"이라는 이름으로 실천한 것이다. 국제사회 비판에 직면한 '조국'에 대한 강력한 디펜스이자 국제사회에 대한 저항으로도 읽힐 수 있는 대목이다. 군의 대로힝야 '청소작전'이 대테러 전쟁이라는 군의 설명에 온전히 귀를 기울인 그는 피해자의 비명에는 귀를 기울일 노력을 하지 않았다. 아니, 국가 고문으로서 상황 파악을 못한 거라면 무능이고 그 또한, 이 경우, 범죄에 가깝다.

로힝야는 '보호대상 그룹'인가

로힝야가 '종족, 인종, 종교, 언어 등의 공통분모'로 묶이는 공동체인지 여부, 그리하여 제노사이드 방지협약에 따른 '보호대상 그룹'protected groups 으로서 '자격'에 부합한지 따져보는 건 '로힝야 제노사이드' 논의의 출발점이 될 것이다. 로힝야가 '보호대상 그룹'으로서의 자격을 얻지 못하면 '로힝야+제노사이드' 자체가 성립되기 어렵고 따라서 '제노사이드'에 초점 둔 논의는 의미가 없어지기 때문이다.

그동안 로힝야 존재를 부정하는 이들이 "이 땅엔(미얀마엔) 로힝야란(정체성을 지닌 그룹은) 없다"거나 "로힝야는 조작된"fabricated" 정체성"이라 주장해왔다는 점은 앞의 장에서 반복 제시한 바 있다. 이 두 문장을 줄곧 뱉어

온 라카인 민족주의자 에이 찬 교수Aye Chan(일본 간다외어대)는 "불법적으로 이주하는 벵갈리 문제"*illegal Bengali problem*"와 같은 가장 노골적이고 인종주의적인 수사에 천착해왔다. 그런 인물이 인플루언서로 통한다는 건 매우 유감스러운 일이다.

90년대 초반 미얀마 외교부 장관이었던 온 쬬'Ohn Gyaw' 역시 유사한 말을 남긴 관료 중 하나로 기록에 남아 있다. 그는 "역사적으로 미얀마에 '로힝야'란 인종은 존재하지 않았다"면서 로힝야를 "불법 이주자" 취급했다.[133] 뿐만 아니라 '민주화 투사'를 자처해온 NLD 인사들 까지도 로힝야에 관한한 유사한 목소리를 내왔다. 미얀마 사회가 로힝야를 바라보는 시선이 얼마나 혐오적이고, 집단적이며, 폭력적인지를 잘 말해준다. 그런데 흥미롭게도 로힝야가 '보호대상 그룹'으로서 인정받기 위해 검증되어야할 '공통분모를 지닌 그룹'으로서의 자격은 '로힝야 부인론자들' 덕분에 오히려 더 공고해지는 측면이 있다. 따져보자.

로힝야들은 '벵갈리 불법 이주민으로 취급받는 일군의 사람들'로서 박해 대상이 된 것이다. '로힝야여서' 대대로 차별받아왔고, 추방당했으며 학살당했다. 바로 그 박해가 이들을 '공통체'로 더 강하게 묶어주었다. 특히 가해자들의 지독한 이슬람포비아는 로힝야를 '종교로 박해 받는 그룹'

---

133 "Choronology for Rohingya (Arakanese) in Burma", 2004, *Minorities at Risk Project*, https://www. refworld.org/docid/469f3872c.html

으로 선명하게 위치지웠다. [134]

따라서 '박해받는 이유와 배경'이 그들의 그룹으로서의 정체성을 보다 더 각인시켜준 결과로 이어진 셈이다. "미얀마에 로힝야라는 소수종족은 없다"고 할 수록 배척당한 이들의 그룹적 정체성은 더 강화됐고 제노사이드 방지협약이 명시한 보호대상이 된다. [135]

로힝야 아이들은 '로힝야로 태어났다는 이유만으로' 출생 신고가 되지 않거나 로힝야 인구통제 목적으로 도입된 '스웨 틴 싯'Swe Tin Sit'이라 불리는 '가족명부제도'에만 이름이 오를 뿐이다. 역으로 말하면, 라까인주에서 태어난 어떤 아이가 출생신고를 할 수 없는 건 그 아이가 '로힝야라는 특정 그룹'에 속해 있기 때문이다.

좋은 예가 있다. 2013년 5월 라까인 주정부가 오로지 로힝야에게만 적용하는 '인구 억제 정책'을 재차 발표했고 비판에 직면한 적이 있다. [136] 이

---

134 로힝야는 절대 다수가 무슬림이지만 몇 천명 단위의 개신교도들과 힌두가 있다. Mark S., 2023, "Rohingya Christians : The Oppressed of the Oppressed, International Christian Concern", 08/07/2023, https://www.persecution.org/2023/08/07/rohingya-christians-the-oppressed-of-the-oppressed

135 이 또한 미국 예일대의 '인권 법 클리닉'(Human Rights Clinic)이 2015년 로힝야 박해를 제노사이드로 볼 수 있는가에 대해 심도 깊게 토론하는 과정에서도 적확히 반영됐다. https://www.youtube.com/watch?v=UrQRYrpp2cI

136 "Burma : Revoke 'Two-Child Policy' for Rohingya", 2013, *Human Rights Watch*, 05/28/2013, https://www.hrw.org/news/2013/05/28/burma-revoke-two-child-policy-rohingya

때 라까인주 대변인 윈 미야잉U Win Myaing은 "오로지 그 어떤 그룹"only for certain groups"에만 적용되는 "가족계획"family plan"이라고 이 정책을 소개했다. "오로지 그 어떤 그룹"과 같은 표현[137] 그건 로힝야 커뮤니티를 특정하고 그 커뮤니티만을 겨냥한 정책이라는 의미다. 특정 커뮤니티만 표적 삼은 인구 억제책이고 이는 제노사이드 범죄 유형 네 번째 즉, '보호대상 그룹의 출생을 저지하기 위해 인위적 조치를 취하는 행위 : 생물학적 제노사이드'에 해당될 수 있다. 〈제노사이드 방지 협약〉이 규정한대로 "공통 분모를 갖고 박해를 공유하는 그룹으로서의 정체성"에 이보다 더 부합할 수 있을까.

'제노사이드 인프라'의 구축

"아동은 누구나 국적과 이름을 가질 권리가 있으며, 부모를 알고 부모에 의하여 양육 받을 권리가 있다"

〈아동의 권리에 관한 협약〉Convention on the Rights of the Child(약칭 "CRC") 제7조다. 앞서 인용했던 〈세계인권선언〉 제15조와 마찬가지로 국적권을 명시한 조항이다. 특히 국적권은 인간이 태어난 순간부터의 부여 받

137 OHCHR, A/HRC/39/CRP.2, Report of the detailed findings of the Independent International Fact-Finding Mission on Myanmar, 2018.Sep.17 P.141
    https://www.ohchr.org/sites/default/files/Documents/HRBodies/HRCouncil/FFM-Myanmar/A_HRC_39_CRP.2.pdf

는 신성한 권리이자 세상에 태어나는 모든 아동에게 자동 보장되어야 할 권리다.

그러나 로힝야 아동은 태어나는 즉시 그 '국적권' 부터 박탈당한다. 모든 다른 권리를 상실하는 건 말할 것도 없다. 로힝야들이 태어나서 만나는 '첫 세상'은 국적권, 즉 시민권을 박탈당한 '제노사이드 환경'이다.

그런데, 미얀마는 로힝야들의 시민권을 박탈하고 자국 국민으로는 인정하지 않는 동시에 온갖 억압적 국가기구들을 동원한 박해와 폭력에는 거침이 없다. 이를테면 미얀마가 〈유엔인구기금〉의 협조로 시행한 2014인구 조사 당시 로힝야만 통째로 제외됐다. 기계적 논리로 보자면 시민권 박탈 이후 미얀마와 로힝야의 관계는 '국가 대 국민'의 관계조차 성립되지 않는 단절된 관계다. 그러나 로힝야의 경우는 그렇지도 않다. 그 로힝야와 관계를 단절한 국가는 다시 억압적이고 폭력적 국가기구들을 들고 와서 로힝야들에게만 가혹하게 들이댄다. 로힝야 여성들의 몸을 통제하고, 출산을 제한하며 이동을 제한하고 움직임과 생계활동을 원천적으로 차단한다. '비국민' 로힝야들에게 위협과 명령과 으름장 행사는 계속됐다. 로힝야들이 직면한 이 같은 환경은 대단히 체계적이고 치밀하다. '체계적이고 치밀한' 성격 자체도 제노사이드의 중추적 요소인 '의도'로 해석할 수 있다. 그에 해당하는 대표적 정책 세 가지 즉 산아제한, 결혼 제한, 이동의 자유 제한을 다뤄보려 한다.

두 아이 초과 출산 금지 : 산아제한

1993년 1월 31일, 미얀마가 '인구억제정책'이라는 이름으로 도입한 산아제한은 〈국경지역이민통제부〉Border Region Immigration Control HQ 즉, '나사까' Na Sa Ka 관할 업무로 시작됐다. 약 1200명으로 구성된 조직 나사까는 그보다 한 달 전인 1992년 12월 군+경찰+폭동진압경찰+이민+세관'의 기능과 성격을 모두 포괄하며 창설된 독특한 하이브리드형 '국가기구'다. 나사까 창설 배경을 좀 더 살펴보면 이렇다.

1991년부터 이듬해 1992년까지 제 2차 로힝야 대축출 작전 '쀠 따야Pyi Thaya(Clean and Beautiful, '깨끗하고 아름다운') 작전이 감행됐다. 무임금 강제노역, 토지수탈, 강간, 종교적 박해, 그리고 극단적 빈곤에 시달리던 로힝야 약 20여만명이 또 다시 방글라데시로 내몰린 것이다. 91년 축출됐던 로힝야들은 이듬해인 92년 9월부터 다시 미얀마 라까인주로 강제 송환되기 시작했고,[138] 당시 군정 통치 기구였던 SLORC은 로힝야들이 송환되자 일종의 '제노사이드 인프라' 구축에 보다 심혈을 기울이기 시작했다. 그 중 하나가 바로 로힝야만을 표적삼은 산아제한 정책의 도입이다.

나사까는 당시 군정 SPDC의 표현을 빌자면, "벵갈리 업무를 하기 위해" 태어난 억압적 집행기구로 성격을 규정할 수 있다. 2013년 7월 공식 해체될 때까지 나사까는 로힝야들에게 공포와 두려움의 대상이었고 인권

....

138 "Historical Background", 2000, *Human Rights Watch*, https://web.archive.org/web/20230327020551/ http://www.hrw.org/reports/2000/burma/burm005-01.htm

침해로 악명높았다.[139]

이 악명높은 조직의 첫 임무가 로힝야 여성들의 몸을 통제하는 임신출산 문제였다. 미얀마 군정이 로힝야 인구 억제에 얼마나 집착했는지 알수 있는 대목이기도 한데 이 같은 '표적' 산아제한 정책은 제노사이드 범죄다섯 유형 중 2조 D.항 즉 "(보호대상) 그룹의 출생을 저지하기 위한 조치를취하는 행위 Imposing measures intended to prevent births within the group에 정확히 들어맞는다. '제노사이드' 용어 창시자 라파엘 렘킨은 종족말살 의도를 품고시행하는 "인구 감소정책"을 "생물학적 제노사이드"라 불렀다.

이후 미얀마 군부의 '로힝야 표적 산아 제한'은 공식 발표만 해도 최소 네댓 차례 반복됐다. 첫 시행 후 12년이 지난 2005년 4월에는 '지역령regional order' 형식으로 재 공표됐고 이때까지만 해도 3명 초과 출산 금지였다. 그러나 2007년 '3명초과 금지'는 '2명 초과 금지'로 한 명이 줄었다.[140]

국제인권단체인 〈포티파이 라이츠〉Fortify Rights에 따르면 '산아 제한'을 포함하여 로힝야를 겨눈 억압정책들이 문서 형태로 공표되기 시작

---

139 2013년 7월 12일, 테인 세인 정부는 나사까를 폐지하고 국경경찰에 그 업무를 이양했다. (No. 59/2013. 그러나 로힝야들은 나사까와 나사까 후신인 '국경수비경찰'을 별로 구분 하지 않을 만큼 이름 전환 이외의 본질적 요소는 차이가 없어 보인다. 국내 인권단체 아디(ADI)가 2021년 6월 발행한 로힝야 집단학살 조사 보고서를 보면 "많은 로힝야 생존자들이 국경수비경찰을 가리키는 'BGP'라는 용어와 'Na Sa Ka'를 호환성있게 사용하고 있다고 기록돼 있다. / "They did it because we are Muslims" Consolidated Reohingya Genocide Report, 2021, ADI, 06/09/2021, P.10

140 로힝야 이슈를 밀착 조사해 온 〈아라칸 프로젝트〉(Arakan Project)에 따르면 2005년 5월의 '지역령'(1/2005)까지는 '세 자녀 초과 금지' 였으나 2007년 두 자녀 정책("two child policy")으로 바뀌었고 오늘날 "두 자녀 정책"(Two child policy, 둘까지 허용한다는 의미)으로 통용되고 있다.

한 건 2005년 5월 1일 〈마웅도 타운쉽 - 평화 개발회의〉Township Peace and Development Council of Maungdaw 명의로 작성된 '지역령 2005/1'부터다. 당시 군부 통치기구였던 SPDC 산하 '마웅도 타운쉽 지부'명의로 발행한 것으로 보인다. 이어 2008년 11월 2일, '나사까' 명의의 문건이 유통됐으며 가장 최근의 경우인 2013년 7월 나사까 해체 이후에는 그 업무를 이어받은 국경수비경찰(BGP)에 의해 지역령이 발표됐다. 바로 그해 2013년, 라까인 주정부의 산아제한 정책을 공표하며 라까인주 대변인 윈 미야잉과 라까인족 시민단체 〈아라칸 쇼셜 네트워크〉 탄 툰이라는 인물은 "벵갈리 인구가 너무 많다"는 발언으로 산아제한 정책을 정당화했다.[141]

지역령의 내용들은 꽤 상세하다. 2005년 5월 1일 '지역령 1/2005' Regional Order 1/2005의 경우[142] "내부 회람용"이라 적혀 있으며 이민성 수장"chief officer"이 모든 마을과 부락의 군정지역 조직인 '평화 및 개발회의'Peace and Development Councils'[143]에 하달됐다. 이 지역령에는 "라까인 북부"에 주둔한 군인들은 로힝야 주민들에게 "피임약, 피임주사, 콘돔"을 사용하도록 지시하라'는 내용까지 담겨 있다. '피임약', '피임주사', '콘돔'에 대한 유사한 지시는 라까인 주 정부가 2008년 발표한 "인구통제대책"

141 "Govt. sets two-child limit for Rohingyas in Northern Arakan", 2013, *The Irrawaddy*, 05/20/2013, https://www.irrawaddy.com/news/burma/govt-sets-two-child-limit-for-rohingyas-in-northern-arakan.html

142 Fortify Rights, 2014, "Policy of Persecution", 02/25/2014, https://www.fortifyrights.org/mya-inv-rep-2014-02-25/

143 군부 통치 기구 SPDC의 지역 조직. 타운쉽, 마을, 부락 단위로 규모 작아지면서 같은 이름을 달고 지방 행정을 맡았다. Village-PDC, Township-PDC 이런 식이다.

Population Control Activities 제하의 공문에서도 "모든 클리닉과 타운쉽 병원들에서" "출생률을 통제할만한 모든 수단을 강제로라도 활용해야 한다"는 내용으로 기술돼 있다.[144]

90년대 초반부터 반복적 지역령을 통해 산아제한 정책을 굳게 다져온 미얀마는 그러나 2010년대 '개혁 개방 시기'에는 이 같은 정책의 존재자체에 대해 모호한 답변이나 부인으로 일관해왔다. 테인 세인 대통령 대변인이었던 예 툿Ye Htut은 2013년 6월 3일 '이 정책은 중앙정부와는 관련이 없다'고 부인했고, 그해 6월 11일 이민부 장관 낀 이Khin Yi역시 중앙 정부가 관여한 바는 없다면서도 "산아제한은 벵갈리 여성들에게 이익을 가져다 줄 것"이라고 말했다. 그가 이 정책을 합리화하면서 덧붙인 발언들은 미얀마 관료들의 스스럼없는 인종주의적 사고를 잘 보여준다.

"벵갈리 여성들은 애들이 많다. 일부 지역에서 아이들이 10~12명이나 된다. 아이들 영양에도 좋지 않고 학교 보내기도 쉽지 않을 게다. 벵갈리 여성들 죄다 너무 가난하고 교육도 안 돼있고..아이를 돌본다는 건 쉽지 않은 데 두 아이 정책 혹은 세 아이 정책은 이들에게 딱 들어맞는다"[145]

낀 이 장관은 이 정책이 라까인 주 타운쉽 당국이 지역민들에게만 적용한 정책에 불과하다고 애써 폄하했지만 이 정책을 지지하는 라까인 민족주의자 진영은 "네이피도우(미얀마 수도이름) 중앙정부 지시에 따라" 5월

144   Fortify Rights, 2014

145   Jason Szep, Andrew R.C. Marshall, 2013, "Myanmar Minister backs two child policy for Rohingya minority", *Reuters*, 06/11/2013, https://www.reuters.com/article/us-myanmar-rohingya-idUSBRE95A04B20130611

12일 채택된 것이라며 엇갈린 주장을 하기도 했다.[146]

미얀마 관료들의 부인은 계속됐다. 2013년 10월 유엔 미얀마 대사인 우 초 띤U Kyaw Tin은 '그런 정책은 결코 존재한 적이 없다'며 연방정부와 주 정부 모두 부인하는 정책이라고 말했다. 그의 자신감 있는 부인은 2013년 10월 유엔총회에서 당시 유엔의 미얀마 인권 보고관이었던 토마스 오헤아 퀸타나의 구두 발표에 대답하는 과정에서 나왔다.[147]

물론 거짓말이다. 그의 유엔 발언 5개월 전인 2013년 5월, 이미 라까인 주 정부는 로힝야 무슬림들에게만 '두 아이 제한법'과 '일부 다처제 금지법'을 적용키로 했다고 발표했다. 이 같은 혼선과 모순 속 미얀마 관료들이 부인하는 이면에는 두 가지 이유가 보인다. 하나는 미얀마 연방 정부 차원에서 이 문제를 라까인 주 정부차원의 결정과 집행인듯 몰아가며 라까인주 두 커뮤니티간 갈등 프레임을 부각시키고 있다는 점이다. 또 다른 하나는, 유엔 대사와 같은 국제사회 비판을 방어해야 할 입장에 있는 관료들은 무조건 전면 부인의 행태를 보이고 있다. 전자의 입장을 보자면 물론 두 커뮤니티의 해묵은 갈등은 로힝야 제노사이드를 관통하는 중요한 프레임이다. 그러나 관료들의 눈가리고 아웅식 발언은 미얀마의 체계적이고 제도적인 제노사이드 인프라가 겹겹이 쌓이는 처지여서 연방정부 차

146   The Irrawaddy, 2013. 5. 20

147   Agenda Item 69c, Human rights situations and reports of special rapporteurs and representatives) at the Third Committee of the 68th Session of the United Nations General Assembly, New York, October 24, 2013 Fortify Rights, 2014. P.26 재인용.

원의 개입을 감출 도리가 없다.[148]

로힝야 여성들이 불법적이고 건강치 못한 방식으로 낙태에 의존하는 경우가 많다는 건 공공연한 비밀이다. 〈국경없는 의사회〉는 2011년 '치명적인 정책'Fatal Policy이라는 제하의 보고서에서 "(산아제한 정책은) 많은 로힝야들이 미얀마를 탈출하는 이유 중 하나이자 특히 아주 많은 여성들이 안전하지 않은 불법적 낙태를 하는 이유"라고 지적했다. '그 결과 재생산 건강 조사에서 위험한 수치에 이른 여성들이 매우 위험한 방식에 의존하는 불법 낙태에 의존하고 있다'는 것이다. 아울러, MSF는 로힝야들에게만 적용되는 '결혼 허가제' 역시 산아제한 정책과 맞물려 위험한 결과로 이어지고 있다고 지적했다. MSF에 따르면 로힝야 커뮤니티 내에서 최소 한 차례 이상 낙태를 경험한 여성은 14.3%이고, 여러 번 낙태경험이 있는 여성은 26%에 이른다.[149]

국적은 박탈됐으나 국가 허락 없이는 결혼도 못해

로힝야만을 표적 삼은 결혼허가제는 1994년에 도입됐다. 국가의 허락 없이는 결혼도 합법적으로 하지 못하게 하는 억압책은 전년도 도입한 산

---

148 아웅산 수치는 야당 시절 이 같은 산아제한 정책이 인권 침해라고 비판했다. 시민권법이 국제기준에 맞지 않는다는 말을 뭉뚱그려 한 적이 있긴 하나 로힝야 관련 인권침해 이슈에 대해 구체적으로 비판적 목소리를 낸 유일한 이슈가 '두 아이 정책'이다.

149 MSF, Fatal Policy, 10/2011 https://www.msf.org/sites/default/files/2020-10/2011_MSF_fatal_policy_report_0.pdf

아제한정책과 마찬가지로 '나사까' 소관 업무다. '결혼 허가증'을 얻는 데는 수년이 걸리고 그나마도 뇌물을 주지 않으면 얻을 수 있을 지 장담하기 어렵다는 게 다수가 증언하는 결혼 허가증이다. 문제는 로힝야들은 결혼 허가를 받기 위해 그들의 유일한 신분증 '임시등록증'(TRC) 즉 "화이트 카드"가 절실히 필요한 처지다. 그러나 이마저도 2015년 3월 효력이 중단됐다. 이로써 로힝야들이 제도권 내에서 필요한 일체의 용무는 이론적으로 보면 아무것도 가능하지 않다.

미얀마는 결혼 허가제 도입 11년째인 2005년부터는 아예 두 아이 초과해서 낳지 않겠다는 서약을 해야 결혼 허가증을 내주는 모욕적 규율을 적용하기 시작했다. 결혼을 허가받은 로힝야 부부의 경우에도 이들이 낳은 셋째는 어디에도 등록할 수 없다. 2012년 폭력 사태 진상 규명을 위해 테인 세인 정부가 꾸렸던 〈라까인 조사 위원회〉Commission of Inquiry(약칭 '라까인 위원회')에 따르면 2013년 기준으로 약 6만명의 로힝야 아이들이 출생신고 되지 않은 상태다. 이 아이들은 허가 받은 로힝야 부부의 셋째 이후 아이들이거나, 허가 받지 않은 결혼 혹은 사실혼 관계에서 태어난 아이들로 추정된다. '두 아이 정책'과 '결혼허가제'의 결합은 미얀마가 로힝야를 상대로 저지르는 '생물학적 제노사이드'로 볼 수 있다.

로힝야들이 결혼 허가 없이 아이를 낳거나, 혼외 성관계를 맺거나 혹은 동거가 발각될 경우 이들이 받는 처벌은 전혀 가볍지 않다. 최대 10년형에 처해질 수 있다. 처벌의 근거는 형법 188조 "공무원이 명한 규율 위반에 대한 처벌" 즉, 불복종에 대한 처벌이다. 2013년 6월 기준, 부띠동 감옥(부띠동 타운쉽은 로힝야 주류거주 타운쉽 중 하나)에 수감 중인 로힝야 남

성 중에는 허가 받지 않은 결혼을 한 죄로 수감중인 사람이 535명이나 된다.[150]

전 유엔의 미얀마 인권 보고관 토마스 퀸타나(2008~2014)는 "2010년 기준 부띠동 감옥에 수감 중인 대부분의 남성들이 로힝야들'이고 다양한 규율을 위반한 이들"이라고 밝힌 바 있다. 이민법 위반이나, 허가 없이 이동한 경우, 결혼 허가 조건을 갖추지 못한 채 결혼한 경우 5년형을 선고받고 복역중인 경우 등이다. 따지고 보면 그 다양한 위반들은 모두 로힝야에게만 부과된 제노사이드 정책과 연계돼 있다.

로힝야 인구줄이기에 대한 미얀마 당국의 집착은 결혼 허가증 발급전 예비 신부에게 임신 테스트를 받게 하고 임신이 아님을 확인해야하는 조치에서 그 정도가 얼마나 심각한 지 짐작해 볼 수 있다.[151] 나사까 군인들이 결혼 허가 심사 과정에서 임신 여부를 판단한다며 로힝야 여성의 몸을 만지는 경우도 적잖은 것으로 보고되고 있다.[152] 심지어 "마을 행정관' 조차 그들의 마을 로힝야 여성 임신 사실을 체크하도록 지시받고 가가호호 방문하여 '임산부 리스트'를 만들고 있다"는 게 국내 인권단체 아디의 조사 내용이다. 그 방문 과정에서 마을 행정관 (대부분 라카인족)들은 로힝

150 Chris Lewa, 2013, "Two-child policy in Myanmar will increase bloodshed". *CNN*, 06/06/2013, https://edition.cnn.com/2013/06/06/opinion/myanmar-two-child-policy-opinion

151 Haaris Siddiqi, 2021, "Protecting Autonomy of Rohingya Women in Sexual and Reproductive Health Intervention", *Voices in Bioethics* VOL 7. ,2021, https://journals.library.columbia.edu/index.php/bioethics/article/view/8615/4473

152 Irish Centre for Human Rights, Crimes Against Humanity, 2010, p. 127 https://burmacampaign.org.uk/images/uploads/ICHR_Rohingya_Report_2010.pdf

야 임산부의 배를 이따금 막대기로 툭툭 치는 야만적 행태도 서슴지 않는다.[153]

로힝야들이 결혼을 허가 받기 위한 복장 규정도 있다. 관련 서류에 붙이는 남성 사진은 모두 턱 수염이 없어야 한다. 종교 지도자인 몰라위 Mawlawi만 턱수염이 허용된다. 여성들은 히잡 벗은 사진을 붙여야 한다. 로힝야 커플은 결혼 허가증을 받기까지 수차례 관계 당국을 직접 대면해야 하기에 복장 규정은 로힝야들에게 대단히 신경 쓰이는 일이 아닐 수 없다. 궁극적으로는 미얀마의 지배자들이 로힝야 무슬림들에게 강요하는 '탈 이슬람' 의무 규정은 로힝야들의 모멸감과 모욕감을 극대화하려는 조치이다. 종교적 박해이자 문화적 박해다. 제노사이드 맥락에서 중요한 구성분자다.

백만명 나라 밖 축출해도, 단 한 명 마을 밖 외출 금지

로힝야들에게 이동의 자유도 없다는 사실은 이 책의 서두에서 다룬대로다. 시트웨 외곽 수용소 캠프나, 시트웨 도심 봉쇄된 게토 '아웅 밍갈라'만의 얘기가 아니다. 로힝야들은 그들이 나고 자란 마을밖을 벗어나는 것 자체가 자유롭지 않다. 옆 마을로 마실 갈 자유도 없다. 마을간, 타운쉽 (구'정도 행정구역)간 이동을 하려면 허가를 받아야 한다. 이동의 자유 제약

....

153 아디, 2021, 로힝야 집단학살 종합 보고서 "그들은 우리가 무슬림이라서 그랬습니다", 08/2021, https://www.adians.net/issue/?q=YToxOntzOjEyOiJrZXl3b3JkX3R5cGUiO3M6M6MzoiYWxsIjt9&bmode=view&idx=7704280&t=board

역시 로힝야에게만 적용되는 정책이고 물론 나사가 담당으로 시작됐다. 결혼허가제나 산아제한과 마찬가지로 수차례 '지역령'을 통해 선포되고 갱신됐다.

2005년 5월 1일 공표된 지역령을 보자. "같은 구역내(같은 타운쉽내)에서 움직일 때는 허가증을 받을 수 있지만, 다른 영토(다른 타운쉽)로 이동할 때는 7가지 조건에 부합해야 한다"고 명시해 놨다.[154] 이에 대한 2009년 첫 지역령 '1/2009'을 보면 보다 강화된 제약을 읽을 수 있다. "관계 당국은 로힝야들의 모든 움직임에 대해 보고 받아야 한다"거나 "한 장소에서 다른 장소로 옮길 때마다 7일 전에 보고받아야 한다"고 명시 등이 그렇다. 허가를 받아 장소를 이동한 로힝야들은 목적지에 도착하면 도착했다고 다시 보고해야 한다.

2000년대 유엔의 미얀마 인권 특별 보고관을 역임한 브라질 태생의 아동 인권 전문가 세르기오 피네이로Sergio Pinheiro(2000.12~2008.4)는 2001년 8월 20일, 인권 보고관으로서 유엔 총회에 제출한 보고서에서 다음과 같이 지적했다.

"아라칸 주(라카인 주의 당시 호명)의 무슬림과 힌두 소수커뮤니티의 상황에 주목하고자 한다. 비시민권자non-citizens들인 그들은 타운쉽 밖으로 이동을 원할 시 여행 허가증을 취득해야 한다. 이 규범은 2001년 2월에 발생한 라카인 불교도와 (로힝야) 무슬림 간의 충돌 이후 보다 더 강화됐다."

"여행허가증 신청시 공식 수수료는 여행거리에 따라 차이가 있는데

---

154   Fortify Rights (2014) P.11

적게는 25짯에서 많게는 50,000 짯(당시 환율 기준 약 1000달러)까지 다양하다. 돈이 조금 있는 극소수가 아니라면 로힝야는 이런 금액을 감당할 수 없다."

"시트웨를 떠나는 건 '상대적으로' 쉬울 수 있으나 되돌아오는 건 대단히 어렵다. 특히 시트웨를 떠나 마웅도, 부띠동, 라띠동 타운쉽(세 타운쉽 모두 로힝야들이 주로 거주하는 구역)으로 볼 일 보러 갔다가 다시 돌아오는 건 매우 어렵다. 이 같은 제약은 평범한 (로힝야) 무슬림과 힌두 커뮤니티의 삶을 어렵게 하고 있으며 결국 이들로 하여금 아예 미얀마를 떠나게 만들고 있다"[155]

불교도와 무슬림간의 갈등 이후 후자에 대한 이동의 자유 제약이 더 강화됐다는 그의 지적에 예리한 독자들은 '데자뷔'를 떠올렸을 것이다. 바로 이 책의 앞부분을 장식했던 2012년 라까인 주 폭력 사태 후속상황 역시, 표면적으로는 두 커뮤니티간 갈등인양 시작되었지만 결국 로힝야 무슬림들은 시외곽으로 대부분 축출됐고 오늘날까지도 철조망과 검문소로 출입이 통제된 수용소 내에 갇혀 지내고 있다. 2001년 두 커뮤니티 갈등 이후 이동의 자유에 보다 강화된 제약이 가해졌다면, 2012년 두 커뮤니티 갈등 후에는 로힝야 무슬림들은 아예 수용소 캠프에 가두어놨다. 11년새 로힝야 들에게 가해진 제약은 보다 더 악랄해졌다.

2012년 7월 31일, 1차 폭력 사태 후폭풍이 불던 당시 미얀마 내무부 장

155 UN Genral Assembly, 2001, A/56/312, "Interim report of the Special Rapporteur of the Commission on Human Rights on the situation of human rights in Myanmar", 08/20/2001

관(2011 ~ 2016) 코코 중장은Lt. Gen. Ko Ko의회에 "나사까가 벵갈리(로힝야)들의 여행(이동) 문제와 관련 법에 근거하여 규제를 강화하고 있다"고 보고한 적이 있다. 그러면서 덧붙인 말이 이렇다.

"로힝야는 '1940 외국인법'1940 Foreigners Act을 지켜야 하는 대상이고 이 법은 이동을 원하는 이는 본인 사진과 이름이 부착된 라이선스를 가지고 있어야만 이 나라를 자유롭게 여행할 수 있다"

이동의 자유를 제약하는 건 심각한 인권침해이자 국제인권규약들을 위반한 행태다. 세계인권선언 13조 1항과 2항은 각각 다음과 같이 이동의 자유를 규정하고 있다.

13조 1항 "모든 사람은 이동의 자유와 한 국가의 국경 안 거주의 자유를 갖는다" Everyone has the right to freedom of movement and residence within the borders of each State

13조 2항 "모든 사람은 자신의 국가를 포함하여 어느 국가로든 떠날 자유가 있고 자신의 국가로 돌아올 자유가 있다"Article 13–2. Everyone has the right to leave any country, including his own, and to return to his country

〈시민적 및 정치적 권리에 관한 국제규약〉International Convenant on Civil and Political Rights(ICCPR 1996) 역시 제 12조에서 이동의 자유를 시민의 기본권으로 규정하고 있다.

미얀마는, 여러가지 국제 규약을 비준한 국가지만, ICCPR 만큼은 고집스럽게 거부해왔다. 2010년대에는 ICCPR 가입을 두고 NLD정부와 이를 저지하려는 친군부 정당들의 의회내 갈등이 불거지기도 했다. 2019년 9월 10일 NLD가 다수의석을 차지하고 있는 하원이 드디어 ICCPR 가입을 찬반에 붙였으나 군정 헌법이 임명직으로 앉힌 25%의 하원석 군인 의원들과 친군부 정당 USDP 의원들의 반대표로[156] 실패했다. 군부와 그 동맹들은 이 규약이 "국가의 주권을 침해하고 안보를 위험에 빠뜨릴 수 있다"는 논리를 폈다.[157]

로힝야들은 그들이 사는 곳이 마을이건 수용소 캠프건 그 공간을 '하늘 뚫린 감옥'이라고 표현한다. 시트웨 아웅 밍갈라에서 만났던 10대 후반 청년에게 이동의 자유가 주어진다면 제일 먼저 무엇을 하고 싶은 가 물은 적이 있다. 그는 양곤에 가고 싶다고 했다. "이곳에서 사는 데 지쳤고 많이 두렵다"고 했다.

'로힝야 제거 플랜'

제도적, 정책적으로 로힝야를 표적삼은 산아제한, 이동의 자유 제약 등은 그 자체가 로힝야 커뮤니티의 삶을 무력화하고 마비시키려는 '의도'로 해석하기에 부족하지 않다. 이에 더해 보다 직접적이고 물리적으로 고의성을 입증할 만한 문서들 역시 많은 이들의 노력 끝에 수면위로 오르고 있다. 그 중 하나가 "로힝야 제거 플랜"이라는 타이틀의 기밀 문건이다.

....

156 Htet Naing Zaw, 2019, "USDP Military Lawmakers Slam NLD Call for Myanmar to join International Rights Pact", 09/11/2019, https://www.irrawaddy.com/news/burma/usdp-military-lawmakers-slam-nld-call-myanmar-join-intl-rights-pact.html

157 Ei Ei Toe Lwin, 2019, "Myanmar Parliament rejects motion to join ICCPR amid claims that proposal process was unconstitutional", *ConstitutionNet*, 09/13/2019 https://constitutionnet.org/news/myanmar-parliament-rejects-motion-join-iccpr-amid-claims-proposal-process-was-unconstitutional

버마어로 쓰여진 이 문건은 영어로 번역되어 〈국가범죄 국제연구소〉 (ISCI)가 발표한 '종족말살 카운트 다운에 들어갔다 : 미얀마의 제노사이 드'라는 제하의 2015년 보고서를 통해 소개됐다. 1988년 9월 18일, 88 항쟁 이후 쿠테타로 들어선 군사정권은 친군부 정당인 〈국민연합당〉 National Unity Party 첫 의장이자 BSPP시절 형식적 의회 역할을 했던 '국가평 의회'Council of State 위원 따 쵸 대령Col. Tha Kyaw(라까인)이 기안한 "로힝야 제거 플랜"Rohingya Extermination Plan에 진지하게 임했다. 로힝야 말살을 위한 11개 실천방안을 담은 이 플랜은 군부의 로힝야 제노사이드 계획을 선명하게 담았다. 이 문서는 특히 라까인 출신 군인의 로힝야 혐오가 어떻게 군부 의 제노사이드 기획과 맞물려 작동했는지를 짐작케한다. 놀랍게도 미얀 마가 로힝야 제노사이드 과정에서 순차적으로 실행한 정책들이 모두 담 겨 있다. 특히 "대규모 학살을 피함으로써 무슬림 국가들의 이목을 집중 시키지 않는다"는 마지막 부분은 주목할 만하다. 로힝야 제노사이드 이슈 는 2017년 전까지만 해도 '로힝야 박해는 제노사이드인가 아닌가의 논쟁' 이 치열했고 '대규모 학살'의 부재가 이 치열한 논쟁의 한 원인이기도 했 다. 다시 말하면 대규모 학살이 없는데 제노사이드로 보는 건 과하다는 논리가 만만치 않았다. 이 문서가 얼마나 심사숙고하고 치밀한 시나리오 하에 설계됐을 지를 짐작케 한다. '로힝야 제거 플랜' 과정, 열거하면 다음 과 같다.[158]

---

158 ISCI(2015), Countdown to Annhiliation : Genocide in Myanmar, P.36 http://statecrime.org/ data/2015/10/ISCI-Rohingya-Report-PUBLISHED-VERSION.pdf

첫째, 무슬림은(로힝야) 시민권을 제공하지 않는다. 그들은 반군들이다.

둘째, 로힝야 인구증가를 억제하기 위해 점차적으로 그들의 결혼에 제약을 가한다. 아울러, 모든 가능한 수단을 동원하여 억압하고 짓누른다.

셋째, 불교도 인구 증가를 독려하여 무슬림 인구를 거뜬히 넘기기 위해 '아라칸에 나탈라Na Ta La 마을을 건설하고 불교도들을 여러 다양한 타운쉽과 나라 밖(아마도 방글라데시를 지칭)에서 모아 정착시킨다.

넷째, 로힝야들에게 마을간, 타운쉽간 일시적 이동을 허가하기 위해 'Form 4'를 작성케 한다. (Form 4'는 외국인들에게 여행허가를 위해 작성케 하는 이민성 양식. 이 책 1부 2장 참조) 아울러 아라칸 주도인 시트웨로의 여행을 철저히 금지한다.

다섯째, 로힝야들에게 고등 교육(대학교육)을 금지한다.

여섯째, 무슬림은 공무원직government services에 오를 수 없다.

일곱째, 무슬림들은 토지, 상점, 빌딩 등을 소유를 금지한다. 그런 재산 어떠한 것도 그들의 소유권하에 있는 것은 몰수하고 불교도들에게 배분한다. 그들의 모든 경제활동은 중단시켜야 한다.

여덟째, 모스크 건축, 리노베이션, 수리 그리고 모스크 옥상 공사는 물론 이슬람 종교학교와 로힝야 가옥들을 금지한다.

아홉번째, 무슬림들을 불교도로 비밀스럽게 개종시킨다.

열번째, 라까인과 무슬림간에 소송 사례가 있을 시 법원은 라까인에게 유리하게 판결해야 한다. 무슬림끼리의 소송이라면 부유층 무슬림에게 유리하게 판결하여 빈곤한 무슬림은 분노로 이 땅을 떠나게 한다.

열한번째, 무슬림에 대한 대량 살상은 피하는 게 좋다. 그래야 무슬림 국가들의 주목을 피할 수 있다.

'모델촌'의 음모

앞서 언급한 "로힝야 제거플랜" 세번째 항목에는 '모델촌' 혹은 현지에서 '나탈라'로도 불리는 불교도 정착촌에 관한 언급이 있다. 로힝야 제노사이드 90년대 '진도'는 그렇게 '플랜'에 따른 '인프라'를 '구축'해갔고 불교도 정착촌 역시 인프라 구축의 일환으로 진척됐다.

90년대 초 수많은 로힝야들이 방글라데시로 피난 길에 오른 이유 중 하나는 '강제 노동'이다. 그 시절 로힝야들의 땅과 가옥을 몰수하여 내쫓는 일이 잦았고, 그 위에 불교도 정착촌을 짓는 이른 바 '모델촌 프로젝트'가 시작됐다. 모델촌 건설현장의 강제노역은 로힝야의 몫이었다. 그때 이후 모델촌 프로젝트는 꾸준히 전개되고 있다. 2012년 폭력 사태 전후로도 불교도 정착은 계속됐고, 심지어 2017년 제노사이드 대학살로 70-80만명이 떠난 로힝야 삶터에도 불교도들을 정착시키기 위한 노력이 진행 중이다. 모델촌은 로힝야들이 주류로 거주하는 라까인 북부의 인구 구성 변화를 목표로 한 장기적 기획으로 보인다.

2013년 8월 시트웨 라까인족 시민단체를 방문했을 때였다. 나는 당시 '모델촌'이라는 거북한 주제의 퍼즐을 맞춰보려 안간힘을 쓰고 있었다. 이 지역에서 누구라도 흔쾌히 말할 주제는 아니었다. 팔레스타인 서안지구처럼 대놓고 정착촌이 설계되고 이스라엘 정착민들이 이주하는 식도 아니었다. 불교도 정착촌 '나탈라'는 조용하고 비밀스럽게 그러나 꾸준히 진행돼왔다. 나는 시트웨에서 라까인 시민단체 〈완 락 재단〉Wan Lark Foundation 활동가 서너 명과 함께 그룹 인터뷰를 했다. 단체 활동에 대한 나의 질문에 활동가 우 카잉 콩 산은 "방글라데시에서 온 난민들을 돕는다"는 말을 했다.

"석 달 전(2013년 5월경) 300가구 1,500명 이상의 '방글라데시 라까인' 난민들이 (라까인 주) 마웅도 타운쉽 "어떤 마을"로 이주했다. 우리 단체 후원자들의 요청에 따라 난민들에게 현금과 식량, 옷가지 등을 두 번 제공했다. 교육받지 못한 테러리스트 벵갈리들의 공격 때문에 방글라데시에서 라까인은 안전하지 못하다"

우 카잉 콩 산이 이어갔다.

"1989년도에도 방글라데시 라까인들이 이곳으로 넘어온 적이 있다. 그때는 미얀마 정부가 (당시 SLORC) 이 나라 시민이 아니라며 그들을 돌려보냈다. 그러나 지금은 정부가 그들을 환영하고 있다"

우 카잉 콩 산 이 언급한 "교육받지 못한 테러리스트들의 공격"은 '라무Ramu 사건'을 지칭한 것으로 보인다. '라무 사건'이란 방글라데시 콕스바자르에서 약 30분 거리에 있는 타운 라무에서 2012년 9월 29일 밤부터 이틀간 벌어진 방글라데시 무슬림들에 의한 불교도 공격 폭동이다. 같은 해 라까인 주에서 6월과 10월 발생한 로힝야 공격 폭력사태 사이 샌드위치 격으로 발생한 이 사건은 풀리지 않는 의혹을 남겨둔 채 오늘에 이르고 있다. 사건의 전말은 이렇다.

신원을 알 수 없는 한 페이스북 이용자가 '우탐 바루아'(바루아는 방글라데시 불교도 커뮤니티, 외모는 인도계에 가깝다. 라까인 주에서는 '마르마기'라 부른다)라는 이름의 한 불교도 페이스북에 코란 모독 사진을 '태그'했다. 이 사실이 알려지자 정당을 초월하여 분노한 무슬림 폭도들이 불교도들을 공격하고 불교사원을 공격하는 폭동이 벌어졌다. 로힝야 난민들도 일부 이 폭동에 가담한 것으로 알려졌다. 불교 사원 12채와 가옥 50채가 방화로 소실됐다. 방글라데시는 충격에 빠졌고 대학생들을 필두로 하여 곳곳에서 '(불교도들에게) 부끄럽고 미안하다'는 반성의 목소리가 나왔다. 쉐이크 하시나 방글라데시 총리는 '안티-불교 폭동'을 비판하고 폭동으로 파괴된 불교 사원과 피해 현장을 찾아 피해자들을 만나 위로했다.[159] 폭동에 가담한 이들은 재판을 거쳐 일부 처벌받았다. 파괴된 불교 사원도 정부의 지시로 다시 지어졌다.[160] 그러나 우탐 바루아의 페이스북에 '의도적으로' 코란 모독 사진을 태그한 이가 누구인지는 미궁 속으로 빠져들었다. '우탐 바루아'라는 인물 역시 한 번도 모습을 드러낸 적이 없다. 방글라데시 언론은 그가 여전히 "실종" 상태라 전하고 있다.[161]

　　방글라데시 치타공 산악지대 반다라반에서 만난 마르마 정치인 초 바 마웅 마르마는 "2012년 라무 사건 이후 이주가 더 늘었다."고 말했다. 그는 "수백 가구 3천명 가량이 이미 (미얀마) 아라칸 마웅도로 이주했다. (마웅

159　"PM visits Ramu, meets victims", 2012, *BD News 24*, 10/06/2012, https://web.archive.org/web/20121116094925/http://bdnews24.com/details.php?id=233917&cid=2

160　"President visits rebuilt Buddhist temples in Ramu", 2014, *Bangladesh Sangbad Sangstha*, 03/10/2014, https://web.archive.org/web/20160305024306/http://www.bssnews.net/newsDetails.php?cat=0&id=395089&date=2014-03-10

161　Ashutosh Sarkar, 2022, "Violence in Ramu : 10 yrs on, justice still pending", *The Daily Star*, 09/29/2022, https://www.thedailystar.net/news/bangladesh/crime-justice/news/violence-ramu-10-yrs-justice-still-pending-3130746

도는 라까인주 북부 로힝야 주류 거주지다). 그곳에서 농지도 제공받고 현지 도움도 받는 걸로 안다"고 했다. 또한 "1997년 평화협정[162] 조인 뒤 (방글라데시) 벵갈리들이 치타공 지역으로 이주하는 비율이 높아졌"고 "벵갈리들의 인구 증가는 줌마족들이 아라칸이나 인도 미조람 등지로 이주하는 결과를 낳고 있다."는 게 그의 설명이다. 2013년 초 라까인 주 정부 대변인 위미양인 역시 이 방글라데시 불교도의 미얀마 이주 사실을 숨기지 않았다. 그는 "방글라데시 치타공 지역을 떠나 아라칸으로 이주오는 불교도들을 환영한다"며 "가구당 가옥 한 채와 2에이커의 농지를 제공하고 있다"고 말한 바 있다.[163]

그동안 미얀마의 군부 통치자들, 그리고 라까인 커뮤니티 민족주의자들은 "벵갈리"들이 "(미얀마의) 웨스턴 게이트"(미얀마-방글라데시 국경)를 통해 라까인주로 불법 이주하고 있어서 무슬림들이 불교도 원주민을 인구로 압도할 것"이며, 따라서 "불교문화 쇠퇴와 불교도들에게 안보 위협이 될 거"라는 말을 반복했다. 이런 논리 속에서 라까인들은 자신들이 미얀마의 '웨스턴 게이트' 수호자임을 자처하고 있다는 표현도 스스럼없이 해왔다. 국경 너머 벵골지방 무슬림 침입으로부터 불교민족주의를 수호한

---

162 치타공 산악지대에선 1972년부터 약 25년간 줌마족으로 통칭되는 몽골계 선주민들의 무장 투쟁이 벌어졌다. 1997년 정부와 평화협정에 서명한 이래 준 자치구로 남은 이곳은 그들 고유의 부족장 통치가 이루어지고 있다. 1997년 협정 뒤 협정 서명파인 PCJSS(Parbatya Chattagram Jana Samhati Samity-Chittagong Hill Tracts People's Solidarity Association)와 협정을 거부했던 UPDF(United People's Democratic Front)간의 분파폭력이 간헐적으로 발생해왔다.

163 News and Press Release : "Buddhists leaving Bangladesh welcomed in West Burma", 2013, *The Irrawaddy*, 02/01/2013, https://reliefweb.int/report/myanmar/buddhists-leaving-bangladesh-welcomed-west-burma

다는 책임감을 지니다는 논리다.

그러나 불교도 정착촌 프로젝트 실태를 보건대 '웨스턴 게이트'를 통한 이주는 그들의 주장과는 정반대 방향으로 전개 중이다. 애초 그들이 말하는 "벵갈리"는 '방글라데시 출신 무슬림'으로 전제한 로힝야를 지칭한 표현이고 그 로힝야들이 이주한다는 의미였다. 그러나 실제 이주하는 "벵갈리"는 '방글라데시 국적을 가진 불교도들'이었다. 이들은 미얀마 정부의 체계적 지원 하에 여러 인센티브를 미끼로 이주하는 게 거의 자명해 보인다. 로힝야들은 오히려 그 "웨스턴 게이트"를 수십년간 빠져 나갔고 라까인 주 내 로힝야 인구는 줄고 있다. 이 이야기는 '로힝야 제노사이드'를 둘러싼 오해와 편견, 그리고 의도적 왜곡 몇 가지를 도드라지게 한다.

첫째, 로힝야들을 "벵갈리"라는 호명으로 비하하며 로힝야만이 변방의 이주민 인 것처럼 왜곡한 담론이 미얀마에선 광범위하게 퍼져있다. 그러나 방글라데시 동남부와 미얀마 서부를 아우르는 변방지대의 주민들은 오늘날의 국경선을 중심으로 이쪽과 저쪽 모두 시대상황에 따라 이주하고 정착하고 또 다시 이주하는 '모두가 토착민이고 모두가 이주민'일 수 있다는 사실을 말해준다. 방글라데시에는 약 20여만명의 라까인 족(마르마족 포함)들이 거주하고 있다. 이들 중에는 아주 오랫동안 치타공에 살아온 이들도 있겠고, 또 1784년 버마의 아라칸 왕국 침공시 아라칸 땅을 떠나 벵골 지역으로 피난한 이들의 후손들도 있을 것이다. 심지어 국적만 다를 뿐 인척관계도 있다. 그런 차원에서 인도 동북부 미조람, 마니푸르, 아쌈 등의 지역도 모두 하나의 거대한 '대 변방'지대로 묶을 수 있다. 인도 동북부, 방글라데시 동남부, 미얀마 서부 이 세 나라가 만나는 지역에서 종족 갈등과 갈등을 조장하는 인종주의 정치가 끊임없이 횡행하는 이유다.

두번째, 미얀마의 불교도 정착촌 프로젝트는 로힝야 제노사이드의 배경에 '이슬람 포비아'가 깔려 있다는 점을 말해준다. 이주 문제는 공포조장에 유리한 그럴듯한 포장지였을 뿐이다. 무슬림 인구 1억5천만명의 이웃국가 방글라데시와 인접한 미얀마의 서부전선을 그들은 불안해 하고 있다. 역대 군사정부가 집착 수준으로 보여온 순혈주의와 불교 민족주의 그리고 이슬람포비아가 이들의 불안을 증폭시켰고 인종학살의 주요 모티브가 되기도 했다.

정착촌 프로젝트에 따라 1990년대와 2000년대 약 50여개의 나탈라가 건설됐다. 이들 마을에는 불교도 빈곤층, 전과자들 혹은 복역수들 소외된 계층을 정착시켰고 종족적 종교적 인구구성을 재편하려는 노력이 있었다.[164]

불교도 정착촌을 일컫는 용어 '나딸라'는 본래 '국경지역, 국가인종 그리고 개발부' Ministry of Progress for Border Areas, National Races and Development라는 복합적 성격의 부서 현지 이름이다. 1992년 창설된 이 부서가 바로 모델촌 프로젝트 담당 부서이고 그리하여 모델촌 자체도 '나탈라'로 불리게 된 것이다. 이 부서는 훗날 '국경업무부' Ministry of Border Affairs로 이름이 변경됐다.[165]

....

164 Kapani, F, 2009, 'Why SPDC sets up Natala villages in northern Arakan', *Kaladan Press Network*, 04/24/2009, ISCI (2018) P.27 재인용

165 Ministry Border Affairs https://myanmar.gov.mm/ministry-of-border-affairs

90년대 중반 본격화된 나탈라 프로젝트 하에 당시 군부통치 기구 SLORC은 우선 양곤과 중북부 지역 감옥에 복역 중인 수감자들에게 조기 석방을 미끼로 접근했다. '라까인 주 불교도 정착촌으로 이주하면 석방해준다'는 그럴듯한 제안을 하기 위한 것이었다.[166] 이에 동의한 수감자들은 수백명 수준에 이른다. 이들이 곧 시트웨로 이송됐고 마웅도 모델촌으로 향했다. 수감자 뿐 아니라 양곤 외곽의 홈리스들도 이주 대상이 됐다. 불교도면 된다. 무슬림만 아니면 된다.

이 같은 정착촌 건설 강제 노역은 2011년까지도 보고된 바 있다. 그해 3월 마웅도 지역 정착촌 건설 에어전트인 라까인 커뮤니티 지도자 초 에 Kyaw Aye는 마웅도의 모델촌 건설 작업에 로힝야들을 강제 노역으로 내몰았다. 노임은 한 푼도 없었다.[167] 2011년의 모델촌 가옥 수리 및 건설 강제 노역이 있었다는 건 정착민들의 이주가 임박했음을 예고한 셈이다. 아마도 이듬해 발생한 2012년 폭력 사태 전후로 불교도 정착민들의 정착촌 이주 상황과 관련 있을 가능성이 높다. 바로 내가 2013년 시트웨 라까인 시민단체로부터 거북하게 들었던 그 방글라데시 불교도들의 라까인주 정착촌 이주 상황이 그것이다.

2013년 1월 로힝야 언론 〈칼라단 뉴스〉에 따르면 '카라이니Karayni'라는

166 Francis Wade, 2017, "Myanmar's Enemy Within : Buddhist vilence and the making of a Muslim 'other'", Zed Books, P.115 ~ 144

167 Tin Soe, 2011, "Rohingya face difficulties with new Maungdaw resettlement program", *Kaladan News*, 03/03/2011, https://www.bnionline.net/en/kaladan-press/item/10183-rohingya-face-difficulties-with-new-maungdaw-resettlement-program.html

나탈라에는 "방글라데시에서 먹고 살기 힘든" 마르마기Marmagyi(방글라데시의 바루아Barua) 한 가구와 29개의 방글라데시 라까인 가족이 재정착했다. 지구 행정관 아웅 뮌 소Aung Myint Soe의 도움으로 마웅도 남부 중앙 사원에 머물고 있다는 보도였다.[168]

"방글라데시 불교도 가구들이 버마에 들어갔다. 1월 10일 아웅 뮌 소 지역 행정관의 도움으로. 그리고 방글라데시 불교도 가구증리 버마에 들어갔고 그들은 중앙 사원에 머물렀다. 마웅도 남부에 재정착되기 전까지 그곳에 머문다".

....

168 "Bangladesh Buddhist Families Resettle to Arakan state", 2013, *Kaladan News*, 01/18/2013, https://www.bnionline.net/en/kaladan-press/item/14577-bangladeshi-buddhist-families-resettle-to-arakan-state.html

2.

제노사이드의
전개

'국가인종'('national race')의 등장 : 1974년 헌법

'따잉인따'*"Taing–Yin–Thar"*라는 버마어가 있다. 영어로는 'national race'로 번역되어 여러 문서에 등장한다. 간단히 번역하면 '국가 인종' 정도이고, 충분한 의역을 하자면 '버마/미얀마라는 국가의 토착민으로 인정받을 수 있는 종족' 정도의 의미다. 여기서 키워드는 '토착민'indigenous이다. 하지만 '국가'를 잊어선 안된다. '국가가 인정한 토착민'이어야 한다는 '국가주의' 이념이 깔린 개념이다. 역으로 국가가 인정하지 않으면 누구도 '따잉인따' 가 될 수 없다.

1962년 3월, 네윈 장군의 쿠테타로 기나긴 군부 독재 시대를 예고한 버마에 '따잉인따'에 집착한 네윈의 '순혈주의 지옥문'이 열렸다. '따잉인따' 는 미얀마에 거주하는 이들을 '국가인종'과 '비국가인종'으로 나누겠다는 발상이고 후자를 종종 "외국인" "불법 이주민"으로 낙인 찍을 발판을 마련한 것이다. 그들은 제도밖으로, 더 나아가 국경밖으로 내몰릴 것이다. 로힝야 시민권 박탈의 서막이며, 궁극적으로는 로힝야 제노사이드를 향한 '전망'이 담겨 있다. 로힝야를 영국 식민통치시대 잔재로 취급했던 네윈과 역대 군사정권들은 '로힝야 축출'을 미얀마의 '완전한 독립'으로 본다는 인식을 드러내곤 했다. 그 수순을 하나, 둘, 셋...밟더니 그게 제노사이드 반세기 역사가 됐다. 첫 발판은 네윈 시대 개정한 '1974 헌법'이다.

1974년 헌법 서문을 보자.[169] 서문에는 'national race'라는 표현이 두 번, 헌법 전체적으로는 총 19번 등장한다. 제 2조는 '따잉인따'를 '이 땅을 본향으로 여기는'과 같은 토착민 개념으로 잘 설명하고 있다.

"버마 연방 사회주의 공화국은 다양한 '국가인종'(작은 인용부호는 필자 강조)들이 본향으로 여기는 영토 위에 세워진 국가다" 라고 적혀 있다.

이어 21조 b항은

"'국가인종'은 누구나 그들의 종교를 포교할 자유를 지니며 그들의 언어, 문학, 문화를 사용하고 개발할 수 있다. 그들의 소중한 전통과 관습도 지킬 수 있다. 단, 그러한 자유가 법이나 공공의 이익에 반하지 않아야 한다"

1974 헌법은 주류종족의 언어 버마어를 '법조 언어(102조), 교육 언어(152조 b항)로 규정하고 있다. 두 조항 모두 "필요하다면" 다른 국가인종의 언어도 사용될 수 있다고 덧붙였다. 서부 아라칸이 '지역region'에서 '주'state로 승격된 것도 바로 이 1974헌법체계부터다.

....

169 1974 헌법 전문은 다음 링크 참조 http://www.myanmar-law-library.org/IMG/pdf/constitution_de_1974.pdf

1974헌법이 발효된 직후 네윈 군정은 로힝야들에게 "외국인 등록증" "Foreign Registration Card"('TRC')을 발급하기 시작했다. 로힝야들이 버마연방의 '따잉인따'가 아니라고 공표한 것이나 마찬가지다. 이미 70년대 들어서면서 당시 주민카드였던 'NRC'는 로힝야들에게 더 이상 발급되지 않았다. 로힝야 시민권 박탈의 암울한 예고편이 그렇게 차곡차곡 쌓였다. 그리고 4년 후인 1978년, 버마는 1차 로힝야 대축출을 감행했다. '나가민 작전'(혹은 '킹 드래곤 작전'으로도 불림)으로 불리는 이 작전으로 약 25만명이 이웃한 방글라데시로 쫓겨갔다.

'시민 자격' 최종결정은 '군사평의회'가

1982년 10월 5일, 1974 헌법의 '따잉인따' 개념에 기반하여 개정 시민권법이 발효됐다. 시민권법 22조는 "만일 버마 시민권을 중단하거나 반납한 이들이 있다면 그들은 더 이상 온전한 시민권이든 제휴시민권이든 귀화 시민권이든 아무것도 재 신청할 수 없다"고 못박았다. 시민권을 박탈당한 이들은 다시 신청할 수 없다는 의미인데, 이 조항이 집합적으로 적용될 커뮤니티는 바로 로힝야들이다. 시민권을 박탈당한 로힝야들이 다시는 시민권자가 될 수 없도록 이중 장치를 마련해 놓은 것이다.

그리고 간과해서는 안 될 중요한 조항이 있다. 1982 시민권법 제 4조는 누가 미얀마 시민인지 아닌지를 최종 결정하는 기구로서 '군사평의회' Council of State에 권한을 부여하고 있다. "'군사평의회'가 어떤 종족 그룹이 시민권자인지 아닌지를 결정할 수 있다"는 것이다. 기술적으로 풀이하면

1824년 이전부터 조상이 거주했다는 증거를 제시하더라도 군사평의회가 거부하면 시민권자가 될 수 없다.

'군사평의회'는 네윈의 일당독재 통치 기구다. 로힝야를 버마 사회 구성원으로 보지 않는 기구가 로힝야를 '따잉 인따'로든 시민권자로 볼 가능성은 없다.[170] 그런 차원에서 '1982 시민권법은 로힝야를 겨냥한 음모'라는 시각이 있다. 로힝야 정치인으로 1990년 총선당시 라까인 북부 부띠동 타운쉽에서 당선됐던 우 초민 의원, 그는 2013년 나와 인터뷰 할 당시 '1982년 시민권법 개정 배경'과 이 법에 대한 시각에 대한 질문에 이렇게 답했다.

"네윈 집권 후 첫 축출 작전이었던 1978년 나가민 작전으로 약 20여만 명의 로힝야들이 방글라데시로 쫓겨났다. 그들 중에는 (1948년 '연방 시민권법'에 따라) 옛 주민 카드인 'NRC'("그린 카드" 라고도 함)를 소지한 이들이 있었다. 로힝야가 버마의 시민이었다는 증거를 갖고 있는 이들이다. 그래서 나온 게 NRC카드를 무용지물로 만들어야 한다는 아이디어였고 시민권법 개정이 진척됐다. 1982년 시민권법 자체가 로힝야를 겨냥한 음모다"[171]

로힝야를 '따잉인따' 그룹에서 완전히 배제하는 마지막 단계는 135개 "공식 인종"의 공표다. '공식인종' 목록을 구체적으로 명기하고 그 목록에 오르지 못한 이름 "로힝야"는 존재가 사라지는 것이다. 스웨덴 출신 미얀

---

170 '국가인종'과 로힝야 시민권 이슈 관련한 내용은 다음을 참조. Nick Cheesman, How in Myanmar "National Races' Came to Surpass Citizenship and Exclude Rohingya, Journal of Contemporary Asia, 2017, http://uniset.ca/fatca2/47JContempAsia1.pdf

171 2013년 8월 양곤자택 인터뷰

마 전문기자로 알려진 버틸 린트너는 '135'라는 숫자가 분열통치를 감추기 위한 수비학에 지나지 않는다고 지적했다. 흥미롭게도 이 세개의 숫자를 더하면 '9'라는 값이 나오고 '9'는 버마 군부독재자들이 추앙해온 숫자이기도 하다.[172] "135개 공식 인종" 발표 시점에 대해서는 여러 해석이 나온다. 우선, 1989년 7월 5일 〈Working People's Daily〉에 실린 SLORC의장 소 마웅의 장황한 연설문에는 "135개 국가인종그룹"이 언급돼 있다. 그는 "미얀마 연방에서 국가인종은 결코 무시될 수 없다"며 "인구조사 부"Census Department를 출처로 하여 "135개 카테고리의 국가인종이 확인된다"고 말했다.[173]

1991년 8월 7일, 국영신문 〈Workers' daily〉에 실린 익명의 고위 장교 "high-ranking Tatmadaw officer"가 쓴 기고문 중에도 "135개 공식 인종"에 대한 언급이 나온다. "135개라는 많은 수의 국가인종이 미얀마에 거주하고 있다는 사실은 "큰 종족"big race(상위 종족) 개념 중심으로 헌법을 기안하려는 시도에 사뭇 방해가 되기도 한다"는 부분에서다. 이때 "큰 종족"이라는 건 8개의 주류 종족 즉, 버마, 샨, 카렌, 카친, 몬, 라까인, 카레니, 친족을 말한다. 이 8개 종족 하에 '하위 종족'sub ethnic들이 여럿 있고 이 모든 종족명을 다 합쳐 135개를 구성하는 것이다.

172 Bertil Linter, 2017, "A question of race in Myanmar", *Asia Times*, 06/03/2017, https://asiatimes.com/2017/06/question-race-myanmar/

173 BURMA PRESS SUMMARY (from the WORKING PEOPLE'S DAILY)-July 1989, State Law and Order Restoration Council Chairman General Saw Maung's Statement https://www.networkmyanmar.org/ESW/Files/saw_maung_05.07.89.pdf

로힝야 이슈 전문 리서치 엔지오인 〈아라칸 프로젝트〉는 '135개 종족'
에 대한 공개적 언급이 처음 나온 시점을 훨씬 이전인 1979년으로 본다.
특히 전년도인 1978년 〈나가민 작전〉을 통해 대규모로 축출됐던 로힝야
들이 미얀마 땅으로 다시 송환된 후 이미 언급되기 시작했다는 설명이다.
〈아라칸 프로젝트〉는 이 시점 자체가 송환된 로힝야를 배제하려는 의도
를 담은 것으로 해석하고 있다. 되돌아온 로힝야들이 '135개 종족'에 속하
지 않으므로 그들은 여전히 '불법 이주민'이라는 걸 확실히 해두겠다는 군
정 의사가 반영됐다는 것이다.[174]

이처럼 70년대 말부터 90년대 초까지 "135개 공식 인종"에 대한 언급
자체는 여러차례 있었지만 그 실제 135개 종족 이름이 공식적으로 국가
기관에 의해 발표된 건 놀랍게도 2014년 '인구조사'때다. '준 민간정부'였
던 테인 세인 정부가 유엔인구기금(UNFPA)과 공동으로 실시한 인구 조사
당시 '135개 국가인종 목록'이 공식 발표된 것이다. 그 목록에 없는 이름은
'토착민'도 아니고 '미얀마 시민'도 아니다. 이 목록에 따르면, 카친주에는
"국가인종"에 속하는 '하위 종족'subethnics 이 10여개가 된다. 카야주(카레니
주)에는 9개, 카렌주Kayink(카렌주)에는 11개나 존재한다. 그리고 친주에는
무려 53개이며 주류종족의 이름 '바마족' 하에는 9개, 몬 족은 1개, 라까인
주에는 7개, 그리고 샨주에는 무려 33개의 하위 종족이 존재한다. '로힝야'
석 자는 어디에서도 찾아볼 수 없다.

....

174 Arakan Project, Issues to be raised concerning the situation of Stateless Rohingya women in Myanmar
     (Burma), 2008. Oct https://www.scribd.com/doc/31779596/Issues-to-Be-Raised-Concerning-the-
     Situation-of-Stateless-Rohingya-Women-in-Myanmar-Burma-by-Chris-Lewa

1982 시민권법 전야 : 네윈, '순혈주의 지옥문' 열다

'따잉인따' 개념이 적용된 1982 시민권법이 발효되기 전 짚어볼 중요한 이벤트가 하나 있다. 시민권법 발효 한 주 전 1982년 10월 8일, 네 윈이 대통령 관저에서 했던 연설이다.[175] 당시 BBC는 이 연설을 보도하며 "네윈, 당(BSPP) 회의에서 인종 순혈주의에 대해 말하다"라고 제목을 달았다. 그의 연설 일부다.

"우리 버마 국민들은 우리의 운명을 스스로 개척할 수 없었다. 그리하여 독립할 시점이 되자 이 나라에는 진정한 국민들 뿐 아니라 "게스트들"도 섞여 있었다. 현실적으로 우리는 각기 다른 시대, 각기 다른 땅에서 각기 다른 이유로 이 땅에 온 그들을 모두 몰아낼 처지에 있지 않았다. 따라서 우리는 그들을 이 (시민권) 법에서 'eh-naing-ngantha'associated citizens('제휴시민'이라는 뜻)으로 규정한다. 이 제휴 시민들에게는 "일정한 수준의 권리"가 허용되긴 할 것이다. 예를 들면 "이곳에 거주할 권리" 그리고 "생계를 이어갈 권리" 같은 것이다.

네윈은 이어 '제휴 시민'에게 "온전한 시민권과 온전한 권리를 부여하지 않을 것"이라는 점을 분명히 했다. 그리고 1982년 시민권법이 "손님과 혼혈인에 대한 분명한 입장을 재천명하는" 길을 제시하고 있다고 말했다. 그는 "미얀마에 정착한 외국인들이 버마 독립 시점에서 문제집단이 되고 있었다"며 "장기 거주민임을 증명할 수 있는 이들 만이 새 시민권법에 따

---

175 Rohingya Blogger, Ne Win's Speech – 1982 Citizenship Law, https://www.scribd.com/document/162589794/Ne-Win-s-Speech-1982-Citizenship-Law#

라 "제휴" 시민권을 부여받을 수는 있다고 했다. 그러나 "공무원이나 그 어떤 정부에서의 역할과 자리를 맡는 건 금지될 것"이라고 못 박았다. 다음은 이어지는 연설 내용이다.

"우리는 이 혼혈인들을 주의 깊게 관찰해야 한다. 어떤 이들은 순혈의 사람, 순혈의 버마유산을 지닌 사람이고 진정한 시민들의 후손들이다. 카렌, 카친 등도 진정한 순혈인들이다. 그러나 우리는 이들이 우리의 종족, 우리 버마인들 그리고 이 나라 국민들인지에 대해서는 주의 깊게 생각해 봐야 한다.[176]

1982년 10월 8일 네윈의 이 연설은, 2017년 9월 2일 미얀마 군 총사령관 민 아웅 라잉이 수도 네이피도에서 했던 연설과 35년의 세월을 뛰어넘어 일맥상통한다. 민 아웅 라잉은 그 시기 격렬하게 진행 중이던 로힝야 대학살 '청소작전'에 대해 "2차 대전 이래 끝내지 못했던 비즈니스" "unfinished business"라고 표현했다. 그는 "정부 기관과 국민 모두 이 나라를 강한 애국주의를 기반으로 수호해야 한다"고 말했다.[177]

세월을 간극을 메꿔주는 두 사람의 발언은 로힝야 제노사이드의 서막과, 제노사이드의 마지막 단계가 같은 철학과 유사 언어로 이어져 있음을

---

176 General Ne Win, "Speech by General Ne Win: Meeting Held in the Central Meeting Hall, President House, Ahlone Road," The Working People's Daily, unofficial translation, October 9, 1982, https://www.scribd.com/document/162589794/Ne-Win-s-Speech-1982-Citizenship-Law 2023. 5월 4일 접속 / "Ne Win Speaks on Racial Purity at Party Meeting", Rangoon Home Service, 11 December 1979, as translated in, BBC Survey of World Broadcasts, FE/6298/B/2, 15 December 1979.

177 Senior General Min Aung Hlaing, 'Entire Government Institutions and People Must Defend the Country with Strong Patriotism', Facebook post, 2 September 2017: https://www.facebook.com/seniorgeneralminaunghlaing/posts/1698274643540350

말해주고 있다.

1차 대 축출 : 1978 '나가 민' 작전

이제 로힝야를 겨냥한 학살과 축출이라는 '즉각적'이고도 '물리적'인 국가폭력 이벤트를 따라 시간 여행을 해보려 한다.

'제 1차 로힝야 대 축출' 사건으로 기록된 1978년 '나가민 작전'은 1974년 헌법 '따잉인따' 개념에 따른 대규모 국가폭력이다. 따라서 '로힝야 제노사이드'의 구체적 시작점으로 거론되곤 한다. 그 군불을 지폈던 건 4년 전인 1974년 〈긴급 이민법〉Emergency Immigration Act 발동이다.

네윈 군정은 '긴급 이민법'을 발동하여 모든 국민들에게 주민 카드 NRC를 늘 소지하고 다니도록 일렀다. 그러나 로힝야와 소수민족 일부는 NRC가 없었다. 특히 로힝야들은 1970년 이후 NRC 발급이 중단된 상태였고 대신 외국인 등록증(FRC)을 발급받은 상태였다. NRC를 제시해야 할 시점에 FRC는 소용이 없을 뿐 아니라 축출대상으로 찍히는 행위나 마찬가지였을 터다.[178]

이런 가운데 1977년 5월, 내무부와 종교부 주도로 인구조사가 시작됐다. '외국인'과 "불법 이주자"를 가려낸다는 명분이었다. 아라칸 지역 뿐 아니라 카친주와 친주 그리고 랑군 일부 지역 등이 "불법 이주자"가 많이 거주하는 지역으로 지목됐다. 그리고 1978년 2월경, 이민국 경찰들은 로힝야들의 주 거주지 아라칸 북부의 '마유Mayu 지역' 그리고 시트웨에 이르

....

178 Amman Ullah (2019) 04/05

렀다. 이 시기부터 로힝야들의 대탈출은 이미 시작됐다. 강간, 살해, 고문, 학살과 같은 온갖 인권침해가 동반된 '불법 이주민' 색출 작전은 로힝야들을 더더욱 패닉으로 몰았고 대규모 탈출은 계속됐다.

5월 즈음, 네윈 군정은 35,590명의 "벵갈리들"이 6,294채 가옥을 뒤로하고 떠났다고 발표했다. 그러나 현실은 3만 5천여명 수준이 아니었다. 20만명 ~ 25만명 정도로 추산되는 대 탈출이었다. 당시 로힝야를 겨냥한 군정의 언어들은 매우 선동적이고 혐오스러웠다. "벵갈리들"이 "불법적으로 미얀마 땅에 들어와" "법을 위반하고" 있다고 선동하는 가 하면 도망자들은 파렴치한 사람들이며 어떤 경우에도 버마의 시민으로 다시 받아들여질 수는 없다고도 강조했다.[179] 특히 아라칸 지역의 무슬림과 불교도 두 커뮤니티의 갈등과 분열을 조장하는 언어들을 적극 차용했는데 이를 테면 "무슬림 극단주의자들"이 불교도 마을 주민을 공격했다"와 같은 가짜 뉴스도 거침없었다. "무장한 벵갈리 무리들"*armed bands of Bengalis"*, "난폭한 벵갈리 폭도들"*rampaging Bengali mobs"* 같은 적대적인 수사도 난무했고 "어떠한 폭력도 우리 정부의 책임이 아니"라는 말도 잊지 않았다.[180]

당시 로힝야를 겨냥한 네윈 군부의 폭력 수위가 어느 정도로 심각했는지는 몇몇 외신보도를 통해 감 잡을 수 있다. 우선, 파키스탄 리버럴 일간지 '돈DAWN'은 5월 14일자 〈목격자 증언 : 총살당한 버마의 무슬림〉 제하

---

179 Kei NEMOTO, "The Rohingya Issue : A Thorny Obstacle between Burma(Myanmar) and Bangladesh", 1991, https://www.kuet.ac.bd/webportal/ppmv2/uploads/1660716572Kei_Nemoto-Rohingya.pdf

180 Martin Smith (2019) P.43

의 기사에서 프랑스 시사주간지 〈누벨 옵쉐르바뙤르〉Le Nouvel Observateur("L'OBS") 특파원의 목격담을 담았다. 마지막 문단이 이렇다.

"왼쪽 가슴에 칼로 베인 상처를 입은 한 로힝야 여성은 버마(미얀마의 옛 이름) 군인들의 공격을 받았던 여성 17명 가운데 자신이 유일한 생존자라고 말했다. 그에 따르면 군인들은 여성들의 가슴을 잘라내고 칼로 찔러 죽이고는…"

또 다른 기사, 1978년 5월 18일 〈르 몽드〉지는 "한 달 동안 143명의 버마 무슬림들이 네윈 장군의 군대로부터 피신하여 방글라데시 영토 내에 난민이 됐다"고 보도했다. 한달 새 사망자 6천명이 거론되는 2017년 8-9월 대학살과 비교하면 후자의 폭력 규모가 얼마나 심각했는지 알 수 있는 대목이기도 한데 그러나 범죄의 내용과 본질은 같은 선상이다. 1978년 나가민 작전의 대축출과 학살이 로힝야 제노사이드의 폭력적 개시를 알렸다면 2017년 대학살은 제노사이드의 완성 단계로서의 '대량 살상'을 보여줬다. 그때도 지금도 탈출한 난민들은 갈취와 강간 그리고 살해 등과 같은 끔찍한 스토리를 증언했다. 아울러 반세기 동안 제노사이드 폭력이 양적으로, 질적으로 고조돼 왔다는 점도 파악할 수 있다.

당시 눈길 끄는 기사 중 하나는 1978년 〈파 이스턴 이코노믹 리뷰〉 7월호 93쪽이다. 기사는 나가 민 작전을 다루며 "아파르트 헤이트의 버마판"Burma's brand of apartheid'이라는 제목을 달았다. 70년대 이미 로힝야들이 직면한 상황은 '아파르트 헤이트'로 묘사되기에 충분했던 것이다.

한편, 1978년 나가민 작전으로 축출된 20여만명의 난민들 중에는 술탄 아흐메드 라는 인물이 있었다. '술탄 아흐메드', 예리한 독자들은 그 이름

을 기억할 것이다. 그는 신생 독립국 버마 연방 제헌의회 선거에서 자미아
툴—울라마Jamiatul–Ulama당으로 출마 선출된 로힝야 정치인이다. 법조인 출
신에 여러 공직을 두루 역임한 인물, 그 또한 로힝야라는 이유로 난민이
됐다. 난민 아흐메드는 방글라데시 콕스바자르에서 〈로힝야 난민 복지 기
구〉Rohingya Refugee Welfare Organization 대표를 맡았다. 1978년 8월 7일, 아흐메
드는 '로힝야 난민들의 요구사항'이라는 성명을 발표했다.

"버마 정부는 즉각적으로 법정을 개설하여 편견 없는 재판을 열고 로
힝야를 향해 각종 범죄를 저지른 자들을 처벌해야 할 것이다. 강간, 살해,
납치, 갈취, 방화, 그리고 모스크와 마드라사, 이슬람의 성서 꾸란을 파괴
한 자들을 처벌해야 한다. 강간피해여성들과 강간임신으로 인한 아이들
("illegitimate offsprings"로 표현됐다)을 양육하고 돌보는데 필요한 모든 조치를
취해야 할 것이다"

술탄 아흐메드는 치타공에서 망명생활 중 1981년 3월 2일 사망했다.[181]

또 다른 눈 여겨 볼 성명하나는 당시 활동했던 로힝야 무장단체 〈로힝
야 애국 전선〉(RPF)의 4월 11일자 성명이다. 성명은 "아라칸 무슬림을 겨
냥한 버마의 제노사이드" "Genocide in Burma against the Muslims of Arakan"라는 타이
틀을 달고 있다.[182] 그러니까 이때 이미 네윈 군정의 대로힝야 폭력은 "'아

---

181 술탄 아흐메드 생애에 대해서는 다음을 참조. Aman Ullah, 2019, "Mr. Sultan Ahmed B.A B.L. & HIS
1960 ELECTION MANIFESTO", *The Rohingya Post*, 05/04/2019, https://www.rohingyapost.com/mr-
sultan-ahmed-b-a-b-l-and-his-1960-election-manifesto/

182 "Genocide in Burma against the Muslims of Arakan", Rohingya Patriotic Front, RPF Information and
Publicity Department, 11 April 1978. / Martin Smith, 2019. P 50

파트 헤이트"는 물론 "제노사이드"로도 느껴질 만큼 심각했다는 판단이 내려졌던 것이다.[183] 나가민 작전은 78년 2월 6일 시작되어 약 5개월, 3주, 4일간 지속됐다. 그리고 20여만명 로힝야 난민들은 이듬해 거의 대부분 미얀마로 송환됐다.

이 시기 아라칸 주에서 전개된 정치운동 하나를 기억해야 할 것 같다. 아라칸 주에는 이미 공산주의, 민족주의 등 이념과 정치 지향 등에 따라 여러 라까인 무장단체와 무장정당들이 활동하고 있었다. 이들에 대한 군부의 소탕 작전이 나가민 작전 전후로도 계속됐다. 그 라까인 조직들 중에는 로힝야 "형제들"을 향한 네윈 군정의 탄압에 심각한 우려와 비판을 가하는 조직이 없지 않았다. 〈아라칸 독립기구〉Arakan Independent Organization(AIO)가 그것인데 AIO는 " 'BSPP 정권'이 우리의 두 형제(로힝야 & 라까인) 커뮤니티를 "인종적 종교적 분쟁"을 조장하기 위해 애 쓰면서 우리의 혁명과 민족적 단합을 짓누르고 있다"고 비판했다. 따라서 이에 맞서기 위해 "아라칸 민중들"Arakan People"이 우리 스스로의 일에 주도권을 가져야 한다"고 주창했다.[184]

로힝야 무슬림을 향한 동정과 연대가 가시화된 라까인 단체의 성명은

....

183 로힝야 문제를 두고 '제노사이드'라는 표현이 처음 등장한 건 1951년이다. 독립직후 어수선한 시국에 〈아라칸 무슬림 회의〉(Arakanese Muslim Conference)는 당시 '반파시스트인민자유동맹'(AFPFL) 정부에 보내는 호소문을 통해 "아라칸의 공산주의와 민주주의 사이에서 홀로 서 있는 무슬림에 대한 제노사이드를 중단하라"는 호소문을 발표했다. 이들은 버마정부군 내 "아라칸인들"(라까인 불교도를 지칭)을 그들이 염려하는 이유라 밝혔다. (Martin Smith 2019 P. 31)

184 Arakan Independence Organisation Central Committee, 1978, "Statement on the Expulsion of Muslims from Arakan", 05/20/1978. Martin Smith (2019) P.44 재인용 https://www.ohchr.org/sites/default/files/Documents/Issues/IPeoples/EMRIP/RightToLand/RohingyaSubmission.pdf

아마도 이때가 마지막일 듯 싶다. 나가민 작전을 필두로 하여 80년대에서 90년대초까지 진척된 로힝야 시민권 박탈과정, 그리고 제노사이드 인프라 구축의 시대였던 90년대를 지나면서 버마/미얀마 군부의 각종 분열 정책과 공작정치는 두 커뮤니티의 갈등의 골을 무한대로 넓혀 놓았다. 두 커뮤니티의 공조나 연대는 70년대 말 AIO 이후로는 좀체 찾아보기 어렵다. 그 사이 로힝야 단체들이 소수민족 무장단체 동맹 조직들에 동참을 시도한 때가 없지 않았다. 그러나 매번 〈아라칸 해방당〉(ALP) 같은 "벵갈리 혐오"를 강하게 내뱉는 조직들의 반대에 부딪쳤다. 그리고 2010년대 이후 라까인 정당들과 무장단체들 사이에서는 모두의 영역에서 극우 성향에 가까운 민족주의 운동이 두각을 나타내고 있다.

2차 대 축출 : 1991/92 '퓌 따야'
– "깨끗하고 아름다운 국가"를 위하여

88항쟁 이후 네윈 군부는 물러났지만 이내 곧 발생한 소 마웅Gen. Saw Maung 장군의 '9.18 쿠테타'로 신군정이 들어섰다. 이들은 스스로를 '국가 법질서회복위원회'(이하 'SLORC')이라 명하고 군사통치를 시작하며 조만간 선거를 치르고 다당제 민주주의를 이행하겠다고 약속했다. 1990년 5월 놀랍게도 자유롭고 공정한 총선이 정말 치러졌다. 자유롭고 공정하게 치러진 선거 결과는 두말할 것도 없이 민주진영 대표 정당인 NLD의 압승과 소수민족 정당들의 대약진을 보았다. 로힝야 정당 〈인권을 위한 민족 민주당〉National Democratic Party for Human Rights(NDPHR)도 라까인 주 북부 마웅도와 부띠동 타운쉽에서 4석을 확보했다. 그러나 선거패배로 충격에 빠진 SLORC 군정은 시간을 끌며 정권 이양을 미뤘고 급기야 영구적으로 선거 결과를 인정하지 않았다. 의회는 한 번도 열리지 못한 채 2011년 테인세인 준 민간정부가 들어서기까지 군부독재 2막이 이어졌다. 그사이 1997년 SLORC은 SPDC로 이름을 바꿨다.

90년대는 미얀마 군부 독재 노선에도 변화가 일어난 시기로 볼 수 있다. 암흑기는 여전하나 교묘해졌고 네윈 시대의 고립에서 벗어나려는 시도가 나타났다. 97년 미얀마는 동남아국가연합(아세안) 회원국이 되면서 지독한 고립을 벗고 외교무대로 나왔다. 경제적 지정학적 이해관계로 얽힌 중국과의 관계에도 변화가 왔다. 80년대 말 90년대 초 버마 공산당(CPB)의 전면 해체로 CPB를 지원하던 중국은 이제 군정 자리에 들어선 세력 곧 SLORC과 특히 경제적 이해관계를 정립하기 시작했다. 93년에는 소수민족 대표자들을 임명 소집하여 '민족회의'National Convention라는 신헌법 기안위원회를 구성하고 7단계 민주화 로드맵을 기획했다. 2008년 5월 10일, 사이클론 나르기스의 대참사 와중에도 통과시키기에 혈안이 됐던 '2008 군정헌법' 모의는 이때부터 시작된 것이다.

이 시기 로힝야 제노사이드도 중대한 국면을 맞는다. 1982 시민권법에 기반한 로힝야 시민권 박탈 작업은 90년대 초반 주민카드 교체 작업을 거치며 완성단계에 이르렀다. 그런가 하면 로힝야만 겨냥한 산아제한, 결혼허가제, 이동의 자유 제약 등 여러 제도와 정책들이 체계적으로 도입, 진척되면서 이른 바 '제노사이드 인프라'가 구축돼 갔다. 바로 그 90년대를 시작한 건 또 다른 대 축출이었다. 1991-1992년, '깨끗하고 아름다운 국가'의 의미가 담긴 '퓌 따야'Pyi Thaya 작전이 전개됐다. 78년과 유사한 규모 20만에서 25만명의 로힝야들이 방글라데시로 축출됐다. 2차 대축출이다.

이 작전 역시 형식적으로는 로힝야 무장단체 - 당시는 로힝야연대기구(RSO) - 소탕과 '불법 이주민 축출'을 내걸었다. 국영신문 〈Working People's Daily〉는 "로힝야 문제는 이제 미등록 불법 이주민들의 문제를 넘어선 문제"라는 주장을 펴기도 했는데 이는 로힝야 반군 소탕작전임을 강조하여 작전의 정당성을 획득하려는 시도로 풀이된다.[185]

로힝야 대축출 사건은 라까인 민족주의자들 입장에서 다른 각도의 우려를 낳았다. 방글라데시로 로힝야 난민들이 유입되면 '방글라데시 라까인'들이 거주하는 치타공 산악지대에서 '불교도 vs. 무슬림' 갈등이 생겨날까 우려했던 것이다. 이들은 방글라데시쪽 국경지대 치타공 일대 갈등을 완화하기 위한 노력의 일환으로 "9개 아라칸 혁명 군 위원회" Committee of nine revolutionary forces of Arakan을 꾸리고 방글라데시에는 공개호소문을 발표했다. 두 나라 시민들의 형제애를 강조하며 두 나라는 "지정학적" 이해 관계 뿐 아니라 "문화적-역사적"으로 항상 이웃해왔다는 점을 강조하며 충돌 예방 작업들을 한 것이다.[186]

미얀마 국내적으로는 88항쟁의 산물로 태어난 학생반군 〈버마학생민주전선〉(ABSDF) 서부지부(아라칸 주 기반)가 "군부가 커뮤니티 갈등과 긴

---

185 Working People's Daily 1992 January 25. Martin Smith 2019 P. 57 재인용

186 "Towards Bangladesh and Her People", 1992, *Coordinating Committee for Bangladesh Affairs of All Revolutionary Forces of Arakan*, 12/20/1992. The members were NUFA (CPA, ALP [-AIO], ANLP, TNP, NDFA), AA1, "Chin Army", ABSDF (Arakan), Red Flag CPB, and "patriotic individuals"

장을 조장하려 한다"고 비판입장을 내놨다. ABSDF는 "불법적인 군사정권을 제거하는 것이 우리 민주진영의 최우선 과제다. 아라칸인들과 벵갈리 로힝야 무슬림들간의 협력은 필수적"이라고 강조했다. 또한 "(로힝야) 난민 위기는 민주적이고 평화적인 방식으로 해결되어야 한다"고도 강조했다. 이들은 로힝야 무슬림들에 대한 연대와 동정을 표현하긴 했지만 당시 로힝야 무장단체인 〈로힝야 연대기구〉(RSO)와 다른 로힝야 무장조직들에 대해서는 그들의 이슬람주의 노선에 우려가 있었던 것으로 전해진다.[187] ABSDF의 이 성명은 대중 운동의 기반이 약했던 70년대와 달리 88항쟁 이후 '군부독재 타도'를 경계없이 외친 경험으로 가능했을 것이다.

'2012년 폭력 사태'와 '보도지침'[188]

91-92년의 2차 대축출 이후로도 로힝야에 대한 탄압과 폭력은 계속됐다. 하지만 대규모 폭력 사태가 발발한 건 2012년, 거의 20년만이다. 그해 6월과 10월 두 차례에 걸쳐 벌어진 이른 바 '2012 폭력 사태'는 로힝야 제노사이드 역사에 남을 결정적 장면들과 '트리거'들을 곳곳에 양산했다. 이 폭력사태를 계기로 로힝야 보트 난민 탈출은 그야말로 '러쉬'를 이뤘고 급기야 2014-2015년 '동남아 보트난민 위기'로 이어졌다. 뿐만 아니라 2016 -

....

187 Martin Smith (2019) P. 56
188 '2012년 폭력 사태'는 '학살' '인종청소' 등 여러 표현으로 규정된다. 본질적으로 동의하지만 그럼에도 이 책에서는 가장 '중립적' 방식인 '2012 폭력 사태'로 표현한다. 사태 초기 로힝야쪽 폭력이 전혀 없지 않았기 때문이다.

2017년 대학살의 '형식적 트리거'가 된 로힝야 무장단체 〈아라칸 로힝야 구원군〉(ARSA)의 결성도 2012년 폭력사태에 그 기원을 둔 것으로 알려져 있다. 로힝야 청년들의 절망이 무장단체 결성으로 이어진 것이다. 〈휴먼 라이츠 워치〉는 2012년 폭력 사태를 두고 이미 '로힝야에 대한 인종청소'였다고 논평한 건 앞서 언급한 대로다.[189]

사건의 발단은 그해 5월 29일 26세 라카인 불교도 여성 마 띠다 트웨 Ma Thida Htwe가 3명의 '무슬림 남성'에게 강간당한 후 살해됐다'는 보도였다. '무슬림 남성에 의한 불교도 여성 강간 사건'은 미얀마에서 최대치의 휘발력을 가질 수 있다. 3명의 무슬림 남성은 로힝야가 아닌 캄만 무슬림[190] 이라는 주장과 함께[191] 가해자들에 대한 다양한 억측이 나왔고 이중 한 명은 옥중 자살했다는 보도도 이어졌다. 그리고 6월 3일, 라카인 주 '통구 Taungup' 타운쉽에서 이곳을 지나던 관광버스를 세운 불교도 무리들이 그 안에 타고 있던 무슬림 남성 10명을 끌고 나와 살해하는 사건이 발생했다. 버스 승객에 대한 정보가 누군가에 의해 미리 공유됐음을 암시하는 기획 보복이었다.

그러나 이 사건이 엄청난 폭력 사태로 발전되는데 결정적 역할을 한

189 "All You Can Do is Pray" Crimes Against Humanity and Ethnic Cleansing of Rohingya Muslims in Burma's Arakan State, 2013, *Human Rights Watch*, 04/22/2013, https://www.hrw.org/report/2013/04/22/all-you-can-do-pray/crimes-against-humanity-and-ethnic-cleansing-rohingya-muslims

190 로힝야와 달리 공식 종족으로 인정, 시민권을 갖고 있는 라카인 주 소수 무슬림 커뮤니티

191 Aman Ullah, 2019, "Myanmar : The Real Reason Behind 2012-2013 Anti-Muslim Violence", 05/25/2019, https://rohingyavision.com/myanmar-the-real-reason-behind-2012-13-anti-muslim-violence/

건 정부 소유 관영 언론들의 자극적 보도였다. 당시 국영일간지 〈미얀마 알린〉 편집장이었던 우 린 윈U Hline Win(필명 : Tekkatho Maung Thu Hlaing)은 2023년 발행한 회고록 〈The History of State−Owned Newspapers and My Journalism Career"〉에서 당시의 보도 과정에 대해 상세히 설명했다. 〈미얀마 알린〉Myanmar Alin(1914년 창간. New Light of Myanmar의 미얀마어판)과 또 다른 국영일간지 〈케이몬〉Keymon은 6월 5일 이 사건과 관련 기사 3개를 실었다.[192] 하나는 무슬림 남성 3명에 강간당했다는 띠다 사건' 보도였고, 나머지 두 개는 티다사건에 대한 보복으로 발생했던 무슬림 남성 10명 살해 사건'과, 그 보복에 대한 항의로 시트웨에서 발생한 무슬림들의 경찰서 공격에 대한 보도였다. 회고록에 따르면, 이들 보도는 전날 6월 4일 테인 세인 정부 정보부의 지시에 따른 것이다. 정부의 기획과 개입을 알 수 있는 대목인데, 특히 두번째 사건을 다룬 다음과 같은 기사 제목이 문제였다.

"(라까인주) 탄드웨에서 양곤으로 향하는 '요마 띳사(버스회사 이름)' 버스에 올랐던 열명의 무슬림 칼라Kalars 사망"Ten Muslim Kalars on board Yoma Thitsar passenger bus from Thandwe to Yangon killed"

이 책에서 반복적으로 등장하고 있는 '칼라'는 '니그로' '깜둥이' 정도에 해당하는 매우 모욕적인 인종주의 용어다. 이 용어는 미얀마의 무슬림이나 인도계 외모, 특히 로힝야들을 가리킬 때 광범위하게 사용된다. 미얀마 언론 〈이라와디〉는 미얀마 알린 편집장의 회고록을 다룬 기사 제목을 "미

---

192 The Inside Story of Myanmar Govt's Info War on Rohingya, 2023, *The Irrawaddy*, 03/14/2023, https://www.irrawaddy.com/news/burma/the-inside-story-of-myanmar-govts-info-war-on-rohingya. html

얀마 정부의 대로힝야 정보 전쟁"이라고 달기도 했다.

6월 8일, 이번에는 라까인 북부 마웅도 지역에서 분노한 로힝야들이 금요 기도회를 마친 후 거리로 쏟아져 나와 시위를 벌였고 이중 일부가 라까인 불교도들의 가옥을 공격하는 등 또 다른 보복폭력이 이어졌다. 6월 10일 테인 세인 대통령은 비상사태를 선포했다. 그럼에도 다음날인 6월 11일 시트웨 대표적 무슬림 구역인 '나지 구역'Nasi quarter[193] 에서 대대적인 안티-로힝야 폭력이 발생했다. 이때만 140명이 사망했다. 그리고 6월 13일, 나지 구역 주민들을 포함하여 시트웨 시내 로힝야 주민 약 14만명이 끝없는 행렬을 지어 시외곽으로 축출됐다. 로힝야 격리, 영구 게토화, 이 책의 첫 장에 담긴 '아파르트헤이트'는 그렇게 완성됐다.

그해 유엔이 작성한 내부 기밀 문건에 따르면[194] 2012년 폭력 사태는 철저히 기획된 것으로 보인다. 라까인 주 17개 타운쉽 중 13개 타운쉽에서 발생했고 주 폭력 공간은 시트웨다. 그런데 다른 지역에서 라까인 불교도 폭도들이 시트웨로 동원된 흔적이 곳곳에 있다. 이 같은 기획에는 라까인 주 정부 관료들 뿐 아니라 연방정부 보안 책임자들, 국경부 관계자들이 모두 연루됐다고 유엔 내부 문건은 지적했다. 런던 소재 〈국가폭력 국제연구소〉(ISCI) 보고서 역시 폭도 동원에 대해 매우 상세한 정황을 담았다. ISCI는 당시 로힝야 마을 공격과 준비 과정에 라까인 정치인들, 라까인 시

....

193   Time Staff, 2009, "Visiting the Rohingya, Burma's Hidden Population", *TIME*, 03/10/2009, https://content.time.com/time/world/article/0,8599,1883976,00.html

194   Genocide Agenda / Aljazeera Investigation (2015) https://youtu.be/UrQRYrpp2cI?feature=shared&t=717

민사회가 모두 준비하고 동참했다고 기록했다.

"폭력이 발발하기 며칠 전, 라까인 시민사회 활동가들은 시트웨 주변부의 라까인 '마을 행정관들'에게 보낸 공지를 통해 한 가구당 20-40세 사이 남성 최소 한 명을 차출할 것을 요구했다. 그리고 로힝야 커뮤니티 공격에 동참하도록 요청했다. 그렇게 소집된 이들은 6월 8일 오전 모처에 모였고 '익스프레스 버스'를 타고 시트웨 시내로 이동했다. 이들은 무슬림을 공격하는게 라까인족의 의무라는 말을 들으며 칼과 대나무 죽창등으로 무장, 공격을 준비했다. 몇 백명, 아니 몇 천명 될 지 모를 많은 수의 라까인 남성들 그리고 여성들이 이송됐고 이중 일부는 나지 마을에 하차했다" [195]

나지 마을은 시트웨의 대표적인 로힝야 거주 구역이었다. 그러나 이때의 폭력으로 마을은 불타고 황폐화됐다. 공터가 됐고 잡초가 무성한 풀밭으로 덮힌 모습이 쇼셜 미디어에 오르기도 했다.[196] 2012년 6월 폭력 사태로 시트웨에서 살아남은 유일한 무슬림 마을은 아웅 밍갈라 뿐이다. 이듬해 내가 시트웨 외곽 수용소 캠프를 방문했을 당시 그곳에서 만난 로힝야들 절대 다수가 "나지 마을에 살았었다"고 말했다. 그날 몰려든 폭도들의 공격에 피난민이 된 로힝야 청년 아흐마드(가명)도 나지 출신이라고 했다. 그는 내게 '난민선을 타고 외국으로 가겠다'고 단호히 말했다.

"여기서 이런 식으로 살고 싶지 않습니다. 조금도요. 태국이든 말레이

....

195 Penny Green, Thomas Macmanus, Alicia de la Cour Venning, 2015, 'Countdown to annihilation : Genocide in Myanmar', *International State Crime Initiative* P.74 ~ 75

196 https://twitter.com/Francis_Wade/status/651975910833283074

시아든 우리를 받아주는 곳이라면 어디든 갈 겁니다. 미래를 꿈꿀 수 있는 곳으로 갈 겁니다. (그곳에서의 삶도 어렵다는 걸 알지만) 일정하게 시간을 보내고 나면 그래도 미래를 만들 수 있을 거라 확신합니다. 우리의 미래를 개척하는 것은 매우 중요하니까요.″ [197]

'국가와 종족의 생존을 위해 – 홀로코스트조차 정당하다'

그런데 2012년 폭력 사태는 한 차례로 끝나지 않았다. 10월에 또 한 차례 2차 폭력 사태가 있었다. 10월 폭력 사태때는 로힝야는 물론 캄만 무슬림들도 공격 대상이 됐다. 캄만 무슬림은 로힝야와 달리 135개 '공식 인종'에 속하는 그룹이다. 그런 캄만이 공격대상이 되었다는 건 폭력의 양상이 '안티-로힝야'에서 '안티-무슬림'으로 확장되었다는 걸 의미한다. 그리고 이듬해 그 '안티-무슬림' 폭동은 라까인 주를 벗어나 중북부 멕띨라와 다른 여러 지역까지 지리적 확장세를 보인 것이다.

그 동안 캄만 커뮤니티에는 로힝야족과 자신들을 차별화하며 미얀마 주류에 편입하려 애쓰는 이들이 적지 않았다. 2014년 유엔인구펀드의 인구조사 과정에서도 캄만 지도자들은 로힝야들의 인종 표기는 '벵갈리'로 해야 한다고 주장하기도 했다. 내가 양곤에서 인터뷰한 캄만 정치인도 다를 바 없는 인식 수준을 보였고 장시간 인터뷰를 마치고 대단히 씁쓸했던 기억이 난다. 두 커뮤니티 관계엔 금이 갔다. 그럼에도 미얀마 사회는 캄

---

197 이유경, 2015, '버마의 아파르트헤이트 Burma's Apartheid', https://youtu.be/M1st7y–Wfo?t=462)

만 무슬림들에게조차 가혹하고 냉담했다. 그 차별의 시대가 계속되고 있는 오늘 미얀마 군부는 2022년 9월이후 캄만 무슬림들들에게 여권 발급 거부하고 있다는 소식도 들려온다.[198] 2012년 폭력 사태 후 '우 바르 디 와'라는 이름의 라까인 승려가 한 말이다.

"캄만 무슬림 역시 '칼라'(무슬림 비하 호칭)다. 그들은 (로힝야족과) 같은 인종이고, 같은 핏줄이다. 폭력 사태가 발발하면 캄만은 '칼라'(로힝야족)와 손을 잡지, 라카인 편으로는 오지 않는다."

그렇다면 6월의 그 엄청난 폭력사태는 왜 제어되지 않은 채 10월 2차 폭력으로 이어지고 공격대상은 시민권자 캄만 무슬림으로 확장되었을까. 우선, 6월 1차 폭력 사태 이후 테인 세인 정부 관료들이 안티―로힝야 폭력을 직간접적으로 합리화하면서 이들에 대한 제약을 지지하는 등 혐오를 부추겼기 때문이다.

이를 테면 내무부 장관 코코 Lt. Gen. Ko Ko 는 7월 31일 의회에 출석하여 6월 폭력 사태 직후 강화된 대 로힝야 제약들을 정당화했다. "이동 규제, 산아 제한, 사망, 이민, 결혼, 새로운 종교적 건물 건축과 수리 그리고 토지 소유권과 건축 규제를 위해 벵갈리에 대한 규제를 강화하는 것"이라고 발언했다.[199]

2012년 폭력 사태 기획에 동참한 것으로 알려진 라까인 단체들과 정치

198 "Kaman people say Sittwe passport office denying their application on basis of religion", 2023,, *Development Media Group*, 09/05/2023 https://dmediag.com/news/saypassorb.html

199 Fortify Rights (2014) P.11

인들의 발언은 보다 더 노골적이었다. "인권단체"를 자처한 〈아라칸 인권 및 개발기구〉Arakan Human Rights and Development Organisation(AHRDO) 보고서는 이렇게 적었다.

"이 벵갈리들은 인간 같지도 않다. 참을 수 없는 악마 같은 존재들이어서 피를 흐르게 하고 다른 이들의 고통을 야기해서 고통스럽게 한다. 따라서 우리는 반드시 그들에 대항해야 한다" [200]

그리고 무엇보다 승려들의 꼼꼼한 선동을 빼놓을 수 없다. 승려들의 선동은 라까인 주 여러 지역에서 다양한 승려조직들에 의해 여러 차례 나타났다.

우선, 6월 29일 시트웨의 아라칸 주 승려단체인 〈청년 승려연합〉 Association of Young Monks이 "모든 아라칸 민족에 고함"이라는 제목의 팸플릿을 배포했다. 이 '비장한' 선동 팸플릿의 대표적 문구가 이렇다.

"아라칸 인들은 벵갈리(로힝야)와 어떠한 비즈니스를 해서도 안된다. 벵갈리들은 우리의 땅에 거주하며 아라칸의 물을 마시고 아라칸의 그늘에서 휴식하며 그러면서도 아라칸의 괴멸을 시도하고 있다"

둘째, 7월 5일 라띠동 타운쉽(로힝야와 라까인이 비슷한 비율로 공존해온 타운쉽)에서는 이 지역 승려들이 12개항 성명서를 발표했다. 성명서 시작은

---

200 Arakan Human Rights and Development Organisation (AHRDO), 2013, "Conflict and Violence in Arakan (Rakhine) State, Myanmar (Burma): What is Happening, Why and What To Do", 07/2013 p.21: ISCI 2015 재인용. AHRDO의 해당 보고서는 링크(http://www.burmalink.org/wp-content/uploads/2013/12/AHRDO.Arakan-Violence-Report-for-reading-Online.pdf)에서 사라졌다. 그러나 보고서에 대한 보도자료는 다음 링크에 남아 있다. https://www.burmalink.org/conflict-and-violence-in-rakhine-state-myanmar

로힝야들이 아라칸인들(라카인 불교도들)의 인종청소를 모의 중이라는 확인되지 않은 사실을 선동하는 내용이다. 이 성명은 민병대 배치까지 주장하고 있다.

"우리 아라칸 인들의 선의를 이용하는 사악한 벵갈리(칼라)들의 아라칸 인종청소 프로그램이 오늘 발각됐다"

셋째, 7월 9일 발표된 므라우 승려연합Association of monks in Mrauk-U 성명이다. 성명은 "아라칸 인들은 벵갈리가 우리 아라칸땅을 파괴하고자 한다는 걸 알아야 한다"며 강력한 선동체로 시작한다. 이어지는 문구를 보자.

"그들은 아라칸의 쌀을 먹으면서 아라칸인들을 말살시키려 하고 있다. 그들의 돈을 이용해서 우리 아라칸인들을 죽이려 한다. 이 같은 이유로 오늘 부로 아라칸인 누구도 벵갈리에게 어떠한 물건을 팔아서는 안되며 벵갈리를 고용해서도 안되며 벵갈리에게 어떠한 먹거리를 제공하지 말 것이며 어떠한 거래도 하지 말라. 그들은 천성이 잔혹한 자들이다"

므라우 승려연합의 이 성명 발표 100여일 후 므라우 얀테이 마을에서는 로힝야 70명이 불교도들 공격에 학살당했다.

그리고 라까인 극우 민족주의 정당 RNDP의 선동을 빼놓을 수 없다. 우선 이 당의 대표인 닥터 에 마웅Dr. Aye Maung[201]은 7월 26일 성명에서 "로

....

201 닥터 에 마웅은 2022년 11월 19일 쿠테타 군부가 부여한 훈장 'Thiri Pyanchi'를 받았을 만큼 2021 쿠테타 이후 친군부 성향을 보다 선명하게 보이고 있다. 닥터 에 마웅과 함께 같은 훈장을 수령한 이들의 이름도 주목할 만하다. 〈아라칸 군〉(AA)총 사령관인 트완 므랏 나잉의 장인이자 전 라까인 주 주의회 의장을 역임한 산 초 라(San Kyaw Hla), 그리고 이 책의 3장에 인터뷰로 등장하는 도 에 누세인 등도 군부로부터 훈장을 수여 받았다. 'Eight Arakanese among recipients of junta's honorary titles, 2022, BNIOnline, 11/23/2022, https://www.bnionline.net/en/news/eight-arakanese-among-recipients-juntas-honorary-titles

힝야는 조작된 역사"이고 "아라칸인들과 아라칸 민족 주권을 침해"하고 있다고 말했다. 그의 성명은 "끝장내는 해결책"complete solution을 주창하며 로힝야들을 격리시킬 것을 재차 강조했는데 로힝야들을 "임시 이주"시켜서 "그들이 아라칸 인들의 같은 타운과 마을에서 섞이지 말아야 한다"고 거듭 강조했다. 그는 완벽한 아파르트헤이트를 주창했다.

RNDP 기관지였던 〈더 프로그레스〉는 심지어 "히틀러의 홀로코스트조차 '국가 운명의 생존을 위해' 정당화될 수 있다"고 주장한다. 〈더 프로그레스〉 2012년 11월호 사설이다.

"히틀러와 (아돌프) 아히히만은 유태인의 적이었다. 그러나 그들은 아마도 독일인들에게는 영웅이었을 것이다. 국가의 생존을 위해, (게르만) 종족의 생존을 위해, 혹은 국가 주권을 수호하기 위해서라면, 반인도주의 범죄나 비인간적 행위를 정당화될 정도로 저질러 질 수 있다. 그리하여 만일 (국가, 주권) 생존 원칙이나 (반인도주의 범죄) 정당화가 (우리 미얀마 경우에) 적용되고 허용된다면 우리늬 라까인 종족을 보호하기 위한 노력endeavours과 미얀마 연방의 주권수호와 수명은 "반인도주의 범죄" 혹은 "비인간적" inhuman 혹은 "인간적이지 않다"in-humane로만 치부될 수 없다."

사설의 끝은 이렇게 결연히 맺고 있다.[202]

"우리가 이 문제를 (로힝야 이슈를) 다음 세대로 넘긴다면 우린 역사에 비겁자로 추락할 것이다."

---

202 International State Crimes Initiative (ISCI), Countdown to Annihilation: Genocide in Myanmar, 2015 P. 45 재인용

그해 8월 테인세인 정부는 국제 인권단체들의 압박에 화답하는 제스처로 〈라까인 진상규명위〉를 꾸렸다. 그러나 총 27명으로 구성된 이 위원회에는 노골적으로 안티-로힝야 혐오를 감추지 않는 편파적인물들이 포함돼 있고 신뢰를 얻기는 어려웠다. 심지어 '홀로코스트조차 정당화 될 수 있다'는 증오 프로파간다의 책임자 닥터 에 마웅을 위원장으로 앉혔다. 그 위원장이 제시한 해결책이란 건 조금의 꼬임도 없는 그야말로 '아파르트헤이트의 공고화'였다.

"로힝야를 아라칸 주 모든 타운과 마을에서 라까인 불교도와 분리시켜야 한다. 이를 위해 로힝야를 라까인 불교도 거주지에서 멀리 떨어진 별도 공간으로 이주시켜야 한다"

2012년 폭력 사태는 어찌 보면 로힝야 제노사이드 마지막 단계(대학살)의 전초전이 된 사건이다. ARSA 결성의 추동력이 됐고 그해 폭력 사태 이후 '로힝야 제노사이드' 경보는 쉼 없이 울렸다.[203] 아나나 다를까, 2012년 폭력 사태가 남긴 후폭풍은 4년 후 걷잡을 수 없는 위기를 불러왔다.

2016년 10월 9일 새벽 2시, 일군의 로힝야 청년들이 군경 초소 3곳을 동시 다발 공격하는 일이 발생했다. 스스로를 '아라칸 로힝야 구원군'Arakan Rohingya Salvation Army라 명명한 '맨발의 청년들'이 감행한 이날 공격은 거의 20년만에 로힝야 무장단체가 폭력적 수단으로 자신들의 메시지를 전한

---

203 United States Holocause Memorial Museum, 2015, "They want us all to go away - Early warning signs of Genocide in Burma", 05/05/2015 https://www.ushmm.org/m/pdfs/20150505-Burma-Report.pdf

사건이었다.[204] ARSA의 등장을 빌미삼아 군은 "대테러 작전"이라는 이름
으로 군사 작전에 돌입했다.[205] 로힝야 제노사이드의 최정점 '대량절멸'과
살상의 시간이 다가오고 있었다.

그리고 대학살, 비통하게 흐르는 나프강

2017년 8월 25일 현지 시각 새벽 0시 50분, ARSA는 10개월만에 침묵
을 깨고 다시 등장했다. 2016년 10월 9일 1차 공격으로 세상에 모습을 드
러냈던 ARSA는 첫 공격당시 군경 초소 3곳을 공격하더니 이번에는 그 열
배에 달하는 30곳을 동시다발 공격했다. 공격 대상에는 부띠동 통 바자르
Taung Bazar 지역에 위치한 군부대가 포함됐다. 탓마도 서부사령부 경보병
대대(LIB) 552 부대가 주둔한 이곳은 90년대 수많은 로힝야들이 강제 노역
으로 동원됐던 현장이다. ARSA가 두번째 공격을 감행하자 군은 "벵갈리"
들이 "이슬람 국가"를 세우려 한다고 맞섰다. 그날 바로 ARSA는 '테러리스
트' 조직으로 등극됐다.

2017년 9월 ×일

"Pray for us". 오늘도 이스마일이 보낸 왓츠업WhatsApp 메시지에는 "우
리를 위해 기도해달라"는 문구가 어김없이 들어있다. 이스마일은 자신이

204 Htet Naing Zaw, 2017, "ARSA mobilizes Rohingya in Northern Rakhine : Army", *The Irrawaddy*,
      08/31/2017, https://reliefweb.int/report/myanmar/arsa-mobilizes-rohingya-northern-rakhine-army
205 Ibid.

살고 있는 라까인 주 라띠동 타운쉽의 수상한 상황들을 시시각각 내게 전해주는 50대 중반 로힝야 남성이다. 전년도인 2016년 10월 ARSA의 첫 공격 뒤 미얀마 군은 기다렸다는 듯이 1차 '청소작전'을 벌였고 약 8만7천명의 로힝야들이 이웃한 방글라데시로 탈출했다. 70년대 말, 90년대 초 그러했듯 탈출은 곧 학살, 강간, 방화, 고문이 자행되었다는 걸 의미한다. 그때 이후 로힝야 제노사이드는 막바지 단계인 '대량 절멸'을 향해 가파르게 이동 중이다. 그 즈음부터 이스마일은 내게 더할 나위 없이 중요한 '로힝야 통신원' 역할을 해주었다.

그는 자신이 확신하지 못하는 내용은 확언하지 않았다. 늘 보수적 통계를 제시했고 메시지에는 군더더기가 없었다. 이스마일 덕분에 나는 적어도 그가 살고 있는 라띠동 타운쉽에 대해서는 비교적 자세한 상황을 전달받고 있었다. 그런 그가 9월 초 숨 넘어가는 톤으로 메시지를 띄웠다. 열흘 동안 소식이 끊겼던 딸로부터 9월 4일 전화를 받았다고 했다. 오랜만에 전화를 건 스물 세 살 딸은 말을 잇지 못한 채 울기만 했다. 그러다 겨우 이렇게 입을 뗐다고.

"아빠, 우리 지금 나프강 쪽으로 가고 있어요"

나프강은 미얀마와 방글라데시를 이어주는 국경 강이다. 방글라데시로 탈출하는 피란민들을 잔잔히 이송해줄 때도 있지만 거칠게 삼키기도 했다. 로힝야들에게는 삶과 죽음의 강이다. 딸의 가족은 나프강 쪽으로 향하는 피란민 행렬에 묻어 가는 중이고 그건 딸의 마을도 군과 불교도 자경단의 공격을 받았다는 걸 의미했다. 나프강을 건너 방글라데시 땅에 닿기까지 고요한 강을 빠르게 건너면 45분에서 한 시간 정도 걸린다. 하지만 당시 상황은 언제 배에 승선할 수 있을지 조차 알 수 없는 대혼돈의 상황이었다. 2017년 8월 25일, 2차 '청소작전'이 시작된 이후 나프강은 하루도 빠짐없이 인산인해를 이루고 있다. 유엔은 2017년 로힝야 탈출 사태를 2차대전 이후 최대 난민 사태라 진단했다. 지난 반세기 조금이라도 '덜 위험한' 곳에 발 딛고자 몸부림쳤던 로힝야들이 또 다시 그 몸부림을 치고 있다. 돌이 갓 지난 아기 그리고 남편과 함께 이스마일 딸네 식구 세 명은 덜 위험한 곳에 닿으려 안간힘을 쓰고 있다. "여기 모든 사람들이 울고 있어요" 딸이 아버지에게 말했다.

"나프강은 지금 비통하게 흐르고 있어…"

딸의 소식을 전하는 이스마일의 메시지도 비통하게 울먹였다.

이스마일 딸이 여러 날 소식이 끊긴 데는 이유가 있다. 딸의 가족은 라띠동 타운쉽 샨 칼리Chein Khar Li 마을의 '샨칼리 피란민 캠프'(2012년 폭력 사태로 피난한 사람들의 캠프)에 살고 있었다. 그런데 ARSA의 2차 공격이 시작된 8월 25일, 미얀마 국경경찰(BGP, 나사까 후신)과 라까인 불교도 자경단이 이곳에 들이닥쳐 불을 질렀고 마을과 피란민 캠프 전역이 활활 타올랐다.

방화는 이날 새벽 ARSA가 군경 초소 30곳을 공격한 지 얼마 지나지 않은 시점에 벌어졌다. ARSA가 공격한 초소 30곳 중 하나가 샨칼리 마을에 있었다. 이 공격을 제외하면 샨칼리 일대에서 반군활동이 포착된 적은 없었다. 그러나 국경경찰과 자경단은 준비라도 한 듯 일사분란하게 움직였고 마을을 방화했다. 그들은 ARSA와 무관한 민간인과 피난민의 거주지를 모조리 불태웠다.

공격과 방화 후 1주일이 지난 9월 2일 〈휴먼라이츠워치〉는 '디지털 글로브Digital Globe'를 이용해 샨 칼리 방화 후 700채 이상의 건물이 모두 타 버린 위성 사진을 공개했다. 〈휴먼라이츠워치〉는 "(샨 칼리 마을이) 거의 전부 파괴"near total destruction됐고, 97%가 전소됐다고 전했다.[206] 수천명의 마을 주민들은 인근 산으로 피신했다. 대부분 몸만 빠져나왔다. 이스마일의 딸 가족도 그 행렬에 있었다.

그날 오후 1시 30분께부터 보안군과 자경단은 라띠동 타운쉽의 제디 퓐Zedi Pyin 마을도 방화하기 시작했다. 제디퓐은 반군의 공격을 받은 곳이 아니다. 제디퓐 마을은 라까인 촌락과 로힝야 촌락이 공존하는 곳이었으나 마을 주민 90%는 로힝야였다. 그 90%의 거주민 촌락을 군과 라까인 자경단이 봉쇄하고 있었다. ARSA 공격과 무관한 지역에서, ARSA 공격 발생 전부터 봉쇄로 로힝야들의 생계를 끊으려는 시도가 계속됐다면, 그건 군과 라까인 자경단의 공격이 기획된 것임을 말해준다.

ARSA가 8월 25일 10개월만에 두번째 공격을 감행했을 때 발표한 성명에는 "라띠동 타운쉽 로힝야 주민들이 2주넘게 봉쇄당해왔다"는 대목이 있다. 제디퓐 마을의 봉쇄를 가리키는 것이다. ARSA는 성명에서 "지난 이틀간 보안군과 라까인 극단주의자들이 라띠동 로힝야 주민 10여명을 살해했다"며 "마웅도 타운쉽(방글라데시와 국경이 인접한 타운쉽)에서도 이런 봉쇄의 조짐이 보이는 만큼 우리의 공격은 정당하다"고 주장했다.[207]

....

206 "Burma : Satellite images show massive fire destruction", 2017, *Human Rights Watch*, 09/02/2017. https://www.hrw.org/news/2017/09/02/burma-satellite-images-show-massive-fire-destruction

207 ARSA, 2017년 8월 25일 성명 링크 : https://twitter.com/ARSA_Official/status/900877804425932800

제디퓐 마을 봉쇄는 대량살상이 벌어지기 한 달 전인 7월 29일부터 시작됐다. 이 마을에 사는 로힝야 주민 600여 명은 그날 이후 일절 밖으로 나오지 못했고 전체 마을 주민 10%에도 미치지 못하는 라까인 불교도들이 마을 전체를 철저히 통제하고 있었다.[208] 인근 다른 마을에서 몰려온 라까인 자경단까지 장칼과 장대 등으로 무장한 채 제디퓐 마을 자경단에 합류했다.

봉쇄된 마을 주민들은 어떻게 생계를 잇고 있었을까. 이스마일은 "조금이라도 여유가 있는 주민들이 가진 것 없는 이웃들에 쌀을 나눠주며 하루 한 두 끼니로 연명하고 있다"고 말한 적이 있다. 그는 또, 해묵은 갈등에도 불구하고 로힝야 커뮤니티와 라까인 커뮤니티가 교류를 이어오던 유일한 공간 '제디퓐 시장'에서마저 "이제는 전운이 감돌고 있다"고 전하기도 했다. 이 시기 '봉쇄 국면'은 여러모로 수상했고, 제노사이드 대량 살상 단계가 임박한 거 아니냐는 불안에 모두들 떨고 있었다. 대학살 전야의 단골 전술 '봉쇄', 그래서 제디퓐이 위험했다. 기획의 냄새도 짙었다.

7월 27일 불교도 실종 사건부터 짚어보자. 제디퓐 마을과 인접한 차웅르와 마을에서는 불교도 주민 세 명이 산행을 떠났고 두 명은 돌아왔으나 한 명은 실종되는 사건이 있었다. 돌아온 나머지 두 명에 대해서는 아무런 정보도 나오지 않은 채 다음 날부터 돌연 라띠동 타운쉽 전역에서 실종자를 찾겠다는 명분으로 불교도들이 우르르 몰려들었다. 그 즈음 '아웅산 수치의 국가자문역 사무소'는 실종자가 발생한 마유 산악지대에서 2016년부

208 이유경, 2017, "미얀마의 로힝야 마을 봉쇄 심상찮다", 한국일보, 08/11/2017 https://www.hankookilbo.com/News/Read/201708111849166411

터 활동을 시작한 로힝야 반군 ARSA 캠프가 발견됐다며 휘발성 강한 정보로 사태를 악화시켰다. 당시 아웅산 수치의 국가자문역 사무소는 로힝야 제노사이드 살상의 선동국 역할을 톡톡히 했는데 그 중심에는 수치의 대변인이자 SPDC 군정시절부터 군부에 복무하던 조 테이라는 인물이 있다.[209]

실종 사건 발생 단 이틀만에 무장한 불교도들은 마유 산악지대 밑자락에 위치한 로힝야 난민캠프를 공격하기 시작했다. 그리고 봉쇄가 시작됐다. 이웃 마을에서는 폭력이 난무하고 있었다. ARSA의 공격 발생 한달 전 상황이 이미 그랬다. 7월 29일 제디핀 마을에서 약 3.2km 떨어진 로힝야 촌락 닐람보 주민 3명이 참수된 채 발견되는가 하면, 8월 4일에는 또 다른 로힝야 마을 '라자르 빌'에 군과 불교도 자경단이 "로힝야 반군 용의자를 찾겠다"며 들이닥쳐 주민 600명과 대치하는 상황이 벌어졌다. 이 과정에서 군의 발포로 로힝야 주민 5명이 중태에 빠졌고 6명은 체포됐다.

상황이 걷잡을 수 없이 악화되자, 제디핀 마을 주민들은 3주 가까이 생계와 식량 차단으로 굶주리다 잿더미로 변한 삶터를 뒤로하고 약 4마일(6.5km) 떨어진 친 요와 마을로 급히 피신했다. 각 마을에서 살아남아 피신한 이들이 점점 더 정글로 모여들었고 인원은 만명 단위로 늘어났다. 일부는 9월이 되어서도 여전히 정글에서 식량 없이 숨어 지냈다. 또 다른 일부는 무작정 서쪽으로 이동한 것으로 보인다. 이스마일의 딸이 속한 무리도

---

209 조 테이(Zaw Htay)는 미얀마의 〈국방사관학교〉(Defense Services Academy) 37기 군인 출신으로 2007년부터는 당시 친군정 엔지오로 출범한 '연방단결개발협회(USDA)' 활동을 하다 테인 세인 정부 하에서 정부 대변인을 오래 맡았던 인물이다. 로힝야 혐오 발언과 가짜 뉴스 확산에 지대한 책임이 있는 인물이다. 아웅산 수치의 최대 실책 중 하나는 바로 그런 군부의 명맥을 잇는 인물을 자신의 대변인으로 앉혔다는 것이다.

서쪽으로 계속 이동했다. 그리고 열흘을 넘겨서야 겨우 나프강 인근에 도착할 수 있었다. 수일을 굶주린 채 걷고 또 걸어 피난한 이들이 방글라데시로 끝없이 유입됐다.

ARSA 활동이 있지도 않은 지역 춧뒷에서 발생한 학살도 유사 사례다. 라띠동 타운쉽에 위치한 춧뒷 마을은 반군활동이 포착되지도, 공격을 받은 적도 없다. 그러나 8월 27일 오후 2시께 국경경찰 100여명과 라까인 자경당원 80명 가량이 마을에 들이닥쳐 불을 지르기 시작했다. 이스마일은 28일 오전 9시께 춧뒷 마을에 도착해 현장 상황을 살폈다. 그는 자신이 '마을에 도착했을 때 주민들이 최소 20구의 참혹하게 훼손된 시체를 땅에 묻고 있었다'고 말했다. 이스마일이 춧뒷 마을 주민들을 통해 알아낸 사망자는 성인남녀 각각 70명, 31명 그리고 남녀 어린이가 각각 29명, 22명으로 총 152명 정도된다. 이스마일은 내게 자신이 확인한 것만 말해줄 수 있다고 거듭 강조했다. 이후 춧뒷 마을 학살은 이후 2017년 로힝야 제노사이드 대학살의 대표적 학살지로 떠올랐다.

유엔에 따르면 8월 27일 춧뒷 마을 학살로 학살당한 이들은 최소 300명에 달하고 약 700개의 건물들이 파괴됐다. 국제인권단체 〈포티파이 라이츠〉Fortify Rights는 9월 1일 성명을 내고[210] 춧뒷 학살을 비중 있게 전했다. 오후 2시부터 7시까지 5시간 동안 광란의 학살이 자행됐고 6살, 9살 어린이까지 참수당했다고 전했다.

....

210 "Myanmar : End Attacks in Rakhine State, Protect Civilians", 2017, *Fortify Rights*, 09/01/2017, https://www.reuters.com/article/us-myanmar-rohingya-un-idUSKBN1CG10A

춧퓟 마을 학살은 특이점이 있었다. 군과 라까인 자경단은 남성 여성 어린이를 분류한 뒤 남성을 모두 사살하는 방식으로 학살을 자행했다. 〈국가범죄 국제연구소〉(ISCI)는 이 같은 학살 방식이 "1995년 전 유고연방에서 발생한 스레브르니차 학살을 연상시키는 사례"라고 언급했다.[211] "남자와 여자가 분리됐고 남자들을 모두 죽였다"는 생존자 누르 베굼의 증언은 1995년 스레브르니차에서도, 2017년 라까인에서도 같은 패턴으로 벌어졌다.

2017년 8월 25일부터 9월, 그리고 10월…라까인주는 로힝야 대량살상의 시간들로 불탔다. 9월 기준, 아직 불타지 않았던 로힝야 마을 주민들은 극단적 공포에 시달리고 있다고 마웅도 우쉰짜U Shin Kya 마을 주민 '살림'이 전해줬다. 살림은 또 다른 '왓츠업 로힝야 통신원'이었다. 그는 9월 4일 '웅아 쿠 라'Nga Khu Ra 마을[212], 9월 5일 '라 둥 샤웅'Ra Duang Shaung마을 등 자신의 마을 우쉰 에서 불과 2마일 정도 떨어진 인근 마을들이 불타기 시작했다고 말했다. 9월 7일, 친 요 와 마을 주민들 일부는 피난 길에 올랐지만, 보안군이 피란길을 막가 마을로 되돌아갔다는 소식이 전해졌다.

인도네시아 난민캠프에서 5년째 '갇혀' 지내고 있는 로힝야 난민 안와르(가명)는 부띠동 타운쉽에 살고 있는 부모님 걱정에 하루 종일 좌불안석이다. 그는 왓츠업을 통해 내게 수시로 불안감을 적어보내고 있다. 안와르는 고향의 부모님과 전화통화 할 때마다 '사랑한다 아들아'라는 부친의

211 1995년 7월 보스니아 전쟁 중 보스니아 무슬림 남성과 소년들 8일만에 8천명 집단학살한 사건.
212 https://twitter.com/afpfr/status/1013379438048788480

말을 잊을 수 없다고 했다. 사랑한다는 말 뒤에 덧붙이는 말은 늘 같았다. "군이 언제 올 지 모르겠구나. 우리를 위해 기도해주렴"

방글라데시로 피난길에 오른 딸을 염려하며 "죽고 싶은 심정"이라던 이스마일 사정도 다르지 않았다. 9월 5일 "라띠동 마을 5곳이 불탔다"고 소식을 전해주던 그의 불안은 안와르 부친의 그것과 다를 수 없었다. 그는 "군과 불교도 자경단이 언제 마을에 들이닥쳐 총을 쏴대고 불태울지 모른 다"며 불안해했다. 그로부터 약 1주일 후 이스마일로부터 보고 싶지 않은 메시지가 뜨고 말았다.

"그들이 기어코 우리마을로 왔어!"

2017년 로힝야 제거에 작정하고 나선 군과 자경단의 공격수위는 충분 히 잔혹했던 전년도에도 비할 바가 아니었다. 그들은 로힝야 마을을 하나 씩 침투해 들어가고 있었다. 이스마일은 그 무리들이 기어코 자신의 마을 에 침입했다며 피난 중이라고 메시지를 보내왔다. 그가 강에 이르러 보낸 동영상을 보니 강을 건너지 못한 이들로 어수선했다. 잔인하리만치 아름 다운 하늘 아래 '바닷가 난민촌'이라도 형성된 듯 보였다. 이스마일은 강 을 건너는 뱃삯이 1,000 다카(약 12,000원)쯤 된다고 했다. 그마저도 배가 없 다고 했다.

잔인한 8월이 지나고 더 잔인한 9월이 왔다. 수년간 국제인권단체들이 경고해 온 '로힝야 제노사이드'가 현실 속에서 펼쳐지고 있다. 미얀마 사 회는 로힝야 제노사이드의 지옥으로 가파르게 내달리고 있다.

'포 컷 전술'과 경보병 사단의 창설

대학살 전야의 봉쇄 상황을 두고 <아라칸 프로젝트> 크리스 리와는 "포 컷 전술의 부활"이라고 설명했다. '포 컷'Pya Lay Pya 전술은 '4가지를 끊는다'는 의미다. 주민들을 통째로 강제 이주시키거나 특정 공간에 가두고 봉쇄하면서 식량, 자금, 정보, 그리고 반군모집 기반을 차단하는 전술이 바로 '포 컷' 전술이다. 독재자 네윈 시대 도입된 탓마도의 대반군작전 전술로 시작됐다. 1978년 '나가 민' 작전으로 로힝야 20여만명이 방글라데시로 축출됐을 때도 포컷 전술이 도입됐다.

'포컷 전술'은 1962년 남베트남 정권이 미국과 공조로 시행한 "전략촌" 전술"Strategic Hamlet" Tactics을 모델 삼은 것으로 알려져 있다. '전략촌 프로그램'은 반군에 대한 지지를 봉쇄하려는 시도 중 하나였다.[213] 탓마도의 잔혹함으로 악명높은 엘리트 부대 특수경보병단' Special Light Infantry Divisions(LIDs)도 이 포컷 작전 수행을 목표로 1968년 창설됐다.

이때 창설된 LID 99 사단, 그리고 LID 33 사단은 2016년, 2017년 두 번의 '청소작전' 과정에서 잔혹한 학살 중 하나로 지목된 '춧핏' 학살, '인딘 학살' 등에 연루된 엘리트 부대다. LID 33사단은 여러 차례 미국 재무부의 제재대상이 되기도 했는데, 2018년 8월 17일에

---

213 Martin Smith (2019) P. 37

는 로힝야를 겨냥한 심각한 인권침해를 사유로 다시 한번 제재대상
에 올랐다. LID 33 사단의 악명은 1988년 8888항쟁으로도 거슬러
올라간다. 당시에도 반독재 학생 시위대를 향해 무력진압을 한 부
대로 악명 높다.[214] 2021년 2월 20일 만달레이에서 벌어진 반쿠테타
평화시위대를 향해 발포한 것도 LID 33사단이다. 그해 3월 22일 미
재무부는 다시 한 번 이 부대를 제재 명단에 올렸다.[215]

무시된 경고, 치밀한 준비

2017년 절정으로 치달았던 로힝야 제노사이드는 2010년대 중반부터
국제인권단체들이 경고한 대로였다. 2015년 9월 21일 미국 홀로 코스트
메모리얼 뮤지엄이 운영하는 '제노사이드 방지를 위한 '사이몬–스킷돗트
센터'Simon–Skjdodt Center는 미래에 대량 살상이 벌어질 가능성이 높은 국가
로 미얀마를 지목했는데 미얀마는 중앙아프리카, 나이지리아, 수단 보다
위험한 대량살상 위험국으로 분류됐다. 대량살상을 예측하는 통계 툴에
기반한 경고였다.

제노사이드 단계 상승 흐름에 따라 꾸준히 경고를 보낸 곳은 〈국가범

214 Amnesty International, 1988, "Burma: The 18 September 1988 Military Takeover and Its Aftermath",
     12/1988, pp.3-5
215 Stephanie Nebehay, "United States Targets Burmese Military Forces for Répression of Pro-Democracy
     Protests", 2021, *Reuters*, 03/22/2021 https://www.reuters.com/article/us-myanmar-rohingya-un-
     idUSKBN1CG10A

죄 국제연구소〉(ISCI)다. ISCI는 2015년 분석 보고서 제목을 아예 "절멸작전 카운트다운 : 로힝야 제노사이드"Countdown to Annihilation : Genocide in Myanmar로 달아 대학살이 임박했다고 대문에 걸었다.[216] 전 유엔 미얀마 인권 보고관 토마스 퀸타나는 이 보고서 서문Forward을 통해 "현 시점에서 로힝야들이 직면한 상황은 제노사이드 가능성을 고려하지 않고는 이해할 수 없는 것들"이라고 적었다. 그럼에도 국제사회는 이 경고들을 무시했거나 개의치 않았다. 특히 유엔의 경고 무시는 훗날 자체조사에 착수할 만큼 내부적으로도 문제가 됐던 것으로 보인다.[217]

로힝야 제노사이드 경고가 구체화되던 2015년은 미얀마 국내정치도 중대한 국면을 맞고 있었다. 그해 11월 곧 총선을 앞두고 있었다. 군부 독재 전통을 잇고 있는 테인 세인 정부가 아닌 민주화 명맥을 잇는 정당 NLD가 압승할 것이 거의 기정 사실이었고 그리하여 민주주의 주류진영에서 보자면 사뭇 기대와 동시에 긴장되는 상황이었다고도 볼 수 있다. 이 시점에서 로힝야 제노사이드 대량살상의 마지막 단계 운운하는 의제를 내미는 건 마치 미얀마 민주화 로드에 찬물을 끼얹는 행위처럼 여겨지는 분위기였다. 아웅산 수치와 NLD, 88세대 등 미얀마의 민주진영 주류는 국제사회의 비판에 귀를 열기 보다는 지나치게 방어적 태도를 보이고 있었

216 ISCI, 2015, Countdown to Annihiliation : Genocide in Myanmar. 보고서 전문 다운로드 링크 http://statecrime.org/isci-report-countdown-to-annihilation-genocide-in-myanmar/

217 Emanuel Stoakes and Hannah Ellis-Peters, 2019, "Rohingya crisis : UN investigates its 'dysfunctional' conduct in Myanmar", *The Guardian*, 02/27/2019, https://www.theguardian.com/world/2019/feb/27/un-investigates-conduct-myanmar-rohingya

다. 그러나 로힝야 대량절멸에 대한 모두의 예측은 적중했다.

그렇다면, 2017년 8월 25일 대학살이 시작되기까지, 그해 상반기와 그 전 얼마간 나타났던 대학살 신호는 어떤 것들이 있었나. 매우 최소로 잡아도 다음의 다섯 가지 불길한 징후들이 있었다. 어느 것도 가볍게 여길 만한 건 아니었다.

첫째, '안티-로힝야' '안티-무슬림' 캠페인에 앞장서 온 극단주의 승려 위라뚜가 그해 5월 3일 라까인 주를 방문한 건 단연코 불길한 징조였다. 게다가 그의 방문 사실을 알린 건 다름 아닌 마웅도 타운쉽 경찰 양윈 우 Nyan Win Oo라는 인물이다. 양윈 우는 위라뚜의 대변인이라도 되는 마냥 그가 마웅도에 2-3일 머물 것이라 말했고 경찰이 그의 안전을 위해 시큐리티를 제공할 것이라고 말했다. 상식적 사회라면 위라뚜 같은 인물은 사법적 처벌을 받아야 마땅하지만 당시 미얀마에서 승려 위라뚜는 국가폭력 기구와 직접 내통하고 시큐리티를 제공받는 관계였다.[218] 이 책의 전반부에서 꾸준히 상기시킨 대로 개혁 개방 환희의 시대 2010년대가 '안티-로힝야' '안티-무슬림' 증오의 시대로 기록된 건 위라뚜의 물리적 발자취를 따라 안티-무슬림 폭동이 휩쓸고 지나갔기 때문이다. 그가 설교를 하고 떠난 자리에는 반드시 폭력이 도래했으니 2017년 그의 라까인 방문에 적어도 미얀마 시민사회는 비상 등을 켰어야 했다.

둘째, 라까인 주 내에 '로힝야가 아닌 주민들'Non-Rohingya의 민병대가 조

----

218 Wa Lone, 2017, "Firebrand monk Wirathu travels to Myanmar's troubled Rakhine State", *Reuters*, 05/03/2017, https://www.reuters.com/article/uk-myanmar-rohingya-wirathu/firebrand-monk-wirathu-travels-to-myanmars-troubled-rakhine-state-idUSKBN17Z1FY

직됐고 훈련까지 받은 것으로 밝혀졌다. 2018년 1월 30일, 내무부 차관 아 웅소Maj-Gen. Aung Soe는 군이 라까인주 마웅도 타운쉽에 30개의 밀리시아 그룹을 만들고 무장시켰다고 스스럼없이 답했다. 라까인 극우성향의 〈아라칸 민족당〉 의원 초초윈Kyaw Kyaw Win의 질문에 대한 답이었다. 그는 군의 민병대 훈련은 반둘라Bandhula, 탯 청Tat Chaung, 그리고 웨이 라 통Wai Lar Taung 마을 등에서 진행됐다고 밝혔다. 이 대원들은 2017년 2 – 3월 사격훈련 firearms 고급반을 마쳤으며, 이듬해인 2018년 여름에도 교육이 이어질 예정임을 알렸다.[219]

라까인 주에는 로힝야를 제외하고 '135개 공식 종족'에 속하는 7개의 종족이 거주한다. 이중 캄만 무슬림을 제외하면 대부분 불교도이고 극히 일부 힌두와 애니미스트들이 있다. 로힝야 제노사이드 전개 과정에서 무슬림을 제외한, 특히 라까인 불교도들을 중심으로 한 밀리시아가 조직되고 있었다. 2012년 폭력 사태 당시 시트웨 외곽에서 시트웨로 대절버스를 타고 '동원되던' 방식에서 조금 더 진전된 일사분란한 불교도 밀리시아들은 의심할 여지없이 2016–2017년 로힝야 대학살에 적극 가담한 그룹이다.

이와 관련 국내 인권단체 〈아디〉는 2021년 로힝야 집단학살 보고서에서 이들 "논 로힝야"non-Rohingya 커뮤니티가 제노사이드 폭력에 동원됐다는 증언 내용을 기록하고 있다.

"다수의 생존자들은 타 민족의 민간인이 부대에 동원된 사실을 증언했

---

219 Moe Myint, 2018, "Deputy Minister says Tatmadaw arming, training upto thirty militia in Maungdaw", *The Irrawaddy*, 01/30/2018, https://www.irrawaddy.com/news/deputy-minister-says-tatmadaw-arming-training-30-militias-maungdaw.html

다. 라카인족이 가장 많이 지목됐지만 차크마족, 힌두족, 쿠이족, 모롱족,
므로족도 언급되었다. 로힝야 생존자들은 민간인들도 미얀마 군이나 국
경경찰부대265의 군복266을 입고 있었으며 무기로 무장하고 있었다고 증
언했다. 그들은 한때 이웃이었던 민간인들을 더욱 쉽게 알아보았다.

"라카인족이 민간인 옷을 입고 검과 긴 칼로 무장하고 있었습니다. 저
는 라카인 마을에서 학교를 같이 다녔기 때문에 몇몇 라카인 사람들을 압
니다." [220]

불교도 밀리시아 조직화 관련해서는 로힝야 제노사이드 이슈를 국제
법정에 세우기 위해 증거 수집 활동을 하고 있는 〈국제정의 및 책임자 처
벌 위원회〉Commission for International Justice and Accountability(CIJA)가 2018년 확보
한 군부 기밀문서에 보다 상세히 적혀 있다. 25,000페이지에 달하는 이 문
서들은 로힝야 축출 방안을 다루고 있는데, 이중 2014년 문서에서 '따잉인
따'(공식 인정받는 종족)들이 거주하는 다양한 마을의 밀리시아 역할을 강조
하고 있다. 이들 밀리시아는 "에뜨닉들ethnics(소수종족)' [221] 에게 치안을 제
공하고 (로힝야들의) 불법 이주를 방지하기 위한 중추적 역할을 했다고 적
혀 있다.

이 군부 기밀 문서는 이른 바 "국가 프로젝트"를 옹호한다 적고 있는데
그 "프로젝트"라는 건 당국의 "조사"inspection를 피하려는 "벵갈리"들을 나

....

220   로힝야 집단학살 종합보고서, 2021, "그들은 우리가 무슬림이라서 그랬습니다", *아디*, 08/2021 P.31
221   미얀마 맥락에서 '에뜨닉'(ethnic)이라고 표현할 때는 단순한 소수종족을 넘어서는 의미가 있다. 맥
      락에 따라서는 로힝야가 공식 인정받는 "에뜨닉"이 아니라는 걸 강조하기 위한 방편으로 다른 소수
      종족을 "에뜨닉"으로 강조하고 로힝야와 대치시켜 사용할 때가 적지 않다.

라밖으로 내모는 프로젝트다. 번역하자면 과거 나가민 작전때 인구조사를 빌미로 "따잉 인따"가 아닌 로힝야를 강제 축출 했듯 유사한 방식의 캠페인이 필요하다고 설파하는 것이다. 그리고 이 캠페인은 "소수종족의 혼혈"ethnic mixing" 증가가 감지될 때 시행되어야 한다"고 적혀 있다. 아울러, 2013년 나사까 해체 후 그 임무를 승계하며 새로 창설된 '국경수비경찰'Border Guard Police이 "인디안과 벵갈리들이 확산되는 걸dominance를 막는" 임무를 수행하는 내용이 적혀 있다.[222]

셋째, 라까인주로 속속들이 도착하고 증가되던 병력은 이미 로힝야 대학살이 준비되고 있다는 선명한 신호였다. 특히, 8월 10일 시뜨웨 공항에 도착한 제 33경보병 사단 (LID 33)의 사진이 미얀마 사진 에이전시인 〈미얀마 프레스포토 에이전시〉Myanmar Pressphoto Agency 페이스북을 통해 급속도로 확산되면서 로힝야 이슈 옵저버들 사이에서는 불길한 징조와 불안감을 씻을 길이 없었다. 이후 경보병 33사단은 8월 27일 발생한 춧퓟 마을 학살에 연루됐다. 〈국제사법재판소〉에 미얀마를 제노사이드 혐의로 제소한 감비아 측 변호인 폴 라이클러Paul S Reichler는 "청소작전"이 ARSA공격에 대한 대테러 작전으로서 실행됐다는 군부 주장에 반박하면서 바로 이 부분을 거론했다. '왜 탓마도 군인들은 라까잉 주에 2주 전부터 전열을 대비하고 있었는가? 혹시 "끝내지 못한 과업"(=제노사이드)을 수행하기 위한 것

222 "New evidence shows How Myanmar's military planned the Rohingya purge", 2022, *VOA*, 08/06/2022 https://www.voanews.com/a/new-evidence-shows-how-myanmar-s-military-planned-the-rohingya-purge/6688622.html

은 아니었는가?고 그는 물었다.[223]

이날의 병력 배치는 라까인 정치인들의 요청에 따른 것으로 알려졌다. 병력 배치 전날인 8월 9일 극우 민족주의 성향 〈아라칸 민족당〉(ANP) 지도부 중 한 명인 우 라 소Oo Hla Saw, ANP 상원의원 킨 마웅 랏Khin Maung Latt 그리고 이 책에서 거듭 언급하는 인물이자 극우 라까인 정치인 닥터 에 마웅(아라칸 전선당 AFP 대표) 등이 탓마도 최고 사령관 민 아웅 라잉이 네이피도에서 2시간 동안 비공개 회담을 가진 바 있다. 킨 마웅 랏은 "라까인 마을이 벵갈리 마을로 둘러쌓여 있다"며 "노 벵갈리 존"을 선포해 달라 요청했다"고 전해진다.[224] 이 중 우 라 소 는 라까인 분리주의 무장 반군 AA 정치국의 '아라칸연합동맹United League for Arakan('ULA')'의 대표로도 활동하는 인물이다. AA의 정치국 대표가 로힝야 대학살 직전 탓마도 병력 배치를 요청했다는 건 대단히 심각한 이슈가 아닐 수 없다. (AA에 대해서는 이 책의 제 5부에서 상세히 다룬다).

라까인 정치인들의 병력 배치 요청에 네이피도 측은 기다렸다는 듯 경찰 병력 보강수준이 아닌 최정예 엘리트 부대 즉 LID 33, LID 99 사단을 급파했다.[225]

당시 라카인 주는 라까인 무장반군인 AA의 활동이 점차 고조되던 시

223 관련 트윗 https://twitter.com/shafiur/status/1205080981935468544

224 Maung Zarni, 2022, "Western Myanmar as a Genocide Triangle : Myanmar's Military State, Separatists Rakhine Nationalists and Rohingya Genocide Victims", *FORSEA*, 09/25/2022 https://forsea.co/western-myanmar-as-a-genocide-triangle

225 "Analysis : Myanmar Army Deployed in Maungdaw" 2017, *The Irrawaddy*, 08/11/2017, https://www.irrawaddy.com/news/burma/analysis-myanmar-army-deployed-maungdaw.html

기다. AA를 취재원으로 한 언론보도에 따르면 2017년 6월에도 이미 서부 사령부와 제 15군사 작전사령부 산하로 10개 대대battalion 추가 배치된 바 있다. 이들은 AA 활동지역인 촉토, 므라우 그리고 민비야 타운쉽 등에 배치됐다.[226] 이 경우는 AA 진입을 막기 위한 사전 대비로 풀이됐지만 라까인 주 병력 추가는 임박한 대로힝야 작전에 어떻게든 활용될 수 있었다. 게다가 ARSA 역시 그해 중반 즈음 라까인 북부와 방글라데시 국경을 오고 가는 것으로 파악됐고 탓마도는 8월 10일 부띠동 타운쉽과 마웅도 타운쉽에 약 500명의 추가병력을 새롭게 배치했다.[227]

네번째, 로힝야 커뮤니티에 대한 무장 해제작업이 적극적으로 진행되고 있었다. 〈포티파이 라이츠〉는 학살 1주기를 앞둔 2018년 7월 탐사 보고서 "그들은 긴 칼을 지급했습니다"[228]를 통해 "로힝야 무장 해제 작업이 체계적으로 진행되고 있었고", "로힝야 가옥 울타리마저 체계적으로 철거"됐다는 사실을 강조했다. 울타리 제거는 군의 공격 시야를 개선하기 위한 것으로 풀이됐다. 로힝야 울타리는 제거하면서 라까인 주민들을 무장시키고 훈련시켜온 정황은 대학살이 임박했다는 중요한 징후였다. 이 밖에도 로힝야 커뮤니티에 대한 구호물자와 구호단체 접근이 차단되고 있었으며, 무슬림에게만 통행 금지령을 내린 것도 살상 준비의 일환으로

---

226 David Scott Mathieson, 2017, "Shadowy rebels extend Myanmar's wars", *Asia Times*, 06/11/2017 https://asiatimes.com/2017/06/shadowy-rebels-extend-myanmars-wars/

227 Wa Lone, 2017, "Myanmar sends hundreds of troops to Rakhine as tension rises: sources", *Reuters*, 08/11/2017 https://www.reuters.com/article/idUSKBN1AR0Z8/

228 "They gave them long swords, Fortify Rights", 2018, *Fortify Rights*, 07/19/2018 https://www.fortifyrights.org/mly-inv-rep-2018-07-19/

볼 수 있다.

다섯째, '국민심사카드'National Verification Card'(NVC)를 수령하라는 압박이 가중되고 있었다. NVC 카드는 90년대 중반 로힝야에게 배포됐던 '화이트 카드'에 이어 로힝야만을 위한 또 다른 '표식'이다. 시민권자임을 증명하는 주민카드와는 차원이 다르며, 로힝야들을 "벵갈리"로 규정하는 차별적 신분증이다. ICJ법정에서 감비아측 변호인단 폴 라이클러Paul Reichler는 NVC 카드를 "로힝야에 대한 계속되는 박해의 증거"라고 지적한다. NVC 카드는 로힝야 제노사이드 과정에서 정책적 차별 도구로 등장한 일련의 카드들의 명맥을 잇고 있다. 이 같은 이유로 일부 연구자들은 NVC를 '제노사이드 카드'로 칭하기도 했다. 이 카드 하단에는 "이 카드를 소지했다고 해서 소지자가 미얀마 시민이라는 의미는 아닙니다"라고 적혀 있다.

그 당시 NVC 카드 수용을 거부하는 로힝야들에 대한 압박은 거셌다. 〈국가범죄 국제연구소〉는 NVC카드가 "나찌독일 정권하에서 유태인들을 게토로 몰아넣기 전에 특별 ID 카드를 발급했던 것과 견줄만 하다고 진단했다.

"독일에서도 나찌 정부는 유태인들을 게토로 몰아넣기 전에 별도의 ID 카드를 발급한 바 있고 그리고는 홀로코스트를 자행했다. 미얀마에서도 정부는 특수 ID카드를 발급해서 로힝야를 '아웃사이더'로 낙인찍고 그리고 제노사이드 마지막 단계의 대학살이 감행됐다." [229]

---

229 Penny Green Thomas Macmanus Alicia de la Cour Venning, 2018, "Genocide Achieved, Genocide Continues : Myanmar's Annhiliation of the Rohingya", *ISCI*, P. 18
https://rohingyakhobor.com/mdocs-posts/genocide-achieved-genocide-continues-myanmars-annihilation-of-the-rohingya-2/

탈영병이 증언하는 제노사이드

2016-2017년 로힝야 대학살의 치밀한 준비과정을 증언하는 이들 중 매우 중요한 그룹이 있다. 바로 대로힝야 군사작전에 직접 참여한 이들을 포함한 미얀마 군 탈영병들이다.

2021년 2월1일, 민 아웅 라잉의 탓마도는 쿠테타를 일으켰고 이후 미얀마는 일부 도심지역을 제외하면 거의 전역이 반군부 무장 저항으로 내전상태에 빠져 들었다. 민주진영 과도정부인 〈민족통합정부〉는 작금의 미얀마 상황을 '무장 혁명'으로 보고 있다. 그 '무장혁명'의 중요한 양상 중 하나가 군부쪽 병사들의 탈영이다. 바로 그 탈영병들 중에 로힝야 학살을 증언하는 이들이 나오고 있다. 2023년 9월 11일 〈민족통합정부〉 국방부가 '시민방어전쟁'People's Defensive War선포 2주년을 맞아 발표한 바에 따르면 지난 2년간 쿠테타 군부의 탈영병은 총 14,000명이다. 이 중 2/3는 경찰이고 1/3은 군인이다.[230]

2021년 11월, 부따동 타운쉽의 경보병 233사단을 탈영, 반 쿠테타 시민불복종 운동에 동참한 한 네이 묘 텟Col. Nay Myo Thet 대령도 그 중 한 명이다.[231] 네이 묘 텟 대령은 2015년 부터 라까인 주에 6년간 배치됐고 2017년 '청소 작전'에 물자 수송 역할로 참여했던 군인이라고 밝혔다. 그

---

230 Weekly Press Update (36/2023) : "Highlights from Ministry of Defense Report on the Second Anniversary of the People's Defensive War", *National Unity Government*, 09/12/2023 https://gov.nugmyanmar.org/2023/09/12/weekly-press-updated-36-2023/

231 "Captain who 'took part' in Campaign against Rohingya among latest defectors from Myanmar Military", 2022, *Myanmar Now*, 03/15/2022 https://myanmar-now.org/en/news/captain-who-took-part-in-campaign-against-rohingya-among-latest-defectors-from-myanmars-military/

는 군부의 로힝야 인구증가에 대한 우려는 거의 "집착 수준"이라고 전했다.[232] 네이 묘 텟Capt. Nay Myo Thet대령은 〈자유아시아방송〉과의 인터뷰에서 '군인들이 정말 끔찍한 범죄를 저질렀는가'라는 기자의 질문에 "내가 속했던 부대에 대해 아는 것만 얘기하겠다"며 다음과 같이 증언했다.

"로힝야 가옥 수색 중 한 장교는 칼 같은 '살인무기'가 없는지 찾아다녔다. 그 과정에서 그는 그 마을의 소녀들을 한 방에 들어가라고 명령한 후 그들을 줄 세우고 옷을 벗겨 알몸으로 만들었다. 또 다른 사례는 우리 부대 한 군인으로부터 들은 건데 자기 동료가 로힝야 여성을 강간했다는 사실을 말했다고 하더라"

그의 증언은 계속됐다.

"어린 로힝야 소년을 우물에 던지는 일도 있었다. 이 강간사건과 아이를 우물에 던진 사건은 내가 경보병대 233 사단에 있을 때 벌어진 일이다. 일부 군인들의 끔찍한 범죄가 입에서 입으로 전해졌다. 마을 주민들은 자신의 집에서 쫓겨났고 도망치는 이들은 총에 맞아 숨졌다. 대부분의 시체는 마을 공터에 매장됐다"

그는 당시 상황이 '제노사이드'라는 국제사회 비판에 동의한다고 말했다.

"이 모든 일들은 결코 일어나서는 안 되는 일이었다. 당시 상황을 도저히 받아들일 수 없다. 나는 군동료들이 이성을 찾게 하려 노력했다. 하지

---

232 〈국제정의 및 책임자 처벌 위원회〉(Commission for International Justice and Accountability, CIJA)의 군부 유출문건 역시 군부가 로힝야 인구 감소에 사활을 걸고 있다고 지적했다. 로힝야 '인구 통제'는 이미 군부의 로힝야 제노사이드의 일관된 배경으로 이 책의 내용을 관통하는 주제다.

만 군인들 대부분이 이 사람들(로힝야)은 여기 머물러서는 안되고 반드시 다 몰아내야 한다는 생각을 굳게 갖고 있었다. 왜냐하면 경찰 초소를 치고 공격한 무장단체(ARSA를 말함)와 같은 종족의 사람들이지 않은가. 마을 주민들이 그 무장단체를 지원하고 있다고 믿었다. 군인들은 이 사람들이 제거되지 않으면 평화는 없다고 믿었다. 그러니 이 작전은 그냥 여느 군사작전과 같을 수 없었다. 여느 군사작전이라면 그토록 잔인할 수 없다. 군은 그냥 로힝야 전체 커뮤니티를 제거하길 원했다. 누가 군경초소를 공격한 무장 조직 대원인지 가려내는 건 신경쓰지도 않았다. 나는 국제사회가 당시 상황을 제노사이드라고 부르는 것에 동의한다."

또 다른 탈영 경찰인 묘 얀 나잉Moe Yan Naing은 8월 25일 새벽 ARSA 공격 이후 ARSA의 공격은 더이상 없었다고 증언했다. 그럼에도 상부의 지시에 따라 자신과 동료들이 로힝야 마을 방화를 저질렀고 "너무나 많은 시체들이 널려 있었다"고 증언했다. 묘 얀 나잉은 로이터 현지 기자 2명이 '인딘 학살'[233]의 진실을 밝혀낸 것에 대한 괘씸죄로 '기밀문서 유출'건으로 기소됐을 때 이 두 기자들이 '셋 업' 된 상황에 걸려든 피해자라고 증언했던 인물이다.[234]

그런가 하면, 2021 쿠테타 발생 전에 소수민족반군과의 대치 전선에서 탈영한 탓마도 병사들의 증언을 통해서도 탓마도 군의 로힝야 제노사이

233 "A Reuters Special Report : Massacre in Myanmar", 2018, *Reuters*, 02/08/2018, https://www.reuters.com/investigates/special-report/myanmar-rakhine-events

234 "Myanmar Police Officer tells Court Reuters Journalists were set up", 2018, *Radio Free Asia*, 04/20/2018 https://www.refworld.org/docid/5b2222015.html

드 계획이 드러난 경우도 있다. 2020년 7월 AA는 깜짝 놀랄만한 영상 하나를 공개했다. AA로 탈영의 탓마도 병사 2명이 로힝야 학살을 자백한 증언 영상이었다. 이들은 2017년 8월 25일부터 걷잡을 수 없이 전개되던 로힝야 학살에 가담했다고 자백했다. AA가 7월 28일 공개한 일병 묘 윈 툰 Myo Win Tun(33, LIB 565)은 영상에서 상부의 명령에 따랐다고 말했다. 그 명령이라는 건 "보이는 것, 들리는 것, 모두 사살하라"(2023.6.29 접속)는 것이다. 그는 "명령에 복종했고, 30명의 로힝야를 학살한 후 군부대와 통신 전신 근처 대량 무덤에 로힝야들을 묻었다"고 증언했다. 또 다른 일병 죠 나잉 툰 Zaw Naing Tun(30, LIB 353) 자백 영상은 2020년 7월 8일 공개됐다. 그는 "네가 보는 건 그게 아이들이든 어른들이건 다 죽이라"는 명령에 따랐다며 "20개 마을을 싹 쓸어냈다"고 증언했다. 그 자신 로힝야 시체들을 대량 무덤에 직접 던졌다.

AA에 따르면 두 사람은 각각 그해 5월과 6월 탈영했고, AA쪽으로 넘어왔다. 두 사람은 부띠동 타운쉽 통 바자르 Taung Buzar 마을과 인근 마을들 그리고 마웅도 타운쉽의 다섯개 마을 등에서 로힝야 남성, 여성, 어린이 등 총 180명 이상을 학살에 관여했다고 말했다. 뿐만 아니라 "로힝야 무슬림을 미얀마 라까인 주에서 "종식" 시키는 임무를 수여받았다"는 게 이들의 말이다.[235]

이후 두 탈영병이 2020년 8월 미얀마를 떠나 헤이그로 날아가 그곳 〈국

....

235 Arafatul Islam, 2020, "Is there now 'proof' of Rohingya Genocide?" *DW*, 09/15/2020 https://www.dw.com/en/rohingya-myanmar-genocide-human-rights/a-54934303

제형사재판소)에서 로힝야 제노사이드 재판에서 증인대에 섰다는 보도가 나왔다. 이들의 증언과 〈국제사법재판소〉에서 증언이 사실이라면 유용하고도 무게감있는 증거가 될 수 있을 것이다.[236] 두 병사의 자백 영상과 헤이그까지 날아가 증언한 상황에 군부는 사실이 아니라며[237] 둘의 귀환을 요구하고 있다.[238]

236 Saw Nang, Marlise Simons, Hannah Beech, 2020, 'Kill all you see' : In a first, Myanmar soldiers tell of Rohingya slaughter, SBS News, 09/09/2020 https://www.sbs.com.au/news/article/kill-all-you-see-in-a-first-myanmar-soldiers-tell-of-rohingya-slaughter/qq6k0zmo1

237 Nyein Nyein, 2020, "Myanmar Military Questions Authenticity of Soldiers' Confessions on Rakhine Atrocities", *The Irrawaddy*, 09/09/2020 https://www.irrawaddy.com/news/burma/myanmar-military-questions-authenticity-soldiers-confessions-rakhine-atrocities.html

238 "Myanmar Military Demands Return of Two Soldiers Who Confessed Rohingya Atrocities", 2020, *The Irrawaddy*, 09/14/2020 https://www.irrawaddy.com/news/burma/myanmar-military-demands-return-two-soldiers-confessed-rohingya-atrocities.html

그들의 고통이 쓰나미처럼 다가왔다

제5부

1.

난민,
살아남은 자들

17세 로힝야 소녀 삼지따의 난민살이

로힝야 소녀 삼지따(17)가 동생 자난따라(12)와 함께 방글라데시 동남부 콕스바자르 쿠투팔롱 난민캠프 앞에 하차한 건 2014년 3월 2일 새벽 5시 30분께였다. 자매는 버스로 5시간쯤 걸리는 치타공에서 밤차를 타고 '집'으로 향하던 길이었다. '집'이라고 해봤자 이른 나이에 결혼한 동생네가 사는, 허접한 짚 더미와 비닐을 대강 지붕처럼 얹어 놓은 방 한 칸 흙집이다. 동생네는 쿠투팔롱 '미등록' 난민캠프에 산다. 같은 이름의 '등록' 캠프도 있는데 등록캠프는 그냥 '쿠투팔롱 캠프'라 부른다. 2008년 중순께부터 등록 캠프 주변으로 갈 곳 없는 난민들이 몰려들면서 임시 피난처들이 생겨나기 시작했고 그게 오늘날 '미등록 캠프'가 된 것이다. 현지인 마을과 인접한 미등록 캠프 주변은 언덕과 숲으로 둘러싸여 있다.

175마일에 걸쳐 넓고 길게 분포한 산악지대와 나프강을 끼고 버마 서부와 국경을 나누는 방글라데시 동남부, 이곳은 지난 반세기 동안 미얀마의 차별과 박해를 피해 탈출하고 축출당한 로힝야 난민들이 몰려든 광활한 난민들의 피난처가 됐다. 약 120km에 달하는 긴 해변으로 유명한 콕스바자르, 국경과 인접한 인접한 타운 테크나프, 그리고 산업공단의 '메카' 치타공 일대와 몽골계 불교도인 줌머족들의 터전 치타공 산악지대에 이르기까지 최소 20만명에서 많게는 50만명까지 추정되는 로힝야 난민들이 사방 곳곳에 흩어져 살고 있다(2014년 기준). 절대 다수가 '등록'되지 않은 난민이다. 미얀마의 로힝야 박해와 제노사이드 정책이 계속되다보니 난민들은 이동을 멈춘 적이 없다. 나프강은 거의 하루도 빠짐없이 난민을 실어 날랐고, 이따금 집어삼켰다.

2013년 8월, 라까인 주 마웅도 타운쉽을 떠난 삼지따도 이모부와 함께 나프강을 건넜다. 그해 12월부터는 이모부의 소개로 치타공 현지인 가정에서 가정부로 일했다. 한 달 뒤, 외로운 삼지따를 위해 이모부는 동생 자난따라를 같은 경로로 데려왔고 같은 집 가정부로 '취직' 시켜줬다. 취직 후 하루 2시간을 자면서 하루 4번의 식사를 하는 주인 가족들이 먹다 남은 음식으로 새벽 1시 딱 한 번 끼니를 때웠다. 딱 한 번 "오이가 먹고 싶다"는 삼지따에게 오이 하나를 건넨 적이 있다는 주인은 지독하게 인색했다. 그래도 배고프고 피곤한 것 까진 참겠는데 '주인 마담'이 동생을 때리기까지 한건 참을 수 없었다. 삼지따는 일을 그만 뒀다. 주인은 제발로 걸어 나간다는 이유로 자매에게 주기로 한 월급 2천다카(약 2만 8천원, 2014년 3월 기준)중 단한 푼도 지급하지 않았다. 자매는 치타공에서 만난 친절한 이웃 덕분에 그나마 난민캠프를 지나는 버스에 오를 수 있었다. 그렇게 버스를 타고 그날 새벽 난민캠프에 입구에 도착했는데, 도착하자마자 날벼락을 만난 것이다.

"처음에는 돈을 요구하는 것 같았는데…"

버스에서 내린 자매를 붙잡은 '경찰' 2명과 난민캠프 인근 마을 주민 자심 우딘과 인근 불교도 마을 바루아Barua 주민 등 4명이다. 캠프를 자주 들락거려 익히 알려진 인물 자심과 그의 일당은 뺏을 게 없는 자매를 숲 속으로 잡아 끌었다. 거세게 우는 동생은 몇 대 맞은 뒤 풀려났지만 삼지따는 숲 속으로 30여분 더 끌려갔고 그곳에서 집단 성폭행을 당했다. 이 사실을 알린 건 캠프 입구에 들어서며 난민들의 새벽잠을 깨운 동생 자난따라의 울음소리였다. 오전 10시께, 만신창이가 되어 풀려난 삼지따는 이내 '로컬 멤버'에게 불려갔다.

'로컬 멤버'는 방글라데시인이다. 한국의 '면' 정도에 해당하는 '유니언union 산하 세 구ward에서 각기 4명씩 선출되는 지역 행정관을 말한다. 정당을 끼고 당선이 되지만 동네 주먹들을 휘하에 두고 있고 로힝야 난민을 대상으로 갈취와 폭력을 일삼아온 게 로힝야 난민들이 말하는 '로컬 멤버'의 본 모습이다.

쿠투팔롱 캠프 일대에서 악명을 떨치던 '로컬 멤버' 중에는 '몰비 박티아르'Maulvi Bakhtiar 라는 인물이 전설로 남아있다. 2009년 중반부터 이듬해까지 이어졌던 방글라데시 정부의 미등록 로힝야 난민에 대한 대대적인 단속 당시 쿠투팔롱 미등록 캠프 구역으로 쫓겨와 임시 거처를 짓는 난민들에게서 돈을 뜯은 건 박티아르 패거리들의 "사소한" 범죄 중 하나다.[239]

....

239 2010년 1월 2일 시작된 방글라데시의 미등록 로힝야 난민 단속과 콕스바자르 일대 현지인들의 '안티-로힝야' 정서가 고조되면서 수백명이 체포되고 강제 송환됐다.

"너무 잔인한 인간이야. 로힝야들의 다리도 많이 잘랐어"

쿠투팔롱 등록 캠프에서 20년 가까이 살다가 '보트난민'이 되어 1년전 말레이시아에 온 카비르 무하마드는 10여년전 발생한 잔인한 장면 하나를 들려줬다. 당시 유엔난민기구(UNHCR)는 난민들에게 오두막을 지으라며 대나무를 나눠줬다. 구호물자 분배는 현지 토호세력의 손을 거치는 경우가 많았고, 박티아르도 대표적인 토호세력이었다. 그때 난민 청년 무하마드 라피크는 UNHCR이 제공한 좋은 나무 대신 허접한 걸로 바꿔 배분하는 몰비에게 "강하고 좋은 나무를 달라"고 '건의'했다. 카비르는 그 건의 자체가 대단히 용기있는 행동이었다고 말한다.

"어디서 주둥이를 함부로 놀려. 조심해!"

박티아르에게서 경고를 받은 후 일주일이 됐을 때 라피크는 박티아르 일당에 의해 인근 숲으로 끌려갔다. 그리고는 다리 하나가 절단된 채 돌아왔다. [240]

"콕스바자르와 테크나프 일대에 주먹을 끼지 않은 로컬 멤버는 단 한 명도 없다. 그들이 고용하는 주먹들은 주로 마을수비경찰(VDP)이고 VDP는 정당과 정부가 인정하는 신분증까지 차고 다니는 경찰의 한 부류다.

방글라데시에서 14년을 보낸 뒤 현재 말레이시아에서 로힝야 난민단체인 '아라칸 로힝야 난민 위원회'(RARC) 코디네이터를 맡고 있는 사덱 무

---

240 이 시기 몰비 박티아르 '갱단'의 만행에 대해서는 당시 단속 이슈를 다룬 다음의 보고서를 참조. : Chris Lewa, 2010, "Unregistered Rohingya refugees in Bangladesh: Crackdown, forced displacement and hunger", *Arakan Project*, 02/11/2010 https://www.burmalibrary.org/docs08/Bangladesh-Crackdown.pdf

하마드(42)가 설명했다. 2011년 12월 4일 쿠투팔롱 미등록 캠프 오두막 방화 사건도 이런 소위 '경찰'의 만행이었다.

"이 나라 시민들조차 법외 사형이나 실종 등 공권력의 폭력에 노출되는 판에 신분 없는 로힝야 난민들은 오죽하겠나" 다카대학교 국제관계학과 교수이자 다카 소재 〈난민과 이주 연구소〉Refugee and Migratory Movement Research Unit(RMMRU) 국장이기도 한 아브라르 교수Prof. C R Abrar는 삼지따 성폭행 사건에 대해 "별로 놀랍지 않다"며 이렇게 말했다.

아브라르 교수는 "정부는 그동안 공식 인정된 난민을 미얀마로 되돌려 보낼 궁리만 했지 새로 도착하는 난민에 대해서는 아무것도 하지 않았다. 그 결과 수많은 난민들이 난민 보호 시스템에서 완전히 벗어나 있다"고 지적했다.

한편 로컬 멤버 앞에 불려갔던 삼지따는 두 가지 명령을 받았다. '성폭행 사실을 아무에게도 말하지 말 것' 그리고 '사람들 눈에 안 띄는 곳으로 사라질 것. "움직일 수 없을 만큼 아프다"는 17살 소녀의 호소는 들은 척도 하지 않았다.

다음날 삼지따는 등록 미등록 가리지 않고 난민들과 현지인들까지 돌봐 온 〈국경없는 의사회〉(MSF) 병원에서 소변검사와 피검사만 받은 뒤 외딴 곳 친척집으로 사라졌다. 내가 삼지따를 만난 건 삼지따가 일주일가량 숨어 지내다 라까인주 고향으로 돌아가기 직전이었다. 삼지따는 "엄마 품에 돌아가게 되어 기쁘다"며 수줍게 웃었다. 이틀 뒤 자매는 나프강을 건넜다.

삼지따 자매가 마웅도로 무사히 돌아갔다는 소식을 들었다. 하지만 제노사이드 정책이 전방위적으로 작동하는 그곳에서 로힝야들은 안전하게 살 수 없다. 삼지따가 얼마나 버틸 수 있을지 걱정됐다. 아니나 다를까, 몇 주 후에 나는 삼지따가 다시 방글라데시로 오고 싶어한다는 소식을 들었다. 난민촌의 열악한 환경, 그리고 자신을 집단 강간한 '로컬 멤버'들이 주먹을 휘두르는 이 곳의 위험을 모를 리 없는 데 말이다.

'두쉬야단 학살' 진실을 찾아

2014년 3월, 늦은 오후가 되면 나프강 주변으로 방글라데시 국경수비대가 순찰을 돌았다. 라까인주 북부 로힝야들의 고장 마웅도를 떠나 도착하는 난민선도 단속하고, 방글라데시를 떠나 '불법 체류자로 돈벌이를 할 수 있는' 말레이시아로 떠나는 난민선도 단속한다. 2012년부터 강화된 단속이라지만 '보트 피플' 행렬을 멈출 수 있을 것 같진 않다.

2013년 10월 보트난민을 가득 태운 배를 타고 방글라데시 캠프를 떠났던 자심(35)은 2014년 4월 말레이시아 쿠알라룸푸르에서 건설 노동자로 일하고 있었다. 수많은 자심들이 떠난 빈자리는 라까인주를 탈출한 누르베굼(여, 가명) 가족 같은 이들이 채워 나갔다.

누르 가족 8명은 2014년 1월 24일 저녁 8시께 마웅도를 출발하는 고기잡이 배에 올랐다. 가족 모두 1월 13일 두쉬야단(로힝야어로는 '킬라동'이라 부른다)마을 학살에서 살아남았다. 30명정도 태운 어선은 45분이면 건널 수 있는 나프강을 방글라데시 국경 수비대의 눈을 피하느라 돌고 돌았고 자정이 거의 다돼서야 방글라데시 국경 끝자락 테크나프에 도착했다. 테크

나프 'ㅈ' 마을에 정박한 어선 주변으로 마중 나온 친척들과 사지에서 살아
남은 누르 가족이 소리 없이 뒤엉켰다. 같은 배를 타고 온 난민 30여명 대
부분은 마중 나온 친척들과 함께 어둠 속으로 총총히 사라졌다. 누르 가족
8명도 우선 친척집으로 향했다. 테크나프에서 버스로 약 2시간 거리인 쿠
투팔롱 미등록 난민캠프까지 가려면 구걸부터 해야 했다.

"고향에서는 내 땅에서 농사 지으며 그래도 먹고는 살았다. 이런 일이
벌어질 줄 알았다면 땅을 사는 게 아니라 금목걸이를 사두는 건데…"

빈손으로 도망치듯 탈출한 누르 가족은 1월 13일 늦은 밤부터 14일 새
벽까지 벌어진 두쉬야단 마을 학살 생존자들이다. 당시 누르는 다른 주민
들과 마찬가지로 남쪽 방향 냇물을 건너 구두사라 마을로 피신했다. 그러
나 구두사라 마을로 군인들이 모여들었고 이동에 이동을 거듭한 끝에 결
국 나프강을 건너 방글라데시까지 온 것이다.

두쉬야단 마을은 라까인 주 마웅도 타운쉽에 위치해 있다. 마을은 총 7
개 촌락으로 구성돼 있으며 이중 4개는 로힝야 촌락이고 나머지 3개는 라
까인 촌락이다. 촌락 간 거리는 길어야 도보로 14분 정도다. 두 커뮤니티
의 마을은 가깝게 공존해왔다. 로힝야가 주류인 마을이지만 마을 행정관
이나 관료직은 모두 라까인 몫이다. 두쉬야단 마을 행정관 아웅 잔 퓨 역
시 라까인 촌락 '킨 차웅'에 사는 라까인족이다. 킨 차웅은 '모델촌'이다.
1990년대 초중반부터 군사정부가 추진했던 바로 그 불교도 정착촌 프로
젝트 '나탈라' 말이다. 군부는 로힝야를 내쫓은 마을에 불교도 정착촌을
세우거나 바로 인근 두 커뮤니티 마을을 붙여 놓고 갈등을 조장해왔다. 학
살이 벌어진 두쉬야단내 라까인 촌락은 불교도 정착민을 이주시킨 '나탈

라 프로젝트'의 일부였다.

사건의 발단은 1월 9일로 거슬러 올라간다. 그날 저녁 촉토 타운쉽 출신의 로힝야 일용직 노동자 8명이 킨 차웅 촌락을 지나가다 이유 없이 잡혔고 마을 대표 아웅 잔 퓨 앞으로 불려갔다. 그리고 1월 13일 이들로 추정되는 주검 8구가 아웅 잔 퓨 집 앞에 놓여 있는 걸 로힝야 주민들이 목격하게 된다. 두쉬야단의 두 커뮤니티는 술렁이기 시작했다. 1월 9일의 상황을 다룬 유엔 기밀 문서는 이날 라까인 폭도들이 로힝야 44명을 공격하고 8명을 살해 혹은 납치했다고 기록했다.

마웅도 시민 기자 압둘(35, 가명)은 1월 13일 밤 9시 30분께, 로힝야 입단속을 하려던 경찰은 물론 '마을 행정관' 아웅 잔 퓨가 이끄는 라까인 무리들이 로힝야 촌락으로 들이닥쳤다고 말했다. 그들은 비틀넛(담뱃잎 류의 기호식품) 노점에 앉아 있던 젊은이들을 잡아가려 했다. 유엔 비공개 보고서는 이 상황을 '로힝야 주검을 손전화로 몰래 촬영한 목격자를 연행하고 증거물인 손전화를 압수하기 위해 보안군들이 로힝야 촌락에 들어간 것'으로 전했다. 신변에 위협을 느낀 젊은이들이 목청 높여 도움을 청하자 로힝야 주민들이 모여들었다. 연행에 실패한 라까인 무리들은 일단 자리를 떴다.

그러나 자정께, 이번에는 장칼과 장대 그리고 총기류 등으로 무장한 라까인 폭도들이 경찰, 론테인과 함께 마을로 들이닥쳤고 이어 군인들도 도착했다. 누르는 10명 안팎의 로힝야 젊은이들도 장칼과 장대를 들고 싸웠다고 말했다. 하지만 민, 관, 군이 합심한 상대 진영을 당해내지 못했다. 그 새벽 시간 동안 두쉬야단은 살해와 성폭행이 난무한 학살의 현장이 되고 말았다. 1월 14일 이후, 로힝야 주민들이 다 떠나고 텅 빈 마을에 방화와 약탈이 이어졌고 1월 28일에도 두쉬야단 서부 지역에선 또 다시 방화가 발생했다.

사태 직후 유엔은 두쉬야단 학살로 48명 이상의 로힝야가 사망했다며 미얀마 정부에 진상조사를 촉구했다. 유엔 보고서는 폭력 사태 직후 보안군들이 20구의 주검을 언덕으로 실어나르는 걸 봤다는 목격담도 전했다. 영국에 본부를 둔 로힝야 디아스포라 단체인 '브록'BROUK, Burmese Rohingya Organization UK 보고서에 따르면 1월 19일에도 군용 트럭 2대가 어린이를 포함하여 주검 수십 구를 싣고 가는 게 주변 주민들에게 목격된 바 있다.

"그런 사태 없었다"

테인세인 대통령실 대변인 예 툿Ye Htut은 초지일관 부인했다. 미얀마 정부가 임명한 진상조사위원회는 2014년 3월 11일 자체 조사결과를 발표하며 "1월 13일 ~ 14일 무슬림들이 살해됐다는 증거가 없다"고 말했다. "라까인 경찰관 한 명 이외 사망자는 없었다'고 잘라 말했다. 정부는 1월 13일 밤 보안군이 로힝야 촌락에 들이닥친 이유로 아웅 초 테인Aung Kyaw Thein이라는 한 경찰관의 실종 사건을 조사하기 위해서라고 주장하며 이렇게 덧붙였다.

"위원회는 '로힝야 블로거'Rohingya Blogger같은 무슬림 인터넷 사이트가 올린 리포트는 근거가 없음을 확인했다. 이 사이트는 라까인 커뮤니티와 보안군들에 의해 살해됐다는 벵갈리(로힝야)를 이름과 숫자를 제시했지만 근거가 없다. 예를 들면 한 마을 주민은 가족 한 명이 살해됐다고 주장했는데 위원회는 죽었다는 그 사람이 마웅도 경찰서에 사건 용의자로 구금 중임을 확인했다"[241]

미얀마 국가인권위원회 역시 무슬림이 살해됐다는 주장은 "증명할 수 없고"unverifiable, "확인되지 않았다unconfirmed"고 결론지었다. 당시 미얀마 국가인권위원회 위원장은 우 윈 므라U Win Mra라는 인물이다. 라까인족 출신으로 로힝야에 대한 적대심이 매우 강한 인물이다.

"폭도들이 지프차 4대에 조금 예쁘장하다 싶은 여자들을 태워갔어. 감옥으로 데려간다고 했는데…"

그 차량에 실려갔던 누르의 조카딸 로시다(15)는 며칠 뒤 마을 언덕배기에서 인근 주민들에 의해 주검으로 발견됐다. 장례를 위해 로시다의 몸을 씻기던 동네 아낙들은 그가 성폭행 뒤 살해당했다는 확신을 갖게 되었단다. 로시다는 주검이라도 발견되었지만 대부분의 소녀들은 돌아오지 못했다.

1월 23일 약탈과 방화로 휑한 집을 찾았던 티다(가명) 역시 성폭행 피해자다.

"폭도들이 집 안에 들이닥쳐 남편이 어딨냐고 묻길래 모른다고 했더니 아기를 낚아챘어. 저항하며 울었는데 날 밀치더니 아기를 데리고 사라지는 거야. 나는 일단 집 밖으로 나와 도망쳤지. 근데 경찰 한 명이 내 다리를 걸어 넘어뜨리고는…"

....

241 정부 임명 진상 조사위 보고서 링크 https://www.mypilar.org/sites/mypilar.org/files/publication-files/summary_report_of_the_investigation_commission_for_the_du-chee-yar-tan_incident_of_january_2014_and_related_events_english_version.pdf

넘어진 티다를 8~10명정도 되는 그 무리들이 집단으로 성폭행했다.

또 다른 성폭행 피해자 파티마(가명)는 성폭행범들의 이름을 읊었다. 폭도들을 선두에서 지휘하던 라까인 마을 행정관 아웅 잔 퓨, 그리고 마웅 쉐라, 에 멩 등 익숙한 라까인 얼굴들이 있었고 마마트웨, 마웅 퓨 같은 경찰도 보였다고 말했다. 15살 아들을 잃은 마주마(가명) 역시 아웅 잔 퓨, 마웅 쉐라를 주범으로 지목했다.

1월 13일 밤, 깊은 잠에 들었던 마주마는 총소리에 깼다. 집 바로 옆 가게에서 자던 아들의 비명 소리가 들렸다. 문을 열고 뛰쳐나가 본 광경은 참혹했다. 보안군 40명과 라까인 폭도 20명 정도가 난동을 부리고 있었고 15살 아들은 밧줄로 묶여 있었다. 아들을 향해 폭도들은 장칼을 휘둘렀다. 아들을 보호하려 달려들었지만 품에 안긴 아들은 이미 피로 흥건해있었다. 까무라친 마주마가 정신을 차렸을 때 그는 자신이 성폭행 당했다는 걸 알았다고 했다.

아기, 소년, 청년들의 비명횡사, 성폭행, 실종으로 사라진 젊은 여성들…생존자들이 증언하는 이 학살은 무언가 대단히 섬뜩한 경향을 암시하고 있다. 학살 직전, 10살 이상 로힝야 남자들을 모두 체포하라는 명령이 떨어졌다는 소문도 돌았던 참이다. 두쉬야단 주민이지만 이날 타운 근처 누룰파라(누룰 마을)에 있었던 아부 탈람은 누룰 파라 지역 관료들이 마을을 돌며 이렇게 떠들고 다니는 걸 들었다.

"두쉬야단에서 도망쳐온 놈들을 숨겨주는 이는 처벌을 각오하라"

아부 탈람은 다음 날 학살 현장을 탈출한 가족과 조우했지만 2년 6개월된 막내딸은 보이지 않았다. 난리 통에 막내딸을 찾지 못했다며 아내는 눈물을 쏟았다. 막내딸이 빠진 채 아부 가족 9명은 2014년 1월 25일 방글라데시에 도착했다.

아부 탈람은 3년전 방글라데시에서 난민선을 타고 말레이시아로 떠나려다 풍랑을 만나 배를 되돌렸던 기억을 곱씹고 있다. 난민 밀항선이 태국을 거쳐 난민들을 팔아 넘기듯 말레이시아로 내동댕이 치는 현실도 "아주 잘 알고 있다"고 했다.

"그래도 돈만 있으면 탄다. 라까인 주에서 로힝야는 개 취급 받는다. 사람이 아니다"

두쉬야단 학살이 남긴 흔적들, 그리고 로힝야 남성 체포령 등은 이 학살 역시 여러모로 기획의 냄새를 풍기고 있다. 내가 방글라데시에서 인터뷰한 생존자 5명과 마웅도 타운쉽 시민기자를 통해 입수한 생존자 영상 인터뷰 3건을 종합해보면 '총을 찬 폭도들'을 공통적으로 언급하고 있다.

장칼 장대 같은 무기 이외 폭도들 모두 총기류를 소지하고 있었다는 건 1) 총기류 사용이 가능한 이들이 2) 총을 지급받아 3) 그 어떤 '임무'를 위해 동원되었을 가능성을 암시한다. 이 세가지를 만족시키는 가장 유력한 시나리오는 '훈련받은 조직의 동원'일테고 그 '조직'은 '라까인 밀리시아'의 가능성이 높다. 아울러 두쉬야단 학살에서도 불교 극단주의 승려 위라뚜의 흔적이 있었다. 그는 학살이 벌어지기 몇 주전 두 쉬 야단 일대를 다녀간 것으로 알려졌다. 2010년대 '안티-무슬림', '안티-로힝야' 학살이 있는 곳은 거의 예외 없이 위라뚜의 발자취가 있다. 두쉬야단 학살도 마찬가지였는데 이 사실을 취재중이던 〈뉴욕타임즈〉 기자 두 명은 경찰에 구

금되기도 했다.[242]

〈국가범죄 국제연구소〉(ISCI)는 두쉬야단 학살을 로힝야 제노사이드 마지막 단계인 '대량 절멸' 직전 가해 그룹이 모의한 "시범학살"로 보고 있다. 가해자들은 이 시범학살 후 어떤 반응이 도래하는지를 살펴보고 여러 가지 판단과 함께 실제 대량절멸의 단계로 이동하려 했을 거라는 게 ISCI의 분석이다.[243]

치료받기 위해 국경 넘다

16살 소년 샤피(가명)는 두쉬야단 학살당시 론 테인(경찰)의 총에 맞은 친구를 부축하며 사촌들과 함께 라까인 주 마웅도에서 방글라데시로 넘어왔다. 총 맞은 친구를 방글라데시까지 데려온 이유는 "(라까인주) 마웅도 타운에 있는 '국경 없는 의사회'(MSF) 병원으로 가는 길 다리에 경찰 초소가 있기 때문"이란다. 부상당한 친구는 아예 방글라데시로 넘어온 뒤 쿠투팔롱 캠프 MSF 병원을 찾아 치료를 받았다 3월 초 친구는 돌아갔지만, 샤피는 방글라데시에 남기로 했다. 라까인 주에서 로힝야 청년으로 존재하는 게 아주 위험하다 느꼈기 때문이다. 내가 샤피를 인터뷰했을 당시 그는 난민 캠프 내 마드라사(이슬람 종교학교)에서 잠을 자고 동냥 식사로

242 Jane Perlez, 2014, "Rise in Biogotry Fuels Massacre Inside Myanmar", *New York Times*, 03/01/2014
https://www.nytimes.com/2014/03/02/world/asia/rise-in-bigotry-fuels-massacre-inside-myanmar.html

243 Penny Green Thomas Macmanus Alicia de la Cour Venning (2018) *ISCI*, P. 28

배를 채우고 있었다.

로힝야들이 치료를 위해 방글라데시로 넘어오는 동기는 다양하다. 아버지의 눈 치료를 위해 나프강을 건너 방글라데시로 넘어온 무하마드(가명)는 "마웅도에는 로힝야들이 치료받을 곳은 없다"고 강조했다. 마웅도 타운쉽에 정부 병원이 딱 하나 있는데 의사와 간호사 11명 모두 라까인족이다. 병원 경비만 로힝야란다. 두 커뮤니티간 신뢰가 무너지고 폭력적 갈등으로 골이 깊어지면서 병원 문턱은 더 높아졌다. 시민권이 없는 로힝야는 의학 공부를 할 수도 없고, 해서도 안된다. 유일한 로힝야 의사였던 닥터 툰 아웅은 2012년 6월 폭력 사태 당시 '폭력선동' 죄로 잡혀갔고 투옥됐다.

그해 〈뉴욕 타임즈〉 3월 1일자에서 인용한 한 구호활동가의 말을 빌어보자. 라까인 주 18개 타운쉽 가운데 7개의 타운쉽 병원이 이미 로힝야들의 병원 이용을 금지하고 있다. 유엔에 따르면 마웅도 지역 내 의사 한 명당 인구수는 8만 3천명이고, 또 다른 로힝야 주류 거주지 부티동 타운십의 경우 인구는 의사 1명당 7만 5천명이라 밝히고 있다. 라까인주 주도인 시트웨는 의사 1명당 환자 681명이다. 시트웨와 라까인주 북부 로힝야 주류 타운쉽 간에는 '의사 1인당 환자수 비율' 차가 크다. 그나마 차별 없이 진료해온 MSF 병원을 로힝야들은 주로 이용해왔다. 그러나 이젠 그마저도 어려워졌다.

MSF는 2014년 1월 14일 두쉬야단 사태 직후 심리적 충격을 받은 주민들을 포함하여 22명의 부상자를 치료했다고 공개적으로 밝혔다. 이 발표가 미얀마 정부의 심기를 건드렸다. 2월 28일 미얀마 정부는 MSF에게 '나가라' 명령했다. 미얀마 정부는 MSF가 "너무 많은 로힝야를 고용한다"는 점도 추방 이유로 들었다.

MSF는 라까인 주 전역 피란민 캠프(IDPs 캠프) 그리고 난민 20만명을 포함하여 약 70만명의 로힝야 및 라까인 주민들을 대상으로 의료 서비스를 제공해 온 최정예 의료구호 단체다. 그러나 상황은 악화되고 있다. 3월 26일 라까인 주 국제NGO단체들과 유엔 건물이 라까인 폭도들에게 일제히 공격당하는 일이 벌어졌고, 라까인 주 내 NGO 직원 170명 이상이 철수해버렸다. 두쉬야단 학살 두 달 남짓 만에 벌어진 일이다. "국제 엔지오와 유엔 등이 라까인주 종족 갈등을 부채질하는 걸 막아야 한다"고 적힌 대통령 산하 진상조사위원회 보고서의 일곱번 째 권고안이 효과를 본 셈이다.

구호 단체가 떠난 지 1개월 반이 지난 시점, 시트웨 외곽 로힝야 수용소 캠프와 폭토Pauktaw의 피란민 캠프 등에서 병든 산모 그리고 앙상한 아이들과 노인들의 사진이 흘러나오고 있다. 하루 수십명이 죽어간다는 '소문'은 섬뜩하지만 사실이 아닐까 우려를 더하고 있다.

슬럼가로 '사라지는' 난민들

2014년 봄, 방글라데시 콕스바자르를 취재지로 삼은 이유는 크게 두 가지였다. 하나는, 미얀마에서 축출된 로힝야 난민들이 방글라데시 콕스바자르 일대에서 수십년 동안 어떻게 살아왔는지 그들의 과거와 현재를 추적하고 목격하는 것이다. 또 다른 하나는, 미얀마 내부 경로로는 닿기 어려운 라까인주 북부 마웅도 타운쉽과 부띠동 타운쉽의 상황을 방글라데시로 갓 넘어온 생존자들을 통해 조금이라도 파악해 보는 것이다. 특히 1월 발생한 두쉬야단 학살은 방글라데시로 빠져나온 생존자가 아니면 들을 길이 사실상 막혀 있었다.

3월 2일, 방글라데시 수도 다카 공항에 닿은 시각은 밤 9시께였다. 현지 남성들로 빼곡한 입국 심사장의 긴 줄을 보아하니 심사를 다 마치고 교통체증을 지나 숙소에 무사히 닿으려면 자정을 거뜬히 넘길 것 같았다. 그때 이민성 직원이 저만치 선 나를 불렀다.

직업은?
영어선생.

다카에 친구 있지?
물론.

방콕에서 비자 받을 때 제시한 정보와 입을 맞춰 두세 마디 답을 한 뒤 바로 통과됐다. 본의 아니게 '새치기'를 한 셈인데 아마도 내 안전을 고려한 공항 직원의 배려였던 것 같다. 덕분에 까마득해 보이던 입국 심사를 조기에 마칠 수 있었다.

수도 다카에서는 필요한 인터뷰와 정보를 최대한 빨리 그리고 많이 수집한 뒤 로힝야 난민들이 사는 동남부 콕스바자르로 가야 한다. 마음이 급했다. 전체 일정이 늦어진 탓도 있고, 생소한 지역에 빨리 발 딛고 싶어 안달이 났다. 콕스바자르 쿠투팔롱 난민캠프 일대, 나프강을 낀 국경 타운 테크나프, 그리고 별도 허가가 필요하다는 치타공 산악지대 등을 취재지 목록에 올려놓았다. 무엇보다도 라까인 주를 떠나 말레이시아로 향하는 쉼 없는 로힝야 난민보트의 이동 경로를 쫓고 있는 나는 그들이 처음 도착하는 이곳, 길게는 수십년 혹은 반영구적 삶의 터전이 되어 버린 콕스바자르 상황부터 파악해야 했다.

그런데 다시 또 난관에 부딪쳤다. '난민 캠프 악세스가 불가능하다'는 건 문자 그대로 불가능한 것임을 알게 됐다. 2016-2017년 로힝야 대학살에 전 세계가 주목하기 전까지 이곳 콕스 바자르 로힝야 난민 캠프를 찾는 취재진은 드물었고 불과 몇 년 전 까지만 해도 제약이 그리 심하지 않았다. 그러나 2012년 6월, 10월 라까인주의 폭력 사태 이후 방글라데시 정부는 난민 유입을 막는다며 나프강 국경부터 봉쇄했다. 그리고는 미등록 캠프에서 구호활동을 펴는 엔지오들에게 '구호 중단'을 명령하고 캠프에 대한 외부인의 출입도 엄격히 제한하기 시작했다.

난민 캠프에 어떻게 몸을 들이밀 것인가. 구호단체에 얹어 가거나 잠입하거나 둘 중 하나다. 캠프에서 활동하는 구호단체라고 해봐야 '국경없는 의사회', '무슬림 에드' '기아행동' 세 단체가 전부다. 절박한 심정으로 이중한 곳과 소통을 했다. 일언지하에 거절당했다. 이유는 자명하다. '당신 취재에 협조한답시고 우리 활동에 얹어주다가는 우리 마저 (방글라데시) 당국의 불허방침에 놓일지도 모른다.'는 거였다. 자칫하면 난민 인터뷰 하나 못하고 망한 취재 보따리를 싸야 할 지 모른다는 불안감이 들기 시작했다.

전술을 다시 짰다. 이번에도 '플랜 B'다. 시간은 돈이고 나는 지체할 시간이 없다. 내가 난민캠프 안에 들어가는 게 불가능하다는 건 들어가더라도 캠프 안에서 깊이 있는 인터뷰를 할 수 없다는 의미다. 그래서 나는 인터뷰가 필요한 이들을 콕스 바자로 타운으로 모셔오는 방식을 취하기로 했다. 그 방식을 통해 들어야 할 이야기를 충분히 채운 후에, 막판에 캠프 안으로 몸을 들이밀고 바로 떠나는 거다. 무리하게 캠프 먼저 들어가려다 발각되어 일이 커지거나 추방이라도 되면 스토리도, '그림'도 모두 날라간다.

우선, 난민들을 내 숙소로 초대했다. 물론 이 차선책도 나를 불편하게 하는 요소가 한둘이 아니었다. 가장 우려했던 건 열악하기 그지없는 환경에 사는 난민들이 자신들을 취재하는 기자의 숙소를 (제 아무리 단순한 숙박시설일지언정) 보면서 혹여 박탈감을 느끼지는 않을지 걱정됐다. 또 다른 우려는 난민들 이동 과정의 문제였다. 숙소가 있는 콕스 바자르 타운과 로힝야 난민캠프가 있는 쿠투팔롱 지역 사이는 차로 한 시간 반은 족히 걸린다. 난민들 이동에 안전과 번거로움을 피하기 어려웠다. 결과적으로는 벵갈리어가 유창하고 이 두 구간 이동에 능숙한 '난민 가이드'를 고용했고 그들에게 인터뷰이 동행을 부탁했다. 난민캠프에서 나고 자란 로힝야 청년들은 기억없는 시절 부모님 품에 안겨 방글라데시로 건너온 경우가 많았다. 이들 대부분은 방글라데시의 기억밖에 없다. 그들 중 일부는 벵갈리어가 유창했고 그런 이들의 덕을 많이 봤다.

아울러, 콕스 바자르 일대에는 로힝야 난민들이 숨어사는 슬럼가가 알려진 것만 해도 최소 서너군데 있었다. 난민캠프 안으로의 진입을 준비하고 사전 조율하는 동안 난민캠프가 아닌 난민들의 피난처 '슬럼가'를 최대한 찾아다녔다. 그중 하나가 모헤시 칼리 지역이다. 콕스바자르 선착장에서 배를 타고 대략 반 시간 후면 닿는 곳에서 다시 릭샤를 타고 굽이 굽이 반 시간쯤 들어가다보면 깊숙한 곳에 작은 마을 하나가 펼쳐진다. 그곳에 로힝야 난민들이 살고 있다. 1978년 1차 대축출 '나가민 작전'으로 탈출한 이들부터 시작하여 2012년 폭력사태로 피난 온 이들까지 한 세대를 뛰어넘는 세월동안 모여든 피란민들이 모여 살고 있다.

로힝야 난민들이 방글라데시로 넘어온 뒤에 난민 캠프가 아닌 슬럼가로 총총히 사라지는 데는 그럴만한 이유가 있다. 이들은 방글라데시의 로힝야 난민사가 '강제송환'으로 얼룩져왔다는 점을 누구보다 잘 알고 있었다. 어차피 방글라데시 정부 방침에 따라 로힝야 난민은 90년대 이후 더이상 누구도 공식적으로 등록되지 않았다. 새로 도착하는 난민들 중에도 주

섬주섬 미등록 캠프를 찾아가는 경우가 있지만 미등록 캠프에는 구호물자도 거의 없고 특히나 쌀은 단 한 톨도 가능하지 않다는 게 미등록캠프 난민들의 하소연이다. 그러다 보니 정부 정책의 타깃이 될 수 있는 미등록 캠프로 군이 갈 이유는 없었다. 점점 더 많은 로힝야들이 눈에 띄지 않는 깡촌으로, 슬럼으로 사라지고 있었다.

눈으로 찍은 난민캠프, 이보다 더 초라할 순 없다

막판 과제, 포기 직전까지 갔던 캠프 안으로의 진입을 시도할 때가 왔다. 국경일대 취재를 마쳤고 다카로 돌아가기 직전 마지막 과제다. 난민캠프 내부 취재를 위해 나는 콕스바자르에서 국경 끝 타운 테크나프까지 6시간 버스로 이동했고 그곳에 허름한 방 하나를 잡았다. 문고리 달린 방이다. 두 개의 미등록 캠프 중 하나인 '레다캠프'를 취재키로 했다. '레다 캠프'가 취재대상으로 낫다고 판단한데는 이유가 있다. 사전 준비 과정에서 레다 캠프 쪽 네트워크를 잘 형성할 수 있었고 무엇보다 이 캠프는 로힝야 난민사에 아주 특별한 배경과 역사를 품은 중요한 캠프였다.

레다 캠프가 '캠프'라는 명칭을 달기까지 이곳은 '탈 임시 시설'Tal makeshift camp로 불렸다. 지역 이름을 따서 '탈tal'을 붙인 것이다. 시작은 2002년 10월께다. 당시 방글라데시민족당(BNP) 정부는 2만명가량 보안군을 동원하여 '테러 및 범죄와의 전쟁'을 선포하고 미등록 로힝야 난민을 쥐 잡듯 잡아들였다. 이른바 '클린 하트 작전'Operation Clean Heart'이다. 콕스 바자르 지역에서 현지인들 틈에 끼어 살던 로힝야 난민들을 색출한 게 바로 '삼지따 난민 살이'에서 언급한 '로컬멤버'들이다.

그렇게 단속에 잡혀 쫓겨난 난민들 다수가 미얀마로 송환되길 거부했다. 그들은 국경 타운 테크나프에 눌러앉기 시작했고 첫 번째 '미등록' 캠프 '탈Tal 캠프'가 생겨난 것이다. 2004년경 '탈'캠프에는 약 4,500명가량 난민들이 모여들었지만 꾸준히 숫자가 불었다. 미얀마 라까인 주 마웅도에서 나프강을 건너오면 처음 닿는 곳이 '테크나프' 이다 보니 숫자는 금새 불었다. 2008년 다시 시작된 단속으로 탈 캠프 난민들은 쿠투팔롱 일대와 레다 등지로 피난했다. '쿠투팔롱 미등록캠프' '레다 미등록캠프', 이 두 개의 미등록 캠프는 그렇게 태어났다. 2016 ~ 2017년 대학살로 캠프가 급격히 팽창하기 전까지 상황이다.

우역곡절 끝에 급조된 임시캠프의 환경은 열악하기 그지없었다. 그 열악함이 얼마나 심했던지 〈국경없는 의사회〉(MSF)는 2007년 5월 보도자료를 내고 로힝야 난민들의 비참한 현실 알리기에 나섰다. "방글라데시로 탈출한 무국적자 로힝야들 : 누구도 이렇게 살도록 내버려두어선 안됩니다"가 보도자료 제목이다.[244] MSF보도자료에 따르면 탈 임시 캠프 난민들은 본래 UNHCR에 공식 등록된 이들이었다. 그러나 90년대 미얀마로 강제 송환됐고, 미얀마에서 고조되는 박해와 탄압에 밀려 또 다시 탈출, 결

---

244 "Stateless Rohingya in Bangladesh : No one should have to live like this", 2007, *MSF*, 06/19/2007
https://www.msf.org/stateless-rohingyas-bangladesh-no-one-should-have-live

국 방글라데시로 되돌아온 경우다. 그리고 2002년 "클린 하트 작전"으로 되돌아온 캠프에서 쫓겨나면서 내몰린 곳 '탈 임시 캠프'의 역사가 시작됐다. 레다캠프에는 단속과 축출, 강제송환 그리고 캠프로의 귀환을 반복해온 로힝야 난민사가 모두 응축돼 있다.

2014년 3월 12일, 나는 몇 몇 로힝야 활동가들과 한 국제엔지오 직원의 지혜와 '눈치있는 행동'으로 오전부터 작전을 치르다시피 하며 캠프내 발을 딛었다. 너무나 낮은 지붕들, 너무나 촘촘하게 붙어 있어 쓰러질 틈조차 없어 보이는 거처들. 수많은 난민캠프와 난민들의 거주지를 다녀봤지만 이렇게 납작하고 초라한 캠프는 본 기억이 없다. 하물며 텐트촌 난민캠프도 텐트만은 꼿꼿이 서서 난민들을 지탱해주고 '너른' 공간을 제공한다.

캠프 내 어느 '골목'으로 돌아서자 아이들이 유독 많았다. 그리고는 순식간에 로힝야 여성들이 아픈 아이들을 데리고 나와 내 앞에 보이기 시작했다. 한 여성은 열 손가락 기억자로 굽은 아이를 내밀며 어떻게 좀 해보라고 주문하는 듯했다. 또 다른 여성은 곱추로 태어나 사고까지 만난 4살 아들을 내게 들이밀었다. 아이는 연신 거친 숨을 몰아쉬었다. 원인을 알수 없는 질병은 물론 흔한 설사병까지 아이들의 건강 상태가 좋기 어려운 환경이었다. '사진 촬영 자제'를 조건으로 들어간 터라 캠프에 머무는 몇십분 동안 카메라를 꺼냈다 숨겼다 반복한 나는 보다 많은 풍경은 눈으로 찍어야했다. 눈에 밟히는 아이들을 뒤로하고 캠프를 떠났다.

2.

'강제송환'
잔혹사

캠프의 아사자들, '굶겨야 돌아간다'

2016 ~ 2017년 대학살로 80만명 가까운 난민들이 방글라데시로 쏟아져 나오기 전, 이미 방글라데시에는 30만에서 최대 50만까지 추정되는 로힝야 난민들이 70년대 말부터 대를 이어 살고 있었다. 이중 UNHCR로부터 인정을 받은 이른 바 "등록난민"은 고작 약 3만명에 불과했다. 대부분 1992년 방글라데시 정부가 난민 심사를 중단하기 전 난민으로 인정받았던 이들과 그 가족들이다. 나머지 열 배가 넘는 수십만명은 미등록 캠프나 슬럼가를 '등록되지 않은 존재'로 떠돌았다.

방글라데시 정부는 난민 심사만 중단한 게 아니다. 2010년부터는 로힝야 난민들의 '제3국 재정착' 프로그램도 중단시켰다. 유엔난민기구 방글라데시 사무소의 스콧 국장은 북미, 오스트레일리아, 유럽 국가들 일부는 로힝야 난민들의 자국 내 정착에 적극적이라고 말했다. 그러나 엄격한 심사

를 마치고 제 3국 재정착을 대기하던 난민들조차 방글라데시 정부의 중단

조처로 발이 묶였다.

세계 최빈국 중 하나인 방글라데시가 로힝야 난민들을 백만명 넘도록 자국 영토에 받아주었던 건 인도주의적 대응으로 높이 평가할 만하다. 2018년 예멘 난민 500명으로 온 나라가 들썩이며 'K-민낯'이 부끄러운 줄조차 몰랐던 한국사회를 생각하면 더욱 그렇다. 영국 방송 〈채널4〉가 방글라데시 쉐이크 하시나 총리를 '인도주의의 어머니'라 칭한 건 하시나 정부가 미얀마 제노사이드 현장을 탈출하는 난민들을 향해 방글라데시-미얀마 국경을 개방한 것에 대한 평가였다.[245] 만일 방글라데시 정부가 국경을 폐쇄했다면 당시 밀려들던 그 많은 로힝야 난민들이 어떻게 되었을 지 상상조차 하기 어렵다.

그럼에도 불구하고 70년대 후반 이후 오늘날까지 로힝야 난민 이슈에 대한 방글라데시의 대응은 때로는 혹독하고 때로는 잔인했다. 다카 대학교 아브라르 교수Prof. C R Abrar는 그동안 방글라데시 정부가 로힝야 난민을 미얀마로 강제 송환하고 간헐적으로 국경폐쇄 조치를 취해 온건 〈1951난민협약〉 비준 국가가 아니더라도 절대로 해서는 안 될, 협약정신을 위반한 사례라며 자국 정부를 강하게 비판했다. 아브라르 교수는 또한 난민 심사가 중단된 후 20년이 넘도록 UNHCR이 방글라데시 정부를 얼마나 압박했는지 제대로 협상을 벌이기는 했는지에 대해서도 강한 의구심을 표

245 Jonathan Miller, 2017, "Mother of humanity, Bangladeshi Prime Ministers Sheikh Hasina", *Channel 4*, 09/16/2017 https://www.youtube.com/watch?v=Bb6GKV_0htA

했다.

방글라데시 정부가 강제송환과 단속 등의 비인도주의적 방식으로 난민 문제를 악화시키는 논리는 하나다. 그렇게 해야 난민들이 더는 넘어오지 않을 것이고, 방글라데시 영토에 있는 난민은 미얀마로 돌아갈 거라는 계산이다. 그러나 현실은 방글라데시 의도대로 흐르지 않았다. 미얀마의 로힝야 제노사이드는 세월이 갈수록 더더욱 공고해졌고 '대량절멸'에까지 이르렀다. 그 단계에 이르기까지 미얀마를 탈출하는 로힝야 난민 흐름은 멈춘 적이 없다.

방글라데시의 '비인도주의적' 난민 대응은 1, 2차 '로힝야 대 축출'이 벌어졌던 70년대 말과 90년대 초 서둘러 송환 논의를 하고 밀어붙인 방식에서 잘 드러난다. 20만명 규모로 탈출한 난민들이 단시일내 미얀마로 송환되었다는 건 결코 '자발적'일 수 없다. 우선, 1978년 1차 송환을 보자.

1978년 나가민 작전이 종료되자 7월 9일 미얀마와 방글라데시는 난민 송환 양해각서에 서명했다. 난민들은 '돌아가지 않겠다'고 저항했지만 결국 그해 8월 30일부터 12월까지 대부분 송환됐다. 이들을 돌아가게 한 주동력 중 하나는 다름 아닌 '아사'였다. 방글라데시 구호 및 재활부 장관이었던 사이드 알리 카스루Syed Ali Khasru는 1978년 12월 12일 난민 구호 회의를 주재하며 다음과 같은 말을 남겼다.

"우리가 난민들을 (이곳 방글라데시에서) 너무 편하게 만들면 그들은 버마로 돌아가지 않을 거예요.”[246]

난민들이 편해서 돌아가지 않을까봐 택한 방식이 ‘식량 배급 축소’였다. 식량 배급이 줄자 아이들부터 숨졌다. 1978년 5월부터 12월까지 반년 동안 약 1만여명이 굶어 죽었다. 70%가 어린이였다. 이 참상에 대한 기록은 ‘콕스바자르 유엔난민기구 사무소’ 소장이었던 알란 린드퀴스트Alan C. Lindquist에 의해 이듬해 6월에야 밝혀졌다. 린드퀴스트는 1979년 6월 발표한 보고서 “1978 ~ 1979 방글라데시 난민구호작전에 대한 보고서”를 통해 이렇게 지적했다.[247]

“같은 시기 베트남 보트 난민들이 전 세계 미디어의 주목을 한 몸에 받는 동안 20만명에 달하는 아라칸 무슬림 난민들에 대한 관심은 극도로 적었다”

당시 방글라데시는 독립(1971) 후 얼마되지 않은 신생국가였고 1974년 기아 사태를 경험한 최빈국 중 하나였다. 여전히 빈곤과 기아에 허덕이던 방글라데시 기준으로 보면 로힝야 캠프 역시 한해 평균 1,000명당 20명 꼴로 사망할 수 있는 처지였다. 그 비율로 보면 총 2,780명 사망이라는 예측치가 나왔다. 하지만 실제 사망자는 단 10개월만에 11,900명이나 됐다. 9,120명이 더 목숨을 잃었다. 이중 6,384명이 어린이들이다.

난민들의 아사 배경이 식량 부족 때문만은 아니었다는 사실이 드러난

---

246   Alan C. Linquist, 1979, “Report on the 1978-1979 Bangladesh Refugee Relief Operation”, 06/1979 . https://www.networkmyanmar.org/ESW/Files/Lindquist-Report.pdf & https://shafiur.medium.com/fat-well-fed-rohingya-refugees-d605b35495bd

247   Ibid.

건 78년 7월경이다. 정부 공식 통계로 보면 난민 캠프 아사율은 6월 초에 1만명당 7명, 한 해 약 4% 정도다. 방글라데시 기아 사망률의 두배에 달했다. 7월 말 즈음이 되자 난민 사망율은 1만명당 17명으로 늘어났다. 방글라데시 사망률의 4.5배인 9%까지 치솟은 게다. 이어 11월 26일에서 12월 3일까지 사망률은 치명적으로 올라 만명당 33명, 약 17%에 이르렀다. 이는 방글라데시 평균 사망률의 8.5배나 되는 수치다. 방글라데시 난민캠프에서 매일 80 - 85명의 난민들이 기아로 사망했다는 얘기가 된다. 70%가 어린이 사망자였고 반년만에 7,500명이 사망했다. 이듬해(1979) 1월이 되자 UNHCR은 제네바에서 기자회견을 열고 1만명이 사망했다고 발표했다. 3월경에는 이 수치가 12,000명까지 증가했다.

당시 방글라데시 캠프에서 일하던 노르웨이 출신 영양학자 카토 올Dr. Cato Aall은 1978년 5월 18일 방글라데시 정부가 제시한 영양표를 분석하며 단백질은 그럭저럭 괜찮지만 칼로리는 생존하기 어려운 수준이라고 폭로한 바 있다. 그 정도 칼로리로는 걷기조차 힘들고, 물긷는 행위나, 나무를 베는 행위는 꿈도 못 꾼다는 것이다.

또 한 번의 강제송환 : <유엔난민기구>의 오명

그렇게 강제 송환된 로힝야들이 80~90년대 미얀마 땅에서 직면한 건 시민권 박탈과 그들을 제도적으로 더욱 옥죄는 '제노사이드 인프라'였다. 1992년 2월 3일 AFP는 "지난 한 주간 미얀마 라까인주에서는 구금상태에 있던 무슬림들이 약 300명가량 아사했다"고 전했다. 당시 로힝야들이 라까인 주 내에서 직면한 상황이 얼마나 처참했는지 보여주는 한 예시다.

90년대 로힝야 거주지에는 국가가 주도하는 '불교도 정착촌' 건설 붐과 군부대 건설로 하루 아침에 거주지를 빼앗긴 로힝야들이 건설 노역에도 강제로 동원되는 등 심각한 인권침해가 벌어졌다. 미얀마 저항운동사에 조예가 깊은 인권운동가 에디트 미란테가 1991년 발표한 '우리의 여정'Our Journey이라는 보고서에는 60세 로힝야 난민의 다음과 같은 인터뷰가 실려 있다.

"2-3일에 한 번 (강제 노역에) 동원됐고 보수는 받지 못했으며 삽 등 노동 도구도 제공되지 않아 각자 가져가야 했다. 물, 식량 제공은 전무했으며 일하다 아프기라도 하면 구타를 당했다"[248]

바로 이 상황에서 1991년 12월 ~ 1992년 3월까지 군부 SLORC의 "퓌 따야"(깨끗하고 아름다운) 작전이 감행됐고 20만명이 넘게 방글라데시로 내몰렸다. 92년 4월 28일, 두 나라는 거의 즉각적으로 난민 송환 양해각서에 다시금 합의했지만 로힝야 난민들은 돌아가기를 거부했다. 송환을 거부하는 난민들을 방글라데시 정부가 강압적으로 다루자 유엔난민기구는 난민송환 협조를 일시 중단하겠다고 선언하기도 했다. 그리고 93년 5월, 이번에는 유엔난민기구와 방글라데시 정부가 양해각서를 체결하고 그해 11월 '라까인 주로 귀환하는 난민 관련 업무' 활동을 이어갔다. 이 난민송환은 UNHCR이 라까인주 내에 사무소를 열고 활동하는 계기가 됐다.

....

248 Edith Miranth, 1991, "Our Journey : Voices from Arakan Western Burma", *Project Maje*, 05/1991, https://www.projectmaje.org/pdf/journey.pdf

로힝야 난민 송환 문제에 대해 조사 작업을 해왔던 미국 난민협회 (USCR)는 1995년 2월 기준 로힝야 난민 총 15만 5천명이 미얀마로 송환됐다고 추산했다. 그리고 최대 9만 5천명가량이 송환을 피해 숨어들고 흩어졌다고 추정했다.[249]

1997년은 90년대 송환의 마지막 해였다. SLORC은 방글라데시에 남아있던 로힝야 난민 약 21,800명 가운데 7,500명만 더 받겠다고 했다. 그러자 UNHCR은 방글라데시측에 나머지 난민 14,000명을 방글라데시 캠프에 계속 머물 수 있게 해달라 요청했고 방글라데시 정부는 이를 허용했다. 14,000명 가량이 콕스바자르에 남은 채 1997년 4월 송환 업무는 종료되는 듯 보였다. 그러나 그해 7월 20일 ~ 22일 방글라데시 군경이 두 개의 '등록 캠프'인 쿠투팔롱 캠프와 나야파라 캠프 난민 399명을 강제로 퇴거시키는 사건이 발생했다. '나야파라' 난민들은 격렬하게 저항했다. UNHCR의 항의 끝에 방글라데시 정부는 자발적 송환을 원치 않는 로힝야들은 돌려보내지 않겠다고 재 약속했다. 동시에 단 한 명의 로힝야도 방글라데시에 영구적으로 머물러서는 안 된다는 점도 강조했다.[250]

송환을 둘러싼 팽팽한 대립과 혼란의 와중에도 로힝야들의 미얀마 탈출은 계속됐다. 1997년 상반기만해도 약 2천명 ~ 2만명가량의 새로운 난민들이 방글라데시에 도착했다는 게 〈엠네스티〉 조사결과다. 한편에서는

---

249 US Committee for Refugees, 1995, "Return of the Rohingya Refugees for Burma : Voluntary Repatriation or Refoulement", USCR Report on the Rohingya Repatriation, 10/23/1995 https://www. burmalibrary.org/reg.burma/archives/199510/msg00146.html

250 Ibid.

난민이 강제 송환됐고 또 다른 한편에서는 난민들이 계속 탈출했다. 90년대 난민 송환을 "자랑스러운" 실적으로 선전해온 UNHCR에게 당황스러운 현실이 아닐 수 없다. 아웅산 수치 역시 2018년 국가자문역을 맡고 있던 시절, 바로 이 90년대와 앞선 70년대 말의 난민송환 사례를 들어 "두 번의 (70년대 & 90년대) 성공적 난민송환" 운운한 적이 있다. 그러나 그 '성공' 이면에서 수많은 난민들이 강제송환에 저항했고 저항하다 목숨을 잃은 사실은 감춰져 있는 것이다. 이를 두고 "성공적 난민송환" 운운할 수 있을까. 강제송환으로 사라진 난민들의 목숨은 어떻게 보상할 것인가.

일례로 1996년 4월 20일 발생한 보트 전복사고를 보자. 약 150명의 난민들이 미얀마로 강제송환되는 과정에서 '방글라데시 국경 수비대' Bangladesh Border Rifles는 난민들을 강제로 배에 승선시켰다. 이 과정에서 15명의 난민들이 나프강에 익사하는 사고가 발생했다. 사망자는 모두 여성과 어린이들이었다.[251]

방글라데시 당국에 따르면 그해 6월 한달 동안에만 약 5천명이 방글라데시로 탈출했다. 이 중 500명 정도가 2주만에 다시 송환됐다. 문제는 로힝야들이 그들의 본향 라까인 주로 강제송환되면 그곳에서 로힝야는 또다시 "불법 이주민"이 된다는 점이다.

---

251 The Rohingya Muslims ending a Cycle of the Exodus?, 1996, *Human Rights Watch* 09/01/1996
https://www.hrw.org/reports/pdfs/b/burma/burma969.pdf

"우리는 캠프를 보았다"

오늘, 세기가 바뀌었고 콕스바자르 시작부터 국경 끝까지 로힝야 난민 캠프로 빼곡히 채워진 2023년이다. '21세기 강제송환 잔혹사'의 또 다른 챕터가 열릴 지 모른다는 불안감이 캠프 안팎으로 엄습하는 시절이다. 미얀마 군부는 6-7년전 대학살 당시 자신들이 축출했던 로힝야 를 다시 데려오겠다며 부산을 떨고 있다.[252] 미얀마와 송환 논의 중인 방글라데시 〈난민구호 및 송환 위원회〉Refugee Relief and Repatriation Commission 위원장 모하메드 미자누르 라흐만Mohammed Mizanur Rahman 역시 반복해서 언론에 이슈를 띄우고 있다. 양국은 이를 "시범 송환"'pilot repatriation'이라 부르고 있다.

미얀마 대표단은 3월 이후 여러 차례 난민 송환 진척시키겠다며 '방문단'을 꾸려 콕스 바자르 캠프를 찾았다. 방문단에는 '호스트 국가' 방글라데시 뿐 아니라 인도, 중국 그리고 아세안 국가 8개 나라가 동행했다. 모두, 로힝야 난민 송환으로 미얀마가 '정상화되고 있다'는 허상의 이미지를 부여하는데 불편함이 없거나 이득을 볼 나라들이다. 그 대표국가 중국이 '로힝야 송환 프로젝트'에 발 빠른 중재자로 나섰다.

난민 송환 "중재자"로 나선 중국의 '로힝야 내러티브'는 '인종 청소'가 자행되는 인권 침해 문제가 아니다. 그 보다는 저개발국가 미얀마의 경제적 불충족에서 비롯된 커뮤니티간 폭력 사태다. 따라서 라카인 주에 대한 적극적 개발과 투자가 로힝야 위기에 대한 답이 될 수 있으며 난민 송환은

---

252 "The UN Reports condemns Junta Plan to Resettle 7,000 Rohingya Refugees from Bangladesh to Myanmar", 2023, *BNIOnline*, 09/06/2023 https://www.bnionline.net/en/news/un-report-condemns-junta-plan-resettle-7000-rohingya-refugees-bangladesh-myanmar

그 해답을 위한 '정상화' 과정에 필요한 기제라는 것이다. 예의 국익과 경제적 이해관계를 최우선으로 하는 실용주의 외교의 대가다운 진단이다.

작금의 로힝야 난민 규모는 등록 기준으로 백만명 수준이고 이들을 모두 미얀마로 송환하려면 하루 30명씩 송환하더라도 1년에 10,950명, 100년이 걸린다는 계산이 나온다. 게다가 2017년 대학살 이후 미얀마의 모든 상황은 더 나빠졌다. 로힝야 제노사이드 주범 탓마도가 2021년 '불법 쿠테타'로 미얀마 통수권을 쥐고 있고, 불법쿠테타에 저항하는 시민들의 무장항쟁이 지속되면서 확장된 내전양상을 보이고 있다. 여기에 더해 로힝야들의 본향 라까인 주는 라까인 족 무장 조직 AA와 탓마도 간의 내전이 전개 중이다. AA는 종종 로힝야 거주지를 작전 거점으로 삼으며 사실상 로힝야 마을과 주민들을 방패 삼고 있다. 고도로 계산된 전술로 보인다. AA의 이 같은 전술 탓에 탓마도 공격으로 인한 로힝야 사상자들이 잇따르고 있다. 이런 상황에도 불구하고 그 땅으로 여전한 '강제송환' 시도가 또 다시 꿈틀대고 있다. 난민 송환의 기본 원칙 즉, 안전하고 자발적이며 존엄한 송환은 단 1%도 보장받기 어려운 상황이다.

미얀마가 난민 송환을 밀어부치는데는 철저히 자신들의 이해관계에 기반한 절박함이 있다. 2019년 서아프리카 작은 나라 감비아에 의해 제노사이드 범죄로 피소된 미얀마는 〈국제사법재판소〉International Court of Justice(혹은 '유엔법정', 이하 'ICJ') 재판에 대비하는 차원에서 ICJ 일정과 맞물려 송환을 서두르고 있다는 분석이 가능하다.

미얀마가 감비아에 의해 '로힝야 제노사이드' 혐의로 ICJ에 피소된 건 2019년 11월이다. 이듬해인 2020년 1월, ICJ는 미얀마에 '로힝야 제노사이드 방지를 위한 임시 예방 조치들을 취하고, 6개월마다 이를 보고하라' 명령했다. 미얀마가 이의를 제기했지만 2022년 7월 ICJ는 이를 기각하고 본격적 재판 길을 열었다. 그리고 2023년 4월 24일 미얀마의 '반박 변론문' 제출 마감을 앞두고 미얀마는 ICJ에 마감을 2024년 2월로 연기해달라 요청했다. ICJ의 판결문을 통해 알 수 있는 미얀마의 요청사항을 보면 로힝야 난민송환 이슈가 언급돼 있다. "방글라데시에 거주 중이거나 이제 곧 미얀마로 송환될 (로힝야 난민들 중) 목격자들로부터 증언을 취할 수 있을 것"이라 적은 대목이 나온다.[253] 군부는 로힝야 난민 송환 이슈를 이용하여 반박변론 마감 늦추기 작전에 돌입한 것이다. 군부는 ICJ에 마감 연장을 요청한 직후 방글라데시 캠프를 방문했다.

로힝야 난민들이 본국 송환 된다면 그들이 돌아가야 할 곳은 당연히 그들이 살던 곳이어야 한다. 그러나 군부가 이들을 재정착 시키겠다고 밝힌 곳은 "15개의 새로 건설된 마을"이고, 그곳에서 이동의 자유없이 갇히는 삶을 살게 된다. 이동의 자유없는 난민캠프에서 이동의 자유없는 또다른 수용소 캠프로 송환되는 건 송환의 원칙에 전면 위배된다. 2023년 4월 28일, 방글라데시 로힝야 난민 대표단 20명은 양국가 압박에 못이겨 자신들이 송환되어 머물게 "모델촌" 두 곳을 사전 답사하기 위해 라까인 북부 마웅도를 방문했다. 방문 후 난민 대표는 그들이 송환 예정지로 사전답사한 곳에 대해 "우리는 캠프를 보았다"고 말했다. 방글라데시 캠프에서 수

....

253 "Myanmar Junta Ends Attacks on Civilians, Comply with World Court Ruling", 2023, *Fortify Rights*, 04/15/2023 https://www.fortifyrights.org/mya-inv-2023-04-15/

용소 캠프로 강제송환되지 않겠다는 의지를 담은 용기 있는 발언이었다. 대표단이 답사를 통해 본 건 고향 땅이 아닌 건 말할 것도 없거니와 울타리가 쳐진 거대한 건물, 90년대 군부가 불교도 정착촌 프로젝트로 개발했던 그런 살만한 "모델촌"이 전혀 아닌, 이동의 자유가 박탈된 채 머물러야 할 더도 덜도 아닌 수용소 건물이었다.

또 다른 한편에서 군부는 방글라데시 난민캠프에서 라까인 주로 자발적으로 귀환한 소수 로힝야들을 '이민법 위반'으로 잡아들이고 있다.[254] 9월 11일에 마웅도 타운쉽 법원이 자발적으로 돌아온 로힝야 청년 3인을 〈이민법〉 13조1항 위반으로 구속한 건 여러 사례 중 하나다. 이민법 13조 (1)항은 "버마 연방으로 들어오거나 들어오고자 시도하는 누구든, 혹은 합법적 입국에 반하는 경우 투옥을 포함하여 처벌 받을 수 있다"고 명시하고 있다. 로힝야를 미얀마 시민으로 보지 않은 군부에게 고향으로 돌아온 로힝야는 "합법적" 입국자가 아닌 것이다. 로힝야가 송환 제 1 조건으로 시민권을 보장하라고 요구하는 이유가 여기에 있다.

학살 현장에 들어서는 난민 송환 캠프

그렇다면 군부가 데려오겠다고 고집하는 로힝야들을 위해 마련한 '캠프' 상태는 어떨까. 군부는 우선 "시범 송환"될 난민들을 위해 라까인 북부 마웅도 타운쉽에 "경유(트렌짓) 캠프" 세 곳을 마련해놓았다고 밝혔다. '통

---

254   https://twitter.com/nslwin/status/1701578512933511203?t

표 렛퉤Taungpyo Letwe', '응아 쿠 야Nga Khu Ya', 그리고 '라 포 콩Hla Poe Kaung' 캠프가 그것이다. 이 곳에 2주 정도 체류시킨 후 "고향 땅"에 재정착 시키겠다는 게 군부의 설명이다. 그러나 군부가 언급한 로힝야들의 "고향 땅"은 이미 불도우저로 갈아 엎어진 지 오래다. 일부지역엔 이미 새 건물이 들어섰고 또 다른 일부는 불교도 정착촌으로 개발되고 있다.

군부가 언급한 '라 포 콩 트렌짓 캠프'도 본래 라 포 콩이라는 로힝야 마을이었다. 2017년 학살 후에도 약 열 두 가구 정도가 텐트에 거주하며 끝까지 지켰던 마을이다. 그러나 2018년 1~2월께 군부는 그마저도 불도우저로 밀어버렸고 남아 있는 로힝야들은 모두 쫓겨났다. 건물 하나 남지 않은 그 자리에 군부는 787채 가옥을 짓겠다고 공표하기도 했다.[255] 대부분을 불교도와 힌두 주민 몫으로 배정했고, 22개 가옥만이 "벵갈리"를 위해 안배해놨다는 게 당시 군의 발표였다. 따지고 보면 "벵갈리"를 위해 안배해놨다는 가옥이 트렌짓 캠프로 발전된 셈이다.[256] 살던 마을의 흔적조차 남지 않은 땅에 군부가 지어 놓은 캠프에서 이동의 자유 없이 살아야 되는 송환에 응할 로힝야들은 단 한 명도 없을 것이다. 전 세계 200개가 넘는 시민사회단체들이 "로힝야 제노사이드 생존자들을 킬링필드로 보내서는 안된다"는 성명을 발표한 이유다.

....

255 AP, 2018, "Everything is gone' : Satellite images in Myanmar show dozens of Rohingya villages bulldozed", 02/24/2018 https://www.theguardian.com/world/2018/feb/24/myanmar-rohingya-villages-bulldozed-satellite-images
256 Irwin Roy, 2018, "Myanmar levels former Rohingya villages to build camp for returnees", *IRIN*, 03/12/2018 https://www.refworld.org/docid/5b7400ed4.html

1951 난민협약은 협약 비준여부를 떠나 '강제 송환 금지'non-refoulement 원칙을 지켜야 한다고 명시하고 있다. 국제인권 단체인 〈휴먼라이츠 워치〉가 최근 '송환 인터뷰' 대상에 올라 군부 방문단과 만났던 15명의 난민들을 대상으로 조사한 바에 따르면 난민들은 "속았다"고 반발했다. 개중에는 '미얀마로의 송환'이 아닌 제3국(주로는 서방 국가들) 재정착을 미끼로 인터뷰에 불려 나간 이들도 있었다고 보고서는 전했다.

무엇보다도 미얀마 방문단이 '시민권'에 대해 일체 언급이 없었던 건 현 송환논의의 근본적 오류를 보여준다. 군부는 대신 또 다른 카드를 들고 나왔다. 바로 '국민심사카드'National Verification Card(이하 'NVC')다. NVC 카드는 앞 장에서 언급했듯 로힝야들을 여전히 "벵갈리"로 규정하는 차별적 신분증이다. 국제인권단체들이 "제노사이드 카드"라 비판하는 카드이자 하단에 "카드 소지자가 미얀마 시민이라는 의미는 아니"라는 문구가 적힌 이 카드를 군부는 마치 송환의 미끼인 것처럼 내밀고 있다.

국경의 위험한 신호

제6부

1.

죽어도
떠나는 사람들

걸음마 연습하는 보트난민

자니 알람은 제대로 걷질 못했다. 25세, 팔팔해야 할 청년은 이제 막 걸음마 떼는 아이 마냥 얇게 부어오른 발을 떼었다 딛었다 떼었다 딛었다 조심스레 반복했다. 이따금 '전통 치료사'에게서 받는 뱀 기름 마사지를 빼면 이 '걸음마 운동'이 그가 할 수 있는 '치료'의 전부다. 자니도 치료사 구라미아 세이드(60)도 모두 미얀마 라까인 주에서 온 로힝야 난민이다. 구라미아는 2002년에 말레이시아에 왔고, 자니는 2013년 1월 말레이시아 서부 해안 도시 페낭에 닿았다. 내가 자니를 처음 만난 건 2013년 5월, 그가 페낭에 도착한 지 4개월이 지난 후였다.

"많이 좋아졌지. 넉 달 전 처음 도착했을 때는 아예 걷지를 못했어"

그의 이웃 로힝야 난민인 자미르 우딘(41)이 말했다.

"이번 달 들어 좀 줄긴 했는데, 지난 달까지는 정말이지 봇물 터진 듯 매일 수십 명씩 도착했어"

자미르는 그렇게 도착한 보트 난민들 상당수가 걷는데 어려움을 겪는다고 말했다. 이유는 운동 부족 때문이다.

자니가 라까인 주에서 방글라데시로 국경을 넘은 후 밀항선에 오른 건 2012년 11월초다. 이후 페낭에 도착하기까지 두 달 반 넘게 그는 다리를 펴 본 기억이 없다. 상황적으로 예외가 있긴 하다. 배를 갈아타거나 배에서 픽업 트럭으로 갈아탈 때는 서서 이동했다. 밀항선이 태국 해안에 도착한 후에는 주로 픽업 트럭에 올랐는데 브로커들은 난민들의 몸을 트럭안에 겹겹이 쌓아놓고 짐짝처럼 싣고 다녔다.

살고 싶어 탈출했던 몸들은 태국, 말레이시아, 방글라데시, 그리고 본향에서 직접 충돌했던 이웃 라까인족과 동족 로힝야 형제들까지 촘촘하게 결탁된 인신매매 그물망 안에서 완벽하게 속박되었다. 배에서 트럭으로, 해안으로 정글로, 태국에서 말레이시아로 짐짝처럼 내던져졌고 마침내 페낭에 떨궈졌다.

"아주 많은 라까인들이 마을에 들이닥쳤고 화살, 장칼, 장대를 휘두르며 있는 대로 파괴하고 불을 질렀는데 그럴 땐 가만있던 나사까들이 우리가 불을 끄려 하자 발포하기 시작했다. 그 혼란통에 부모님은 나사까 총에 맞았고, 3일 후에 돌아가셨다"

앉아 있는 것조차 힘들어 보이는 자니가 힘겹게 입을 열었다. 그리고는 2012년 6월, 그해 발생한 1차 폭동 당시 자신이 살던 부띠동 타운쉽 소파란 마을에서 발생한 안티-로힝야 폭동 상황을 하나씩 풀어갔다. 군, 경찰, 나사까 등 보안군들이 불을 끄려는 무슬림들에게 총을 쐈다는 증언은 국제인권단체 〈휴먼라이츠워치〉가 발표한 보고서 '살고 싶으면 기도나 해라'에도 줄곧 등장하는 내용이다. 하지만 보고서에서 언급된 보안군 발포는 2012년 10월, 그러니까 라카인 주 17개 타운쉽으로 폭동이 확산되면서 로힝야는 물론 '캄만 무슬림' 커뮤니티까지 공격 대상이 됐던 2차 폭동 상황을 언급한 것이었다. 6월에 발생한 1차 폭동 당시에 보안군이 발포했다는 증언은 처음이다.

10월 발생한 2차 폭동의 희생자 캄만 무슬림 살림 빈 굴반은 보안군이 방화도 저질렀다고 말했다. 폭동 진원지였던 축퓨를 탈출하고자 수많은 이들이 선착장에 모여들었던 10월 23일 오전 9시에서 4시 사이 보안군들이 방화한 선박은 총 6척이다. 4시경 밀물이 되어서야 캄만 무슬림들은 허둥지둥 남은 배에 나눠탈 수 있었고 시트웨 등으로 피신할 수 있었다. 고향에서 작은 가게를 운영하던 살림은 그로부터 한달 후 자신이 소유한 배에 75명의 캄만 동족을 태워 말레이시아로 탈출했다. 살림처럼 라카인주에서 출발하여 바로 말레이시아로 도착한 경우는 극히 드문 경우다. 브로커 없이 자체 조직한 항해였기에 자니처럼 방글라데시를 거쳐오는 로힝야 난민들과 달리 브로커의 횡포를 경험하지 않았다. 살림 일행은 떠난 지 4일 후 인도 영토 안다만 섬 인근으로 추정되는 지점에서 인도 해군을 만났고 그들이 말레이시아로 향하는 길도 안내해주고 마실 물도 실어줬다고 말했다. 살림 일행은 떠난 지 열흘만인 1월 중순 말레이시아 해안가에 닿았다. 이들을 발견한 말레이시아 해군이 살림 일행을 해안 도시 랑카위로 데려갔다. 먹거리를 제공받고 건강 검진도 했으며 말레이시아 현지 유엔난민기구와 인터뷰도 했다. 풀려난 살림일행은 쿠알라룸푸르에 머물고 있다. 나는 페낭으로 넘어오기 전 쿠알라 룸푸르에서 살림을 비롯한 한 무리의 캄만 난민들을 먼저 취재했다.

페낭에 머무는 자니가 고향을 떠나기로 마음먹은 건 "캄만 무슬림까지 공격하는 10월 폭동이 계기"였다. 시기적으로도 10월부터 3월까지 벵골만 풍랑은 상대적으로 잔잔해서 '항해시즌'으로 불렸다. 미얀마에서 방글라데시로, 그리고 벵골만 국제 해역으로 어선을 갈아타며 이동했다. 국제 해역부터는 화물선 크기의 배에 올랐다. 태국 해안에 이르기까지 7일 걸렸다. 하루 평균 2-3명이 죽어나갔다.

〈유엔난민기구〉에 따르면 2012년 한 해 동안 로힝야 난민 13,000명이 방글라데시에서 난민선에 올랐다. 그리고 2013년에는 5월까지 약 7천명이 더 탈출했다. 유례없이 많은 인원이다. 그런데 유례없는 현상은 수치만이 아니었다. 성인 남자 중심이던 보트 난민에 여성, 어린이들이 오르기 시작한 것이다. 그만큼 절박함이 극에 달했다는 신호였다. 로힝야 난민 살리마 누라 아흐마드(25)도, 캄만 난민 누를 이슬람(14)가 그런 사례다.

살리마 누라 아흐마드는 2011년 4월 마을 사람 8-9명과 함께 고향 마웅도를 출발해 45분만에 방글라데시 국경 타운 테크나프에 닿았다. 폭동이 불붙기 전이었지만 로힝야로서 미얀마 땅에 발 붙이고 사느니 목숨 걸고 탈출하는 게 나았다. 2005년 농사짓던 땅을 군인들에게 빼앗긴 뒤 삶의 기반이 붕괴됐고 희망이라곤 찾아볼 수 없었다. '시민권 없는 모국'이라는 모순의 땅, 그 땅을 남편 노라 무하마드 탄다미아(25)는 진작에 떠나고 없었다. 살리마는 결심했다. 곧 남편이 있는 말레이시아로 가서 새롭게 시작하리라.

방글라데시 국경 타운 테크나프에서는 3일을 대기했고, 브로커의 안내에 따라 작은 고기잡이 배에 오른 후 4-5시간 항해 끝 벵골만 국제 수역 어디 메쯤 떠 있는 큰 배로 옮겨갈 수 있었다. 테크나프 국경에서부터 말레이시아에 있는 남편은 이미 방글라데시 브로커와 통화하며 아내의 안전한 항해를 위해 원격 조정 중이었다. 50-60명 수용 가능한 배에 250명이 채워지자 배가 출발했다. 선장은 방글라데시인, 선원은 미얀마 사람 일부와 대부분 태국인. 하나같이 허리춤에 권총을 차고 있었고 장총도 두르고 있었다. 보통 태국 혹은 미얀마에서 조직되는 밀항선에는 미얀마 선원들이 주로 고용되는 것으로 알려져 있지만 살리마의 배에는 "시암(태국) 선원이 많았다". 태국 어선들이 벵골만은 물론 멀리 소말리아 해역까지 가서 불법 조업을 해왔던 오랜 역사로 보건대 살리마가 주장은 신빙성이 낮지 않다. 자나깨나 다리 한 번 펴보지 못한 악몽의 항해 18일. 살리마의 배에서는 총 18명이 사망했다.

"공기가 통하지 않는 배 안 쪽에 있던 이들 14명이 숨막혀 죽었다. 나머지 4명은 물 좀 달라 했다고, 좀 떠들었다고 선원들이 바다에 던져버리더라. 모두 젊은 청년들인데…"

'마실 물을 달라고 하면 바닷물에 던져 버렸다'는 이 끔찍한 증언을 나는 처음엔 도무지 믿을 수 없었다. 한번의 증언이었다면 아마 취재수첩에만 메모로 남겼을 뿐 기사에 옮기진 않았을 것이다. 그런데 각기 다른 배를 타고 다른 시기에 도착한 난민들이 비슷한 주장을 반복했다. 목마른 남성들이 바다에 던져졌다면, 여성들은 '물 줄게 이리오라'고 유인하는 선원들로부터 집단 강간을 당했다는 주장도 반복적이었다.

부띠동 타운쉽에서 온 누를 헤센 (41)은 자신이 타고 온 배에서 강간사건이 자주 발생했다고 말했다. 2013년 4월 초에 고향을 떠난 누를 헤센은 국제 수역에서 이틀을 기다렸고 무려 750명이 오른 화물선을 타고 8일 걸려 태국 해안에 도착했다. 오는 길에 "아주 많이 죽었다"는 말로 그는 입을 열었다.

"선원들은 여성을 맨 뒷 갑판에 배치했다. 성폭행하는 소리가 거의 매일 밤 들려왔다. 무슬림 여성들이라 자신이 성폭행 당했다는 말을 쉽게 하지 않겠지만…"

'무슬림 형제애'를 기대하며 말레이시아로 간다고 생각했는데 배는 태국 해안가에 먼저 닿았다. 그곳에서 본격적인 '인신 매매'가 시작될 예정이다.

정글 캠프의 '인간장사'

자니, 살리마, 누를의 배가 태국 해안가에 도착하자 이들을 처음 맞이한 건 "정복차림의 태국인들"이다.

자니는 이 '군인들'이 난민들을 처음부터 험하게 다뤘다고 말했다. 그들의 안내하에 22명이 한 트럭에 '구겨'타고 5-6시간을 달려 1차 지점에 도착했다. 그리고 그곳에 모인 사람들이 다시 이동길에 올랐다. 약 500명 정도 되는 사람들이 이틀 동안 차량 여러 대에 분산 탑승했다. 그리고는 태국-말레이시아 국경 정글 어딘가로 이동했다. 자니는 첫 날 세 번째 차량에 올라 정글로 이동했다고 말했다. 살리마는 태국 해안가에 도착 후 '시암 선원들'이 어딘가로 전화 연락을 한 후에 정복 차림의 '군인들'이 도착했다고 말했다.

"(태국 해안가에) 이른 새벽 도착했다. 정복 입고 총을 꿰찬 이들이 와서 우릴 체크했다. 그리고는 작은 보트에 5-6명씩 태워 모기가 들끓는 정글로 데려갔다. 거기에서 태국 브로커들이 우릴 다시 픽업트럭에 태우고 4-5시간을 달려 정글 또 다른 지점에 이르렀다"

이렇게 다양한 방식으로 모여든 2차 지점, 이곳이 이른 바 '정글 캠프'
다. 브로커들이 말레이시아나 미얀마에 있는 가족들의 연락처를 묻고는
전화를 걸어 6천 링깃 (당시 환율 기준 약 217만원)을 통장에 입금하라 협박하
는 인간장터다. 말레이시아에 살고 있던 살리마의 남편은 전화 받았던 순
간을 기억하고 있다. 통화하면서 눈물이 범벅이 된 후, 돈을 빌리기까지
14일이 걸렸다.

누를 헤센은 다행히 말레이시아에 있는 친구가 브로커들에게 돈을 보
내주어 4일만에 풀려났다. 돈 보내줄 이를 찾지 못했던 자니는 두 달 가까
이 정글캠프에서 지냈다. 고향 친척의 도움으로 막바지에 겨우 풀려난 자
니는 자신이 머무는 두 달 동안 10명 정도가 사망했다고 말했다. 6명은 시
트웨 출신이다. 도망가려다 브로커에 붙잡혀 맞아 죽었단다.

"소근대며 떠든다는 이유로 구타는 물론 이 뽑는 고문까지 했다"

힘이 하나도 없는 자니가 기억만은 생생했다. 브로커 10여명이 눈에
불을 켜고 지켜 선 정글캠프에서는 쪼그린 자세 외에는 허용되지 않았
다. 식사는 점심 한끼가 전부다. 난민들이 하나같이 '고무나무 투성이' 라
고 했던 걸로 보아 '정글 캠프'는 태국-말레이시아 국경 고무농장 일대가
분명했다. 떠나는 이들과 도착하는 이들이 끊임없이 교차하며 마르지 않
는 인간시장이 그곳에 있었다. 끝내 '몸값'을 내지 못한 이들은 어떻게 됐
을까. 아마도 인신 매매가 활발한 태국 어업계 '현대판 노예선원'으로 새

우잡이 배에 팔려갔을 가능성이 높았다. 미국무성의 2012년 인신매매 Trafficking In Person(TIP) 연례 보고서에는 다음과 같은 문구가 있다.

"일부 로힝야 난민들이 태국을 거쳐 말레이시아로 향하는 과정에서 태국 어선에 팔려가 강제 노역을 한다는 보도가 있다. 이 과정에서 태국 군 장성들의 역할도 보도되고 있다"

로힝야 보트난민 헤센은 말한다.

"내가 정글 캠프를 떠날 때 300명이나 남아 있었다. 그들이 어떻게 되었는지 나는 잘 모른다"

'몸값'을 지불하고 석방된 이들은 태국 정글에서 말레이시아 정글을 지나 페낭에 떨구어졌다. 헤센처럼 배로 이동한 경우가 있고, 살리마나 자니처럼 차량과 도보를 통해 정글 국경을 넘은 이들도 있다.

"내 남편이 돈을 지불했다며 떠날 채비를 하라고 했을 때 너무 기뻤다. 밤에 이동을 시작했다. 차를 타고 한 가옥에 도착했고 거기서부터 국경까지 3시간 도보 후 말레이시아 정글로 넘어왔다. 고무나무가 아주 많았고 사람 사는 집은 딱 한 채였다"

살리마 일행은 말레이시아 정글로 넘어온 후 부터는 말레이시아 브로커의 안내를 받았다. 5-6명씩 트럭에 나눠탔고 말레이시아에 있는 남편과 브로커가 통화로 동의한 지점까지 갔다. 두 시간 정도 걸렸다. 남편은 마중 나와 있었다. 마침내 남편과 상봉했다. "세상의 왕이 된 것처럼 행복했다" 남편 노라 무하마드가 말했다.

눈 앞에서 가라앉던 '동지선'

2012년 폭력 사태 후 이듬 해 탈출 러쉬를 이루던 로힝야 보트 난민 물결은 2014년, 2015년 갈수록 불어났다. 급기야 '동남아 보트난민 사태'에까지 이르렀다. 같은 시기 중동에서도 유럽을 향한 시리아 전쟁 난민들의 대규모 탈출이 '지중해 난민사태'로 조명되던 시절이다. 전 유럽이 난민 위기로 들썩거렸고 이슬람 포비아, 난민 포비아가 유럽을 휘감았다. 그 와중에도 독일처럼 난민들을 향해 두 팔 벌리는 정책을 과감히 내보인 사례도 있으니 그야말로 드물지만 감동이 없는 건 아니었다. 동남아 보트난민 사태에서 그런 감동이 펼쳐진 곳은 딱 한 곳, 바로 인도네시아 북부 아체 Ache다. 아체 어부들만이 표류한 로힝야 난민선을 구조하여 따뜻하게 보듬어 주었다.

나는 미얀마, 방글라데시 태국 등지에서의 로힝야 취재에 이어, 2013년 5월 페낭에서 처음 만났던 로힝야 보트난민 후속 취재를 위해 2014년 4월 다시 말레이시아로 향했다. 그 시절 동남아 보트난민들은 전부 로힝야였고, 2013년 한 해 동안에는 8만명이 탈출했다. 이들의 여정은 두 단계다. 우선, 방글라데시 혹은 라까인주에서 출발하여 태국에 이르는 전반부 해상로가 있다. 그리고 태국-말레이시아 정글 국경을 지나는 후반부 육로가 있다. 전년도 취재를 통해 난민들이 경험한 끔찍한 인권침해 실상을 잘 알고 있었지만 취재를 이어갈수록 로힝야들이 마주한 현실은 감 잡기 어려울 만큼 심각했다. 2014년 취재에서 알게 된 새로운 사실은 두 가지다.

하나는, 로힝야들이 '인간시장'이나 마찬가지인 태국-말레이시아 국경의 정글 캠프 존재와 그곳에서 벌어지는 끔찍한 실상을 아주 잘 알고 있었는데 그걸 알고도 미얀마와 방글라데시를 탈출하여 여하튼 항해에 나섰다. 박해를 벗어나려는 그들의 발버둥이 얼마나 절박한 지 역설하는 대목이다.

또 다른 하나는, 로힝야 보트난민들의 후반부 여정에 해당하는 태국-말레이시아 국경은 브로커들의 기획에 따라 일사분란하게 움직이는 난민들을 상대로 돈 독이 올라있었다.

보트난민 스토리 두번째는 바로 그 돈 독 오른 국경 이야기다. 정글캠프의 끔찍한 실상을 알고도 보트에 오르는 난민들의 이야기이기도 하다.

시트웨 출신 이슬람(20)은 2012년 6월 폭력 사태 당시 방화로 어머니가 운영하던 구멍가게와 자신이 돌보던 양계장을 잃었다. 아버지는 론 테인(경찰)의 총격에 총상을 입고 즉사했다. 이슬람은 여동생을 데려가려던 론 테인에게 칼을 들고 덤볐고 겨우 막아냈다고 말했다. 그때 입은 부상으로 오른쪽 허벅지와 눈 아래 상처가 있다. 시트웨 외곽 수용소 캠프에서 지내던 그는 2014년 초, 밀항선에 오르리고 결심했다.

2014년 1월 16일 밤, 로힝야 브로커들이 이슬람을 포함하여 40명을 작은 고기잡이 배에 태운 곳은 시트웨 보가티 선착장이었다. 약 10만쨧(당시 환율 기준 약 10만원)을 냈다. 다음날 어선은 큰 화물선 2척이 보이는 해역에 도달했다. 이슬람은 600명 정도가 탄 화물선에 올랐다. 배에는 여성이 약 80명정도 있었고 젖먹이를 포함한 어린이가 10명쯤 있었다. 또 다른 배에는 460명이 승선했다고 들었다. 두 배는 거의 동시에 출항했고 대부분의 항로를 같이 하며 망망대해에서 '동지선'이 됐다.

"4일째 되던 날, 저 쪽 배에서 식수가 부족하다기에 우리 물을 좀 건네줬다"

이슬람은 '태국 찍고 말레이시아로' 향하는 밀항 과정에서 브로커들의 고문과 인신 매매의 위험을 잘 알고도 배를 탔다고 말했다. "브로커들이 나를 고문하고 괴롭힌들 라까인들이 괴롭히는 것보단 덜할 거라고 생각했다"는 게 이슬람이 배에 오른 이유다. 그러나 눈 앞에서 펼쳐질 참사까지는 예측하지 못했다. 7일째 되던 날, 태국 해안가에 가까워질 즈음 풍랑이 거셌다.

"우리 눈 앞에서 배가 뒤집히고 460명이 고스란히 물속으로 빨려 들어가는데…"

460명을 태운 '동지선'이 가라앉기 시작했다.

"이곳에 도착한 난민들의 고향에서 사람들이 오고 또 온다. 친척이나 가족이 겪은 위험을 알면서도 그 전철을 기꺼이 밟더라도 탈출하겠다고 한다."

말레이시아내 로힝야 단체 중 하나인 '말레이시아의 로힝야 사회' Rohingya Society in Malaysia(RSM) 대표 압둘 하미드가 말했다. 이전과 달리 '위험을 속속들이 다 알고 타는' 경향은 라까인주 내부 상황이 얼마나 심각한지, 그래서 로힝야들은 또 얼마나 절망적이고 절박한지 말해주고 있었다. 하미드 대표에 따르면 1990년 이후 2012년 6월 폭력 사태 전까지 말레이시아에 온 로힝야 보트난민은 약 3만명정도다. 그러나 2012년 학살 이후 봇물을 이룬 보트 난민수가 2013년 한 해 동안에만 8만명이고 절대 다수가 말레이시아로 향했다.

경로도 다양해졌다. 2013년 초까지만 해도 라까인 주에서 우선 나프 강을 건너고 방글라데시 영토에 첫 발을 딛는 게 탈출의 전형적 시작이었다. 거기서 다시 두 시간을 항해 한 뒤 (방글라데시 영토인) 생 마린섬으로 가서 큰 배로 옮겨 타고 태국 해안가로 오는 것이다. 그런데 시간이 지나면서 라까인 주에서 직항하는 배가 늘고 있었다. 방글라데시를 거쳐오는 경우도 물론 여전하다.

또 다른 변화는 생 마린섬에서 출발하는 큰 배 브로커들의 폭력과 잔혹함의 수위가 조금 완화됐다는 점이다. 총기류로 위협하고, 여성을 성폭행하고, 항해 중 일부 난민을 바닷 속으로 내던지기까지 하던 만행이 2014년 봄 취재한 보트난민 사례에서는 잘 들려오지 않았다. 2013년 10월 20만 타카 (약 280만원)을 내고 방글라데시 국경 타운 테크나프에서 배에 올랐다는 자심(35)은 배 위에서 총기류를 보지 못했다고 말했다. 뭔가 변화가 감지됐다.

"지난 해 초 보트난민들 증언에서 무장한 브로커 얘기가 수도 없이 나왔다. 우린 그들이 라까인 무장 그룹이라 보고 있다. 그러나 언론과 인권단체들이 무장 브로커들의 잔혹한 행태를 집중 비판하면서 전술을 바꾼 게 아닌가 짐작하고 있다. 사람이 바뀐 게 아니라 경향과 전술이 바뀐 거다" 하미드 대표는 그렇게 진단했다.

수많은 난민들이 증언한 '큰 배에 탄 라까인 브로커들'의 실체가 특정 무장단체 소속인지에 대한 판단을 하려면 좀 더 확실한 증거가 필요하다. 이들이 '과도한 총잡이 모습으로 세상의 이목을 끌 필요는 없다'고 판단했을 개연성이 있다. 동시에 총이 시야에 들어오지 않았다고 해서 선상의 브로커들이 비무장상태였다고 단언할 수는 없다.

2013년 10월 마웅도를 출발한 라피크(18)는 자신이 탄 보트의 브로커들과 태국 '경찰'들 사이에 총격전까지 벌어졌다고 말했다. 250명을 태운 보트에는 여성 40명과 아이 15명 정도가 승선해 있었다.

"어두워서 잘 안 보였지만 숲으로 우거진 산이 눈앞에 펼쳐지는 것 같았고 태국 해안이 얼마남지 않았다고 생각할 즈음 연발 총성이 들렸다. (밀항선 단속에 나선 것으로 보이는) 육지 쪽 태국 경찰과 밀항 브로커 조직간에 총격전이 벌어진 것이다. 다른 배는 모르겠지만 우리 배에서는 남녀 각각 5명, 3명이 사망했다. 총격전 후 이내 곧 조용해졌다"

돈 맛을 알아버린 국경

브로커들은 주검 8구를 바다에 던졌다. 라피크는 선원 2명, '보디가드' 2명, 그리고 (주로 통역을 맡는) 로힝야 1명 등 브로커 5명이 모두 권총을 차고 있었다고 말했다. 어둠 속에서 서둘러 하선한 난민들은 정글로 숨어들어 하룻밤을 보냈다. 다음 날 새로운 배가 발빠르게 준비됐다. 브로커들이 얼마나 잘 조직화되고 준비된 조직인 지 알 수 있는 대목이다. 두번째 배를 타고 30분쯤 항해한 뒤에야 이른 바 '정글 캠프'에 닿았다. 본격적인 거래가 오가는 곳, 몸값을 내지 못하면 고문당하고 쥐도 새도 모르게 사라지는 곳이다. 정글 캠프는 말레이시아 국경과 가까운 태국 남부를 중심으로 서너 개가 있는 것으로 알려졌다.

라피크는 정글 캠프에서 2개월을 보낸 뒤에야 6천링깃 (당시 환율 기준 190만원)을 주고 풀려난 지 6개월이 되었다. 그러나 라피크의 걸음 걸이는 아직도 예전 같지 않다. 무릎을 접은 자세로 밀항선과 정글 캠프에서 여러 달을 보낸 난민들의 몸은 심한 마비 증세를 보였고 일부는 풀려난 뒤에 사망하기도 했다.

"2012년 폭력 사태 이후 라까인들의 집단 괴롭힘이 잦아졌다. 한번은 쌀을 사서 짊어지고 가는데 라까인들이 화살로 쌀을 맞혀 쌀이 다 쏟아져 나온 적도 있다" 왜 고향을 떠났는지 묻자 라피크가 준 답변이다.

라피크 사례를 포함하여 지난 1년여간의 난민 밀항, 인신 매매와 관련해 자국에 대한 비판이 고조되자 태국 당국은 보란 듯이 여러 차례 단속을 했다 그러나 일부 사례는 단속 과정마저 개입설을 되레 입증한 것 아니냐는 의혹을 키웠다. 밀항선에 대한 미얀마 보안 당국의 개입 역시 사실로 드러났다. 무하마드 살림(20)의 사례를 보자.

2012년 9월 시트웨를 떠난 살림은 2013년 이맘때에야 말레이시아에 도착할 수 있었다. 살림은 보트를 갈아타지 않았다.

그가 탄 보트는 시트웨 외곽 수용소 캠프를 감시하던 나사카 등이 '제발 떠나라'며 적극 마련해 준 경우다.

"1인당 20만 짯 (약 20만원)을 냈고 50-60명이 탈 수 있는 보트를 공동 구입한 형식이라고 생각했다. 나사카, 군인, 경찰, 론틴 등에게 최대 50만 짯 씩 갖다바쳤다".

선착장 주변으로 각 보안 당국의 사무실이 있었기에 그들의 승인과 뇌물 공여 없이는 어떤 배도 떠날 수 없었다고 한다. 보트 운항은 보안군과 의사소통을 하며 필요한 사항을 마련해 온 로힝야 '리더'가 맡았다. 당국은 보트 난민들에게 '이유 불문하고 절대 돌아오지 말라'고 했다. 살림은 자신의 보트보다 먼저 출항했던 보트 1대가 선착장 쪽으로 되돌아오는 걸 봤다. 몇 백 미터 거리를 두고 시야에 들어오던 보트를 보안군들은 '벵갈리가 되돌아 온다!'며 '로켓'을 쏘아 복귀를 저지시키는 것 까지도 목격했다. 시야에서 사라진 그 보트가 어떻게 되었는지는 아무도 모른다. 여하튼 살림 일행도 곧 항해에 나섰다. 목적지는 말레이시아.

7일 뒤 태국 국기가 펄럭이는 배 한 척이 다가오더니 "당신들을 이슬람 회의기구(OIC)나 유엔에 데려다 주겠다"며 태국 해안가로 안내했다. 그렇게 말한 이들은 모두 사복 차림이었지만 무장 상태였다.

살림 일행은 태국 해안가에 정박해 첫날 밤을 보트에서 보냈다. 다음 날 나타난 인신매매 브로커들은 난민을 다섯 명씩 정글 캠프로 이송했다. 며칠 뒤 정글 캠프에 태국 경찰이 들이닥쳤다. 그 시각 브로커들은 이미 사라지고 없었다. 경찰서로 이송된 난민들은 심문을 당하고 조서를 쓰고

뭔지는 모르지만 사인도 했다. 일부 태국 주민들이 경찰서 안으로 음식, 물, 옷 가지 등을 갖고 와서 나눠주었다. 주민들은 울먹이는 목소리로 "말레이시아로 잘들 가시게"라는 말도 건넸다. 경찰과 동네 사람들과 작별인사를 한 난민들은 대기하고 있던 보트 두 대에 올라탔다. 세번에 걸쳐 이송 완료. 그러나 그들이 도달한 곳은 또 다른 정글 캠프였다. 한 정글 캠프에서 또 다른 정글 캠프로 팔린 것이다.

"두번째 브로커들은 전부 태국인들이었다. 그들은 말레이시아에 있는 로힝야들에게 전화해서 그 로힝야들을 통해 우리와 의사소통을 했다"

몸값 6천링깃 (약 190만원)이 없었던 살림은 이후 4개월 동안 정글캠프에서 끊임없이 도착하고 풀려나는 난민들의 식사 준비를 하는 등 허드렛일을 했다. 그리고 가족의 도움으로 겨우 몸값을 내고 말레이시아로 풀려났다.

이와 관련 〈로이터 통신〉은 2013년 12월 5일 특집 기사에서 "태국에서 날로 심각해지는 로힝야 문제를 해결하기 위해 그해 10월부터 '옵션 투'라는 비밀 정책이 탄생했고, 이는 본국 추방인듯 보이지만 결국 인신매매 조직에 난민을 팔아넘기는 것"이라고 전했다. 내가 취재한 살림의 경우를 보면 이 비밀 정책은 〈로이터 통신〉이 보도한 2013년 10월보다 1년이나 앞선 2012년 9월 이미 시행되고 있었다.

'동지선'이 풍랑에 뒤집히는 걸 봤던 이슬람 역시 태국 당국의 단속에 걸린 적이 있다. 이슬람은 몸값을 낼 수 없다는 이유로 정글 캠프 둘째 날 담뱃불로 살이 타들어가는 고문을 당했다. 그리고 셋째 날 태국 경찰이 들이닥쳤다. 브로커들은 이미 도망친 뒤였고 경찰은 트럭 4대에 난민들을 태워 한 모스크(이슬람 사원)로 데려갔다. 모스크에서 4일을 보내고 이민성 감호소에 갇혔다. 감호소에서 풀려날 수 없을 거라고 직감한 이슬람은 다른 2명의 젊은이와 함께 탈출을 감행했다.

"14일 동안 걷고 또 걸었다. 어딘지는 모르지만 말레이어로 말하는 남성을 만났고 도움을 청했다"

그러나 말레이 남성은 2350 링깃 (약 74만원)을 요구하며 3명을 자기 집으로 데려갔다. 그리고 전화를 걸어 또 다른 남성을 불렀다. 두 번째 남성이 또 다른 이에게 3명을 넘겼고 이 세번째 남성은 1인당 4500 링깃(약 140만원)을 요구했다.

"전(두번째) 사람한테서 우리를 샀다며 돈을 내라고 하고는 방안에 가두었다" 일주일 뒤, 또 다시 탈출. 이번에는 혼자다. 나머지 2명은 돈을 마련하느라 여기저기 전화를 해대는 것 같았고 혼자 도망쳤단다.

2012년 이래 봇물을 이룬 로힝야 난민들의 보트 탈출은 라까인, 로힝야, 말레이, 방글라데시, 미얀마, 태국 등 이 일대 다양한 인종과 국적이 개입된 거대한 인신매매-밀항 시장을 형성하고 또 견고히 확장시켰다. 게다가 '사람장사'의 돈맛을 알아버린 태국-말레이시아 국경은 절박하게 도움을 청하는 난민들에게 선의는 커녕 그 '값어치'에 머리를 굴렸다.

자신의 '값어치'를 감당할 수 없어 탈출한 이슬람은 알 수 없는 거리에 도달했다. 그리고 행인의 전화기를 빌려 쿠알라룸푸르에 있는 형에게 전화를 걸었다. 악몽 같은 난민 밀항의 한달 여정은 끝나가고 있었다. 2014년 4월 현재 형제는 금속 자재를 만드는 쿠알라 룸푸르의 한 공장에서 일하고 있다. 그 공장에서는 라까인 이주노동자들도 함께 일하고 있다.

"보트피플, 미얀마 사람 아니다"

2014년에서 2015년으로 이어지던 로힝야 보트난민 사태를 지나며 '로힝야 제노사이드 경보'와 '신호'를 담은 구체적 분석 보고서들이 잇따라 발표됐다. 이정도 규모로 라까인 주를 빠져나온다는 건 로힝야들이 직면한 박해 상황과 그로 인한 이들의 고통이 눈덩이처럼 불어나고 있다는 걸 의미했다. 나도 당시 보트난민 사태를 기획 시리즈로 쓰면서 타이틀을 "제노사이드 경보"로 달았다.

그 시기는 또한 불교 극단주의의 고조와 이슬람포비아 폭력이 고조되면서 미얀마를 향한 국제사회의 비판도 매우 거세게 몰아쳤다. 미얀마에서 그 거센 비판에 대한 반작용이 없을 리 없었다. 불교 극단주의자들과 라까인주의 극우 민족주의자들의 거리 시위가 이어졌다. 2015년 5월 27

일, 6월 14일 시트웨에서 열렸던 '안티-로힝야' 시위에서는 로힝야를 지칭하기 위해 "칼라"Kalar라는 인종차별적 경멸어가 사용됐다. 전혀 새로운 현상은 아니다.[257] 라까인 시위대는 "우리는 소위 테러리스트 보트 피플로부터 공격받고 있다"고 까지 적었다.

그 즈음 '안티-로힝야' 시위의 주 기조는 '보트 피플은 미얀마 사람이 아니'라는 거였다. 예컨대, 2015년 5월 27일 양곤 시위에서는 "보트 피플은 미얀마 사람이 아니다" "미얀마는 보트 피플 문제에 비난받을 이유가 없다", "이 보트피플들은 우리랑 다르다. 국제 언론이 잘못 짚고 있는 것이다" "국제언론은 우리가 그들을(로힝야) 결코 받아들일 수 없다는 걸 분명히 알아야 한다" 등 외부 비판에 대한 거친 반발이 쏟아졌다. 시위대 뿐 만이 아니다. 당시 미얀마 외교부 장관이었던 우나 마웅 르윈Wunna Maung Lwin 역시 "보트피플이 미얀마 출신이 아니"[258] 라는 말로 국제사회에 대응했다. 미얀마 각종 시위가 당국의 불허나 진압 대상이 됐던 데 반해 '안티-로힝야' 시위는 시위 허가는 전화 한통이면 됐고, 표현의 자유를 누리기만 하면 된다. 라까인 커뮤니티의 안티-로힝야 시위, 폭력이 모두 국가의 묵인과 지지아래 전개되고 있다는 방증이었다.

이 보트 피플 사태 와중에도 안티-무슬림 전도사 위라뚜는 2015년

---

257 Manny Maung, 2015, "Monks join hundreds in Myanmar anti-Rohingya rally", *Al Jazeera*, 05/27/2015
     https://www.aljazeera.com/news/2015/5/27/monks-join-hundreds-in-myanmar-anti-rohingya-rally

258 "Boat People are not from Myanmar", 2015, *The Nation*, 06/05/2015, https://www.nationthailand.com/in-focus/30261688

5월, 당시 구조된 보트 난민 로힝야들을 미얀마로 들이지 말라 정부에 경고했다. 그의 말을 그대로 옮겨 보면 이렇다.

"그들은 (구조된 로힝야들)은 아마 마을로 돌아갈 것이다. 그리고 마을로 돌아가면 그 다음엔 현지 라까인 불교도들을 겨냥하여 지하드를 시작할 것이다" [259]

로힝야 보트 난민들의 귀환을 반대하는 〈969 운동〉의 대대적 안티-로힝야 안티-무슬림 민족주의 집회 현장에는 그들의 노래 '종교적 피를 부르는 누래' Song to Whip up Religious Blood가 울려 퍼졌다. '우리 땅에 살면서, 우리의 물을 마시고, 그러고도 우리에게 고마워할 줄 모르는 자들'이라는 가사가 울려퍼졌다. [260]

이처럼 '증오의 시대'는 중반을 지나며 정점으로 치달았다. 그 시기 로힝야 보트난민 물결은 더하면 더했지 결코 잠잠해지질 않았다. 비단 라까인 탈출만이 아니었다. 예의 그래왔듯 고착화된 난민 삶에 한숨 꺼지는 방글라데시 로힝야 난민들의 탈출이 맞물려 급증하고 있었다. 2015년 보트 난민 위기 속 로힝야들의 스토리다.

259 "Myanmar Buddist Monks Launch Group for "Defending Religion"", 2014, *Radio Free Asia*, 2014 Jan. 15 https://www.ucanews.com/news/hardline-monks-turn-up-political-heat-ahead-of-myanmar-elections/73822

260 Radical Buddhism : 'Song to Whip up Religious Blood', 2015, *Anorak*, 05/28/2015 https://www.anorak.co.uk/418591/reviews/radical-buddhism-song-to-whip-up-religious-blood.html

유엔 배급 카드로 '결제'하는 '몸값'

2015년 4월 하순, 22세 로힝야 난민 청년 무하마드(가명)는 갖고 있는 옷 중에서 가장 지저분한 걸로 갈아입었다. 또래 친구 5명과 밀항선에 오르기로 한 날이다. 험난한 여정에 좋은 옷은 필요 없었다. 밀항선을 타고 태국을 거쳐 말레이시아로 닿기까지 얼마나 위험한지 그는 잘 알고 있다. 총 비용은 16만 다카, 2015년 봄 환율 기준으로 치면 한국 돈 약 222만원이다. 무하마드에게는 상상할 수 없을 만큼 큰 돈이다. 그래도 배에 운명을 걸기로 했다. 한 발짝도 진척하지 못한 채 인생이 난민 캠프에서 썩어간다고 생각하면 견딜 수가 없어서다. 무하마드는 방글라데시 난민캠프에서 나고 자란 로힝야 청년이다.

"똑똑한 변호사가 되어 로힝야를 변호하는 게 나의 꿈이다. 공부도 더 하고 싶지만 캠프에서 과외라도 받으려면 과목당 월 200다카 (약 2700원)는 줘야 한다. '영어 말하기 시리즈 1,2,3…'을 갖고 싶은데 책 살 돈이 내겐 없다. 미래도 없고, 내겐 아무것도 없다"

이따금 나와 메시지를 나눌 때마다 무하마드의 절망이 끝 모르고 깊어진다. "그래도 보트만은 타지 말라"고 다독이는 건 내 몫이다. 너무 위험하니까. 무하마드는 몇 해 전 난민 재정착 프로그램에 따라 신체검사까지 받았고 미국으로 갈 뻔했다. 그러나 2010년 방글라데시 정부는 자국 내 로힝야 난민들의 재정착 프로그램을 돌연 중단시켰다. 유엔도 이 문제를 크게 압박하고 있지 않다. 그날 이래 무하마드의 절망은 정점을 향해갔다.

달력이 한 장 넘어갔다. '지저분한' 옷까지 입었던 무하마드는 여전히 캠프에 남아 있다. 그날 차림을 수상히 여긴 엄마가 막아서 못 갔단다. 친구들은 국경 타운 테크나프를 거쳐 벵골만 생 마린섬으로 갔고 거기서 큰 화물선에 올랐을 게 분명했다. 5월이 됐고 바닷물은 출렁이고 날씨는 좋지 않다. 엄밀히 말해 '항해 시즌'은 아니다.

무하마드 친구들이 집을 나선 지 일주일이 지난 5월 1일, 태국 남부 정글에서는 로힝야 난민과 방글라데시 이주민으로 추정되는 집단무덤 서른두 개와 주검 스물 여섯 구가 발견됐다. 주검과 무덤이 발견된 곳은 말레이시아 국경에서 1km도 채 떨어지지 않은 '송클라 지방 – 사다오 지구 – 파당베사르 서브지구 – 탈로 마을' 이었다. 탈 많고 악명 높고 끔찍한 공포가 현실로 펼쳐지던 곳, 이른 바 '정글 캠프'라 불리던 바로 그곳이다.

최근 몇 년 간 나타난 급증한 로힝야 보트난민 현상은 2012년 폭력 사태의 직접적 결과다. 보트난민 비즈니스가 '붐'을 이루자 로힝야 난민들이 북적거리는 방글라데시 콕스 바자르까지 그 여파가 미쳤다. 미얀마 라까인주와 방글라데시 콕스바자르의 다양한 지점을 떠난 밀항선들은 태국 남부 팡아 (푸켓섬 부근) 혹은 라농 해안가에 우선 도착했고, 그곳에 거점을 둔 브로커들이 '보트 난민'을 인계 받아 모두 '정글 캠프'로 데려갔다. 재차 말하지만 '정글 캠프'는 몸값이 거래되는 인간 시장이다. 몸값을 내지 못하면 고문, 감금, 성폭행을 당하고 그리고는 쥐도새도 모르게 사라질 수 있는 극악한 공간이다. 무하마드처럼 사고 싶은 영어책 하나 살 돈이 없는 젊은 이들도 일단 배에 오르고 본다. 그리고는 정글 캠프까지 와서 가족이나 친지에게 전화를 걸어 몸값을 호소한다. 나는 몇 년간 이 문제를 취재하면서 보트난민과 정글캠프의 여러 흐름을 읽고 있었다. 그런데 다시 예상치 못한 아찔한 정보를 접했다. 몸값을 내지 못하는 난민들 중에는 방글라데시 난민 캠프에서 사용하는 '유엔 배급 카드'를 이용하는 경우도 있다는 것이다. 방글라데시 난민캠프 출신 압둘의 말이다.

"배 타기 전 약 1만 다카(당시 환율 기준 약 14만원)을 낸다. '정글캠프'에서 나머지 몸값을 내야 하는데 돈이 없는 가족은 '유엔 카드'를 (방글라데시 거주) 브로커에게 준다. 그 카드에 할당된 구호 물자로 몸값을 채우는 것이다. 몸 값이 다 채워지면 브로커는 카드를 가족에게 돌려주고 난민을 (정글 캠프에서) 풀어준다. 카드만 맡겨도 우선 풀어주는 경우도 있다. 이 경우에는 말레이시아에서 돈을 벌어 몸값을 다 갚은 뒤에야 카드를 돌려 받는다"

유엔카드로 '결제'하는 형편이라면 유엔 배급량 없이는 생계가 어렵다는 걸 누구라도 짐작할 수 있다. 그나마 20만명에서 최대 50만 명까지 추정되는 방글라데시 내 로힝야 난민 중에서 유엔 카드는 '등록'registered 난민만 지닐 수 있다. 그 '등록난민' 인구라고 해봐야 고작 3만명 내외에 불과하다. 모든 수단을 동원해 거래되는 몸값의 출구가 도무지 보이지 않는 이들, 바로 그들이 정글 캠프에서 비명횡사하고 있다.

"우리는 몸값을 내지 못해 남겨진 사람들입니다. 브로커들이 우리가 살든 죽든 전혀 신경 쓰지 않았어요. 밥과 물, 단 한 번도 제대로 먹고 마신 적이 없습니다"

2015년 5월 1일, 태국 군인들이 들이닥친 정글 캠프에서 9개월간 갇혀 있었다는 생존자 아누자(28)의 처절한 말 한마디 한마디가 방송을 타고 정글 밖으로 울려 퍼졌다. 그 정글에서 발견된 10대 소년 2명은 자신들이 8개월간 갇혀 있었고, 군인들이 들이닥치기 전에는 800명이 그곳에 있었다고 말했다. 800명…사라진 800명, 그들은 어디에 있나. 그들이 어디에 있는지 아무도 모른다.

바다위에 사람이 있다

2015년 봄, 태국 남부 말레이시아로 이어지는 국경일대는 난민과 이주자들의 무덤으로 봇물이 터졌다. 처음 발견 지점에서 1km도 되지 않는 구역에서 5개의 무덤이 더 나왔다. 5월 2일에는 3개의 해골이 발견됐고, 5월 5일에는 푸켓섬 부근 팡아에서 해골 2개가 묻힌 또 다른 '정글 캠프'가 발견됐다. 태국 군정 총리 쁘라윳 찬오차 총리는 5월 7일 "열흘 안에 로힝야 캠프를 모두 제거하라"고 지시했다.

"송클라 지방 핫야이 지구 (무슬림) 공동 묘지에만 120구가 묻혀 있다. 남부 산속을 다 뒤지면 지난 2년 6개월간 묻힌 주검이 2천 – 3천구는 족히 될 것 같다"

태국 거주 로힝야 활동가인 보민 아웅이 말했다. 보민 아웅은 그해 봄 체포된 로힝야 브로커 안와르를 비롯하여 브로커 관련 정보를 태국 당국에 100번쯤 찔렀다고 말했다. 100번쯤 찔러도 움직이지 않던 태국 정부가 돌연 정글 캠프 무덤까지 파헤치기 시작한데는 나름의 사정이 있다.

전년도인 2014년 미국무부의 '인신매매 보고서'는 태국을 최하위 등급인 '3등급'"Tier 3"에 놓았고 태국 정부는 지속적으로 압박을 받아왔다. 그해 3월 말에는 인도네시아 벤지나섬에서 밀항과 인신매매를 거쳐 온 동남아 각국 노동자들이 태국 어선에서 현대판 노예로 착취당하는 실태가 1년간의 추적 끝에 보도되기도 했다. 보도 뒤 인도네시아 경찰은 태국 노동자들을 500명 넘게 구출했다. 반면 태국 총리 쁘라윳은 군정 총리 답게 국익 운운하며 이 문제를 보도하지 말라고 기자들을 겁박해 비난을 샀다.

태국은 전 세계 수산물 수출국 3위이고, 수산업 매출 규모는 연간 1,740억바트 (2015년 환율 기준 약 5조 6천억원)에 이른다. 유럽연합은 당시 인신매매와 노예 노동의 표본처럼 떠오른 태국 수산업계에 개혁을 요구하며 6개월의 시간을 줬다. 개혁이 없다면 수산물 수입도 전면 금지하겠다고 경고했다. 다각도로 가해지는 국제사회의 압박에 3월 군정 의회는 반인신매매법 개정안을 통과시켰고 처벌 수위를 사형으로 격상시켰다. 그즈음 요란하게 시행되던 정글 캠프 무덤 파기 역시 발등에 떨어진 불을 끄기 위한 것으로 풀이되고 있다. 그해 5월 7일 기준, 정글캠프와 보트난민 인신매매 관련 구속자 4명 중 3명은 태국 남부 송클라 지방 공무원이고 수

배자 대부분도 지역 공무원이었다.

태국 정부의 갑작스런 단속에 진정성이 의심받는 건 당연했다. 게다가 그 단속으로 인한 당장의 부작용이 원치 않는 결과를 낳고 있었다. 발칵 뒤집힌 언론은 잇따른 무덤 '발견'에 '인신매매 충격'을 전달하느라 여념이 없었고, 인권단체들은 단속과 수사에 초점을 맞추고 있는 사이. 좀체 거론되지 않는 진짜 위급한 상황이 바로 그 시점 바다 한 가운데서 펼쳐지고 있었던 게다. 바로 태국 해안에 도착한 수많은 밀항선들이 갑작스런 단속 시국에 배 댈 곳을 찾지 못하고 바다위에서 둥둥 떠 오도가도 못하고 있었다. 무하마드 친구들이 승선한 보트도 그 중 하나였다.

무하마드가 간절히 소식을 기다려온 친구 라피크(가명)는 5월 4일 오후 2시경(방글라데시 현지 시각) 브로커의 전화기를 이용해 방글라데시 난민캠프에 있는 가족에게 전화를 걸었다. 태국 해안가 근처인데 배가 정박하지 못해 바다위에 떠 있다고 말했단다.

"다시 전화할 때는 돈을 준비하세요 아빠"

아들은 간신히 그 말을 남기고 전화를 끊었다. "라피크의 부모님이 나를 안고 마구 우셨다"며 무하마드가 전화기에 대고 울먹였다.

4개월전, 난민선을 타고 말레이시아에 도착한 살림(27, 가명) 역시 친구를 기다리고 있다. 5월 3일 전화를 건 친구는 25일 전부터 태국 해안가에 도착했지만 배 댈 곳을 찾지 못해 바다에 떠 있다고 말했다. 큰 배 두 척에 천여명의 사람들이 있으며 "매일 사람이 죽어나간다"고도 했단다. 15살 소년 샤피(가명) 역시 약 두 달 전 방글라데시 난민캠프를 떠나 배를 탔다. 그의 가족도 아들로부터 전화를 받았다. 같은 메시지다. 바다위에 사람이 있다고.

"매일 사람이 죽어 나간다"는 증언을 검증하기란 물론 쉽지 않다. 다만, 분명한 건 아주 많은 수의 난민들이 배를 탔고, 수천 명이 아직 도착하지 않았으며, 도착지로 예정된 곳은 단속으로 얼어붙었다는 점이다. 로힝야 보트난민 행로를 상세히 조사해온 〈아라칸 프로젝트〉는 2014년 10월부터 2015년 봄까지 약 반년간 라까인 주 마웅도 타운쉽과 방글라데시 테크나프에서만 약 6만 8천명이 배를 탔다고 말했다. 그 한 해 전보다 5만 4천명이 많은 숫자다. 2015년 2월부터 4월까지 따져보면 파악된 출발 인원만 2만 1천명이다. 그러나 단속이 강화된 이후인 3월부터 4월 중순까지 태국 해안가에 도착한 배는 없는 것으로 파악됐다. 믿기지 않지만 이론적으로 따지면 그 많은 인원이 바다 위에 떠 있는 것이다.

"지난 몇 주간 약 천명 정도만이 (몸값을 내고) 아주 비밀스럽게 하선한 것으로 알고 있다. 돈을 내지 못한 나머지 사람들이 바다 어딘가에 떠 있을텐데 어디쯤 있는지 확인할 길이 없다" 〈아라칸 프로젝트〉 대표 크리스 리와의 말이다. 크리스는 그해 5월초 기준, 최소 7천 ~ 8천명이 바다위에 있을 거라고 봤다. "이제 '정글 캠프'가 아니라 '보트 캠프'다. 더 위험한 상황이다"고 크리스는 한숨을 쉬었다. 크리스가 공개한 도착 사례 하나를 보면 '보트 캠프'의 위험이 그야말로 아찔하게 드러난다.

14살 소년 카림(가명)이 방글라데시 난민 캠프를 떠난 건 2월 초다. 생마린 섬으로 가서 오른 화물선은 여성 25명, 어린이 20 - 30명을 포함해 450명을 태운 20일 뒤에야 출발했다. 그 20일동안 이미 3명이 시름시름 앓다 죽었다. 브로커는 이들을 바다에 던졌다. 브로커는 출항 직전 개인 상비약도 모두 빼앗았다. 항해 3일째, 3명이 또 죽었다. 그들도 바다에 던져졌다. 5일째 (3월 초 추정) 브로커는 태국에 도착했다고 말했다. 태국 선장과 로힝야 브로커는 누군가와 오랫동안 통화하더니 "상황이 좋지 않아 배를 정박할 수 없다"고 말했다. 그 즈음 로힝야 브로커는 가족들에게 전화를 돌렸다.

"태국에 왔어요. 몸값 낼 준비 해주세요"

카림도 아빠와 잠시 통화하며 엉엉 울었다.

카림이 풀려난 건 4월 15일이다. 작은 보트가 카림의 화물선에 접근했고 돈을 지불한 카림을 포함해 18명이 석방됐다. 작은 보트를 타고 육지로 가 두 달 반 만에 땅을 밟았다. 단속을 피하느라 기존 정박 지점이 아닌 곳이었을 게 분명했다. 태국 가이드의 안내로 4시간 트레킹 뒤 도착한 곳은 말레이시아 북부 페낭. 두 달 반 '보트 세상'에서 카림은 34명의 죽음을 봤다. 모두 바다에 잠들었다.

5월 7일.

유럽으로 향하는 지중해 난민 보트 위 상공처럼 구조헬기가 뜨는 장면이 이곳 동남아엔 없다. 구조선이 접근하는 일도 없다. 로힝야 난민들을 받아줄 국가도 없다. 이들의 조국 미얀마는 언론의 요란한 보도 뒤 태국 '노예 어선'에서 해방된 자국민들의 본국 송환 절차를 진행 중이라지만 혹시 로힝야가 섞여 있지는 않은 지 걸러내기 위해 까다롭게 심사 중이라는 후문이다. 고향도, 이웃도, 산도…'육지' 것들이 모두 싸늘하게 등만 내보이는 통해 바다 위 로힝야 보트난민들은 오도 가도 못하고 있다.

보트난민은 제노사이드 거울

로힝야 제노사이드 최정점을 찍었던 2017년 이후 로힝야 난민선은 여전히 항해 중이다. 특히 2021년 2월 군사 쿠테타 이후 위험한 여정은 다시 증가새다. 2022년 12월에 180명을 태운 로힝야 난민선이 바닷속으로 사라졌다. 유엔난민기구(UNHCR)에 따르면 2022년 한 해 동안에만 약 3,500명의 로힝야들이 39개의 난민 보트에 올랐다. 700명이 난민선에 올랐던 전년도 대비 360% 증가한 수치다. 이중 최소 348명이 실종 혹은 사망했으니 덜 위험하고 더나은 삶을 향해 배에 오른 이들의 약 10%가 사라졌다. UNHCR은 2014년 이래 최악의 참사라고 지적했다. 쿠테타 이후 이들의

탈출 배경은 두 가지로 분석해볼 수 있다.[261]

　하나는, 로힝야를 타깃 삼는 미얀마 군부의 제노사이드가 계속되고 있기 때문이다. 2016–2017년과 같은 가시적인 대학살은 아니어도 이동의 자유가 제한되고 고로, 생계, 교육, 의료..모든 기본권 제한되는 등 '일상적으로 서서히 괴멸시키는 정책'에는 기본 방향에 한 치의 변화도 없다. 〈버마인권네트워크〉(BHRN)에 따르면 2022년 한 해 동안 공식 허가 없이 이동했다는 이유로 구금된 로힝야 수는 2,075명이다.[262] 로힝야들의 계속되는 탈출은 그 같은 제노사이드 정책의 울타리를 수단과 방법을 가리지 않고 벗어나려는 몸부림이다.

　또 다른 배경은, 군부와 아라칸군Arakan Army간에 고조되고 있는 전에 없던 내전 상황으로부터의 피난 성격이다. 이는 '전쟁폭력으로부터의 피난'이라는 성격을 갖고 있다. 〈방글라데시 국경 수비대〉에 따르면 2023년 1월부터 7월까지 라까인주 탈출하여 방글라데시 영토로 피난하려던 로힝야 480명을 되돌려 보냈다고 한다. 결과적으로 보면, 두 번째 배경으로 인하여 작금의 로힝야 탈출은 과거 70년대 말, 90년대 초, 2010년대는 물론이 년도들 사이 사이 꾸준히 전개된 탈출)와 다른 성격이 추가된 셈이다.

　2023년 오늘도 여전히, 보트 혹은 육로 통한 탈출을 시도하다 쿠테타

261　UNHCR seeks comprehensive regional response to address rise in deadly South-East Asia sea journeys, 2023 Jan. 17, https://www.unhcr.org/news/unhcr-seeks-comprehensive-regional-response-address-rise-deadly-south-east-asia-sea-journeys

262　Kyaw Linn, 2023, "The Emergence of the ULA/AA and Question of the Rohingya Crisis", *TNI*, 01/26/2023 https://www.tni.org/en/article/the-emergence-of-the-ulaaa-and-question-of-the-rohingya-crisis

군부에 체포된 로힝야들의 뉴스가 잊을만 하면 오르고 있다. 아무도 구하지 않는, 구할 생각도 하지 않는 로힝야 난민선은 로힝야 제노사이드 거울이다. 그리고 세상을 향한 이들의 경고다. 로힝야 제노사이드는 끝나지 않았다고.

2.

‘버만화’와 ‘이슬람’화에 맞서다

"라까인에게 국경은 없다"

2014년 4월 ××일.

방글라데시 동남부 콕스바자르 해변에서 니니마웅(26, 가명)과 무사히 '접선'했다. 니니마웅은 2009년 고향 라까인 주를 떠난 이래 한 번도 집에 가 본 적이 없다고 했다. 이따금 방글라데시-미얀마 국경을 넘나들지만 맡은 일에 대한 사명감으로 고향 방문은 하지 않는다. 그는 미얀마 전체로 보면 소수민족이지만 라까인주내에서는 '주류' 종족인 라까인족 출신이다. 그리고 그는 라까인 주의 신생 무장 단체 〈AA〉Arakan Army의 방글라데시 총책이다.

"저기 저 여성을 봐. 검게 뒤집어쓴 무슬림 여성들. 만일 한국에 '벵갈리'들이 득실대고 당신이 저렇게 입어야 한다면 어떤 심정이겠나"

안티-"벵갈리" 정서가 노골적으로 드러난 그의 수사는 자기 종족 누이들에 대한 염려로 이어질 때가 많았다. 미얀마의 불교 극단주의 운동 '969 운동' 승려들 역시 불교도 여성에 대한 염려가 컸다. 969 승려들이 불교도 여성과 무슬림 남성의 결혼 금지 법안 통과를 압박해온 논리는 고스란히 니니마웅의 논리이기도 하다.

미얀마의 불교 극단주의자들은 로힝야가 방글라데시에서 온 불법 이민자들이라며 '벵갈리 추방'에 목소리를 높여왔다. 니니마웅도 유사한 목소리를 냈다. 그런데 니니마웅 자신이 방글라데시에서 건너온 이민자의 후손이라는 점은 아이러니다. 그의 할아버지는 '방글라데시 라까인'이다. 오래 전 미얀마 라까인주로 이주한 뒤 거기서 동족 여인을 만났고 그들 사이에서 니니마웅 부친이 태어났다. 굳이 따지면 니니마웅은 '방글라데시 라까인 3세'인 셈이다.

한때 아라칸 왕국의 영토였다는 방글라데시 동남부 치타공 일대에는 약 20여만명에 달하는 라까인 불교도들이 방글라데시 내 소수민족으로 살고 있다. 니니마웅이 방글라데시에 친척이 있는 것처럼 양쪽 땅 모두에 거주하는 라까인 커뮤니티는 혈연 관계로 얽힌 경우가 더러 있다. 이들이 '친척 방문'차 구멍 난 국경을 오가기도 한다는 게 니니마웅의 말이다. '변방지대'란 얼마나 흥미로운 곳인가. 한 시대의 국경으로 재단할 수 없는 공동체의 삶과 역사가 험난한 산새 골짜기 마다에 묻어 있다.

니니마웅의 가슴 속에는 1784년 버마의 콘바웅 왕조 침략을 받기전까지 번성했던 아라칸 왕국의 영광이 사무치게 남아있다. "원래 다카(방글라데시 수도)도 아라칸 (므라우) 왕국의 영토였다"는 게 그의 주장이다. 그는 여느 라까인 보다 '애족심'이 강해 보였다. 당연하다. AA는 라까인 민족주의로 무장한 조직이다. 아라칸 왕국의 영광과 부활을 꿈꾸며 2009년 출범한 군대다.[263]

AA의 임시 본부는 미얀마 북부, 그 중에서도 중국 쪽 국경 카친주의 국경 도시 라이자Laiza에 자리잡고 있다. 라이자는 카친족 무장조직인 카친독립군(KIA) 통치 영토의 수도 역할을 하는 곳이다. 라이자에서 냇가 하나만 건너도 중국 땅이다. 중국 화폐 위안이 통용되고 중국 유심 카드가 쓰이며 하루를 여는 '아침 국수집' 부터 과일 가게, 구멍가게 모두 중국인과 거래해야 하는 중국과 버마 국경 도시다.

니니마웅도 카친주에서 훈련받았다. 훈련 후 그곳에서 2년을 보낸 뒤 방글라데시 국경으로 배치된 것이다. 그는 방글라데시 영토안에도 AA 군사훈련이 있다고 했다. 바로 그 훈련을 거쳐 AA대원이 된 초 한(28, 가명)은 '방글라데시 라까인'이다. 나는 초 한과 니니마웅 두 전사와 함께 치타

---

263 AA의장 트완 므랏 나잉(Maj. Gen. Twan Mrat Naing)은 여러 매체와의 인터뷰에서 AA무장 투쟁의 목표를 'confederation' 혹은 "궁극적으로 독립"이라고 말한 바 있다. '주(state)연합체' 정도로 번역할 수 있는 'confederation'은 독립이나 분리주의(separatism)보다는 조금 약하지만, 미얀마 민주진영 과 도정부인 〈민족통합정부〉(NUG)와 다른 여러 소수민족들이 목표로 하는 '연방 민주주의'(Federal Democracy)보다는 강한 자치를 추구하여 사실상 독립에 가까운 연방제로 해석할 수 있다.

공 산악지대 '반다르반'Bandarban 여정을 함께 했다. '방글라데시 라까인'('마르마'Marma라고도 함)들의 고장이기도 한 이곳에서 반대편 국경 지대의 풍경과 목소리들도 취재파일에 차곡차곡 담을 수 있었다.

"라까인에게 국경이란 없다. (미얀마든 방글라데시든) 어느 나라에 속해 있든 우리는 한 민족이다"

니니마웅이 말했다.

승복에서 군복으로

AA 대위 트완 웨이(가명)는 2007년 '샤프란 혁명' 당시 라까인주에서 시위에 참여했던 승려였다. 내가 26살 반군 청년 트완 웨이를 만난 건 2013년 11월 차가운 공기가 적절한 온도로 스며드는 북부 카친주 라이자에서다.

AA는 2009년 4월 10일 창설됐고, 트완 웨이가 이 무장 조직에 가담한 건 그로부터 7개월 후다. 미얀마 옛 수도 양곤에서 출발하여, 중북부에 위치한 제2의 도시 만달레이를 거쳐 카친주 정부 영토의 수도인 미치나를 지나 반군 수도 라이자에 도착한 게 12월 15일이다. 도착하자마자 그는 입고 온 승복부터 벗었다. 잠시 민간복을 입었다가 이내 곧 반군 유니폼으로 갈아입었다. 이런 '신분 변화'의 신속성은 미얀마 사회에서 승려가 갖고 있는 '경계인'의 입지를 말해준다. 승려와 시민 혹은 승려와 반군 간 경계는 변방지대 국경 마냥 모호하기 쉽상이고, 그래서 차림만으로도 이쪽과 저쪽을 오가는 일이 가능하다. 따지고 보면 트완 웨이의 운명을 승려에서 반군으로 바꿔 놓은 곳도 불교 사원이었다.

2009년 7월 우기 때였다. 양곤 최대 사원이자 관광지로도 유명한 쉐다곤 파고다에서 그는 우연히 10대 시절 친구를 만났다. 친구도 그도 승복을 입고 있었다. 오랜만에 조우한 두 승려는 이후 쉐다곤에서 세 번 더 만났다. 그 즈음 친구가 입을 열었다.

"우리 민족(라까인)을 위해 싸우는 무장조직이 카친주에 있다. 가담하지 않겠는가?"

친구는 AA의 양곤 모집책으로 파견된 '승복 입은 에이전트'였고 쉐다곤 파고다는 반군 리쿠르트 장소였다. 모집 대상은? 그렇다. 승려들이다. "나를 리쿠르트한 에이전트도, 라까인 청년승려연합 의장도 지금 이곳에 있다" 눈빛은 상대를 꿰뚫을 기세지만 입 열면 털털한 트완 웨이가 웃으며 말했다. 전투에서 돌아온 뒤 '죽지 않고 살았어'를 되뇌인다는 그다. 로힝야에 대해 물었다.

그는 "가난한 자기 나라(방글라데시)를 떠나 우리 땅에 와서는 우리 땅을 흔들어대고 있다"고 입을 뗐다. "불쌍해 보일 때도 있다"며 동정심을 내비치긴 했다. 하지만 로힝야가 '침입자'라는 시각은 확고해 보였다.

AA 신병 숙소에서 만난 터도 아웅(20, 가명)은 태국 남부 얄라 지방 목공소에서 1년여동안 이주 노동자로 살았다. AA에 대한 비디오 영상과 인터넷 정보를 봤고 "(버만족으로부터) 억압받는 우리 민족을 해방하고 '외세(이슬람화)'로부터 보호하기 위해…" AA에 등록했단다.

터도 아웅의 말이 암시하듯 AA 홍보 영상물은 라까인주 젊은이들 사이에서 제법 인기 몰이를 하고 있다. '틴잔'Thingyan이라 불리는 4월의 (불교력) 새해맞이 물 축제 기간이면 AA의 행진가가 여기저기서 물싸움과 함께 어우러진다.

2013년 11월 기준, AA 총 사령관 트완므랏나잉 준장이 내게 밝힌 AA 규모는 전투병 4천 – 5천명 정도였다. 그러나 10년도 지나지 않아 AA은 3만 전사를 보유한 미얀마 최대 소수민족무장단체로 성장했다.[264] 카친주는 물론 카렌주, 그리고 인도국경과 방글라데시 국경에도 일부 대원들을 배치하기 시작했고 양곤과 라까인주 내부에는 일찌감치 에이전트를 배치하여 신병 모집에 박차를 가했다. 옥광산으로 유명한 카친 주의 파칸Hpakant 역시 주요 신병모집 장소다. 여성 교관 소윈이(21)는 그렇게 모집된 AA 전사다.

....

264 Bertil Lintner, 2022, "Rebel yell : Arakan Army leader speaks to Asia Times", *Asia Times*, 01/18/2022 https://asiatimes.com/2022/01/rebel-yell-arakan-army-leader-speaks-to-asia-times/

소원이는 2011년 이모의 제안에 따라 카친 주 옥광산 허브인 파칸으로 이주노동을 온 뒤 AA의 존재를 알게 됐다고 말했다. 파칸은 전국 각지에서 '옥 노다지'를 캐러 온 국내 이주노동자들의 '천국'이다. 간헐적으로 옥광산 더미가 무너져 노동자들이 수십 명 깔려 죽는 일이 다반사고, 옥 노다지 캐는데 혈안이 된 이들이 피곤을 참아보겠다고 시작한 1–2달러짜리 헤로인 마약에 한없이 중독되는 '마약 천국'이기도 하다.[265] 그곳에서도 AA는 라까인 이주노동자들을 대상으로 신병 모집에 박차를 가했다. 모집책은 먼저 소원이 이모에게 접근하여 조카를 군에 입대시키는 게 어떻겠느냐고 설득했다. 2012년 6월 로힝야와 라까인 커뮤니티간 충돌로 시작된 그해 1차 폭력 사태가 발생하던 즈음이다.

"라디오를 통해 벵갈리들과 라까인들이 충돌하고 있다는 소식을 들으며 분노했다. 또 다른 한편으로는 버만족들이 언제 어디서나 우리를 깔보는 현실도 머릿속을 떠나지 않았다"

그해 10월 10일, 소원이는 AA에 등록했다. 그리고 2013년 초 3개월동안 군사 훈련을 받았다. 힘들 때마다 동포들을 생각하고 그리고 "벵갈리"(들에 대한 적개심)를 떠올리면 피곤함이 사라진다.

---

265 이유경, 2016, "죽음과 바꾼 노다지의 꿈", *한겨레21* 1100호, 02/25/2016 https://h21.hani.co.kr/arti/world/world_general/41232.html

"더 큰 적은 버만족이다. 그러나 지금 당장 더 큰 적은 벵갈리다"

매서운 눈매와 다부진 인상의 여전사가 말했다.

'캄캄한' 조국을 염려하던 26인의 청년들

〈카친독립군〉 수도 라이자 타운에서 오토바이로 반 시간 흙 길 언덕을 오르면 '카야붐'('붐'은 봉우리 라는 뜻)이 나타난다. 카야붐은 2013년 초 탓마도군과 '카친독립군'(KIA) 간에 전투가 치열했던 곳이다. AA는 당시 카친 반군과 나란히 그 전투에 참여했고 전투 실력을 키웠다. 캠프는 빈곤해 보이지 않았다. 캠프의 너른 광장 한 켠에 위치한 강당 안에 들어서니 정면에 걸린 영문 표어가 선명하게 들어왔다.

'Defenders of Our Fatherland (부국父國의 수호자들)'

"붉은 색은 용감무쌍함을, 푸른 색은 정직함을, 그리고 가운데 일곱 방향으로 뻗은 별은 아라칸 주 7개 종족을 의미한다"

안내를 맡은 '웨이 타트 완'이 AA 깃발의 의미를 상세히 설명했다. 그러고 보니 라까인 주에는 라까인과 로힝야만 있는 게 아니다. 떼Thet, 므로Mro, 차크마Chakma, 마라마기Maramagyi, 카미Khami, 다잉넷Daingnet, 캄만 등 '공식 종족'만 7개다. 그리고 로힝야가 있다. 이 중 로힝야와 캄만은 무슬림이

주류인 커뮤니티이고 나머지는 불교도들이다. 마라마기(방글라데시의 '바루아')처럼 인도계 외모이지만 불교도인 경우도 있고 극소수 '힌두'교도들도 있다. '로힝야 힌두'라고도 불리는 이들을 군부는 종종 로힝야 무슬림 탄압에 이용해왔다.

"무장 투쟁에 적절한 주변 환경을 고려하다보니 기존 (아라칸 무장)단체들이 기반을 두고 활동했던 방글라데시 국경이 너무 빈곤하다고 판단했다. 출발점으로 삼은 후보지 무장 단체들이 얼마나 기강이 잡혀 있는지도 고려했다. 그게 우리에게도 영향을 줄 거라 여겼기 때문인데 그래서 카친주로 오게됐다"

AA최고사령관 트완 므랏 나잉 준장이 카친주에 임시 캠프를 두고 출범한 배경을 설명했다. 카친독립군(KIA) 부사령관인 군 모 Gun Maw 소장에게 우선 접근하여 군사 훈련을 부탁했단다. 최종 수락을 얻어내기까지 1년 넘게 걸렸다는 게 트완 므랏 나잉의 말이다. 영어도 유창한 편이고, 언변도 좋은 트완 므랏 나잉은 반장을 도맡았을 것 같은 똘똘한 인상의 젊은 지도자다. 2007년 샤프란 혁명 당시 외신 기자 가이드 했던 경험을 스치듯 언급하기도 했는데 알고 보니 관광 가이드 출신이다. 〈전 아라칸 학생 및 청년 의회〉All Arakan Students and Youth Congress(AASYC)에서 활동한 청년 활동가 출신 반군 지도자이기도 하다.[266] 외교적 언어를 구사할 줄 알지만 그렇다고

....

266   Martin Smith (2019) P.60

그의 모든 언어가 외교적인 건 아니다. 로힝야 여성을 '더럽다'고 비하하고
여성혐오적 발언을 내뱉었던 프랑스 언론 〈르 피가로지〉와의 2017년 인
터뷰는 그가 외교적 가식을 걷어내고 던진 민낯의 언어일지 모른다.[267]

"학창 시절 도시 간 이동을 할 때면 다른 도시들은 나무에 전등이 걸린
것처럼 반짝거렸다. 하지만 내 조국은 캄캄했다. 전기가 하루에 두 시간
밖에 들어오지 않았다. 우리 땅(라까인주)에 자원이 풍부한데 왜 전기조차
보급받지 못하고 착취당하는지, 왜 제대로 싸우는 건재한 무장단체가 없
는 지 친구들과 고민한 적이 많다"

가난한 미얀마에서 두 번째로 가난한 라까인 주, '캄캄한 조국'을 아파
하며 무장 투쟁을 꿈꾸던 젊은이 26명은 2009년 1월 드디어 〈카친독립군〉
으로부터 첫 군사훈련을 받았다. 그리고 같은 해 4월 10일 'AA' 깃발을 올렸
다. 카친 주에 자리한 본부는 '임시'라는 점을 거듭 강조하던 트완 므랏 나
잉 준장은 2013년 인터뷰 당시 "머잖아 아라칸 주(라까인 주)에 '국군'National
Army으로 입성할 날을 고대하고 있다'고 했다. 그는 지금 약속을 차근 차근
지키고 있다.

---

267 Emilie Lopes, 2017, "Birmanie : Les séparatistes de l'Arakan, pris entre l'armée et la crise Rohingya", *Le Figaro*, 11/14/2017 https://www.lefigaro.fr/international/2017/11/14/01003-20171114ARTFIG00242-les-separatistes-de-l-arakan-pris-entre-l-armee-birmane-et-la-crise-rohingya.php

"단 1%의 암멍어리도 치명적이잖나"

2014년까지만 해도 AA는 소수 인원을 제외하면 임시본부와 군사 캠프 등 조직의 주요 거점을 모두 카친주 라이자와 그 주변부에 두고 있었다. 그러나 이듬해인 2015년경부터 이미 마련해 놓았던 라까인 주 바로 옆 친주Chin State 중심도시 팔레트와에 거점을 두고 그들이 "파더랜드"라고 부르는 라까인 주로 이동하며 세력을 확장하기 시작했다. 그 사이 AA는 눈부시게 성장했다.

AA와 탓마도 간 내전이 격화된 건 2018년 말부터다. 그리고 2019년 가장 많은 교전횟수를 기록했다. 소수민족군대(EAOs)와 탓마도의 휴전 및 평화협상 실무기구인 〈미얀마 평화 모니터〉Myanmar Peace Monitor가 공개한 자료를 보면 탓마도와 AA간 교전 횟수는 이들이 본격적으로 충돌하기 시작한 2015년에는 5회에 불과하지만, 2016년에는 10회로 두배가 됐다. 그리고 2019년, 192회로 껑충 뛰었다. 2020년 104회를 기록했다. 〈미얀마 평화 모니터〉는 2018년 12월 12일 기준 AA 병력수를 3천명으로 기록한 바 있다. 그러나 2023년 8월 기준 3만명으로 기록해놨다. AA 총 사령관의 '3만 대군'주장을 인정한 기록으로 볼 수 있다. [268]

AA는 2017년 초부터 자신들이 '쟁취한' 영토 안에서 '라까인 인민정부' Rakhine People's Authority를 운영하기 시작했다. [269] 〈AA〉 정치국인 '아라칸 연

---

268 https://mmpeacemonitor.org/1522/

269 거의 모든 무장 단체들은 정치국이 있다. 무장 저항의 정치적 명분은 정치국의 실행 능력에 상당히 달려 있다.

합 동맹(ULA)'을 통해 라까인주 내 통치 기반을 확장 중이다. (그래서 이들
은 종종 'ULA/AA'로 표기된다) 이미 2/3에 달하는 영토에서 '사실상 정부'로 기
능하고 있는 것으로 알려져 있다.[270] 그러니까 라까인 주에는 지금 쿠테타
군부 '국가행정위원회'State administration Council(SAC)와 라까인 무장단체 ULA/
AA 등 두 개의 정부가 작동하는 지역이다.

AA에게 "신생 조직"이라는 수식어가 붙던 2010년대가 가고, 미얀마의
"최대 무장반군" 혹은 "가장 강력한 반군" 등의 수식어가 따라붙는 2020년
대가 왔다. 무엇보다 2021년 2월 쿠테타는 AA에게 결과적으로 '금쪽 같은
기회'가 됐다. 탓마도 군부가 시민저항군들에 대응하느라 병력과 물리력
에 과부하가 걸려 있는 사이 AA는 탓마도를 크게 자극하지 않고 대신 조용
히 자기 통치기반 확장과 인민정부 운영에 총력을 기울이고 있다. 2020년
탓마도와의 휴전으로 전선에 인력과 물자를 빼앗기지 않아도 된다.

2022년 4월 11일, AA 창립 12주년 기념사에서 총 사령관 트완 므랏 나
잉은 의미있는 변화를 예고했다. 그는 "이제까지는 혁명 초기에 필요한
군대의 동원과 군작전에 포커스를 두었다면 이제부터는 강한 정부 기능
과 통치력를 이끌어낼 시기"라고 말했다. 그는 "공공행정업무와 사법부,
공공안보를 담당할 강한 기관들과 거버넌스 체계를 실행하겠다"고 덧붙

....

270 Kyaw Hsan Hlaing, 2021, "Arakan Army extends administrative grip on Rakhine State",
     Frontiermyanmar, 08/06/2021 https://www.frontiermyanmar.net/en/arakan-army-extends-
     administrative-grip-on-rakhine-state/

였다. AA 부사령관 뇨 트완 웅Dr. Nyo Twan Awng은 "〈아라칸 인민 기구〉Arakan People's Authority(APA)를 이끌어갈 수백명의 일군을 훈련시켰다"고 밝혔다. 그해 8월 1일 AA는 절도, 땅 분쟁 등을 포함하여 모든 법적 분쟁을 이제 ULA/AA 정부가 다룰 수 있다고 말했다. 사실상 '사법부 기능'이 가능하다고 과시하는 중이다. AA 주장대로라면 군사, 행정, 사법 기능이 가능하다. 라까인 주 정세는 2017년 로힝야 제노사이드 대학살 때와 또 다른 상황을 맞고 있다.

이제 묵혀 둔 질문을 던져보자. 〈ULA-AA〉가 통치하는 라까인 주에 약 남아 있는 약 60만 추정 로힝야 커뮤니티는 안전하고 존엄하게 거주할 있을까. 내가 인터뷰한 AA 대원 다수가 "벵갈리"(로힝야)에 대한 적대감을 상당히 강하게 표현했다. 2013년 11월 기준으로 보면 AA 총사령관 트완 므랏 나잉도 크게 다르지 않았다.

"이슬람화와 버만화라는 중대한 도전에 맞서 강력한 군대가 필요하다. 그렇지 않으면 우리의 문화, 종족, 정체성을 모두 잃게 될 것이다"

트완 므랏 나잉 준장의 낮고 차분한 목소리였다.

"벵갈리 인구가 고작 5%인데 왜 이슬람화를 우려하냐고? 비율의 문제가 아니다. 암 덩어리는 1%만 있어도 목숨에 치명적이지 않은가?"

'포스트-2017' : AA와 로힝야

지난 수십년간 '아라칸' 이름을 단 라까인 무장 조직들 여럿이 동을 틔웠고 또 사라졌다. 현존하는 조직들도 대체로 활동이 지지부진하거나 친군부 성향으로 기울면서 '지는 해'의 모습이다. 로힝야 혐오가 극심한 〈아라칸 민족해방당〉(ALP)같은 경우는 일부 정파가 쿠테타 군부 편에서 반동의 길을 가고 있다. 반면 AA만은 신병들이 바글거리는 에너지 넘치는 조직으로 부상 중이다. 라까인 동족들의 AA에 대한 지지와 신뢰도 상당하다. 2023년 4월에는 AA 창립 14주년 맞이 행사는 말레이시아, 일본, 태국 등 디아스포라 그룹들의 축하행사도 열렸다.

〈AA〉의 부 사령관 닥터 뇨 트완 아웅Brig. Gen. Dr. Nyo Twan Awng은 2022년 9월 16일 AA과 탓마도 군과의 격렬한 교전이 재개된 지 2개월이 지난 시점, 자신의 소셜 미디어 메시지를 통해 "아라칸 국가"건설을 위한 "최후의 결전"a final war and decisive war이라고 표현했다.[271] "국가건설"은 AA 의장 트완 므랏 나잉이 전년도인 2021년 4월 10일 AA 창립 12주년 기념사에서 했던 공언이다.

당시는 2020년 11월 일본의 중재로 탓마도와 맺은 비공식 휴전이 위태하리 만치 AA와 군부와 무력 충돌이 고조되던 시기다. 특히 그해(2021) 7월 4일 탓마도가 카렌주에 위치한 AA 부대를 공습하여 AA 병사 6명이 사망하는 일이 발생했고 양측의 무력 충돌은 고조되고 있었다. 이에 대한 보복

---

271 Kyaw San Hlaing, 2022, "Fighting in Maungdaw : A Strategic Turning Point in Western Myanmar?", *The Diplomat*, 09/21/2022 https://thediplomat.com/2022/09/fighting-in-maungdaw-a-strategic-turning-point-in-western-myanmar/

으로 AA가 공격한 건 라까인 북부 마웅도 지역 탓마도 기지다. 바로 라까인 주에서 로힝야들이 가장 많이 거주하는 타운쉽이다. 로힝야들의 고장 마웅도가 AA와과 탓마도 미얀마 군의 격렬한 전투장이 됐다.

나는 AA가 로힝야 이슈에 중요한 열쇠를 쥔 조직이 될 거라 생각했다. 2013－2014년 AA에 대한 취재를 마친 후 기사에 이렇게 쓴 적이 있다.

"AA이 라까인 주로 활동 무대를 옮기게 되면 로힝야들의 비명이 들릴 것이다"

그당시에는 과장되고 예민한 문장처럼 보이지만 기우만은 아니었다. 실제로 AA에 의한 로힝야 인권침해 사례는 꾸준히 보고되고 있고 비명도 들리고 있다.

우선, 2018년 후반부터 2020년 11월 임시 휴전까지 AA와 탓마도의 내전상황은 그 어떤 소수민족 지역 내전보다 격렬했고 이 시기부터 AA은 라까인 주 북부 로힝야 주류 거주 지역 중 하나인 부띠동 타운쉽을 우선 '대 탓마도' 전투의 거점을 잡았다.[272] 나는 이게 AA의 계산된 행동일 수 있다는 점을 배제하지 않는다. 두가지 차원에서 그렇다.

하나는 라까인주 입성 초기부터 로힝야들의 주 거주 지역을 그들의

---

272 https://twitter.com/slaveofallah654/status/1588487158028902400

통치 구역으로 제압해 놓는 것이다. 그렇게 함으로써 로힝야 커뮤니티가 70여년전 독립 직후부터 '아라칸 무슬림들의 땅'으로 클레임하려던 '라까인 북부'(혹은 '마유Mayu 지구'라고도 함)를 라까인 불교도들이 점령하는 매우 상징적이고 실질적 효과가 있다.

또 다른 하나는 로힝야 지역에 주둔 및 작전의 거점을 둠으로써 사실상 로힝야인들을 인간 방패 삼아 탓마도 군과 대치하고 교전을 벌이는 게 가능하다. 이 전술은 이제 새롭지 않은 상황이 됐다.[273] 로힝야 입장에서 보면 자신들에게 적대적인 두 세력 즉, 버마족 중심의 탓마도와 라까인 커뮤니티 지지를 온 몸으로 받는 AA 사이에서 양쪽의 공격을 모두 받고 있다. AA은 잃을 게 없고 로힝야는 거의 전부 잃는다.

이런 가운데 AA 대원들에 의한 로힝야 고문, 살해, 강간, 그리고 세금 강제 징수 등과 같은 각종 인권침해 사례가 꾸준히 보고되고 있다. 2023년 3월 하순, 라띠동 타운쉽에 거주하는 14살 로힝야 소년이 동네 구멍가게로 가는 길에 실종됐다가 다음 날 참수된 그의 시체가 강에서 발견된 사건이 있었다. 영국 기반 로힝야 디아스포라 그룹인 브룩BROUK에 따르면 그는 AA와 연계된 라까인족에 의해 납치됐고 밤새 고문을 당했던 것으로 드러났다.[274] 5월초에는 촉토 타운쉽에서 로힝야 남성 살해사건이 벌

273 https://twitter.com/YasminJUllah/status/1584840826823520256

274 BROUK, 2023, "Preventable Death in Cyclone Mocha and the Rohingya Genocide", 05/2023 P.14
     https://www.brouk.org.uk/wp-content/uploads/2023/05/Preventable-Deaths-in-Cyclone-Mocha-
     and-the-Rohingya-Genocide.pdf

어졌다. 이 남성은 라까인 주민들에 의해 절도범으로 오인받았고 라까인 폭도들에 의해 심하게 구타당한 뒤 AA대원들에게 넘겨져 구금됐다는 게 BROUK의 진상조사 내용이다. 구금 상태에서도 심하게 구타당한 그는 결국 심각한 부상에 견디지 못하고 사망했다.

AA의 로힝야 살해사건으로 가장 주목을 받은 건 2022년 10월 8일 부띠동 타운쉽 구다뀐Gudar Pyin 마을에서 발생한 사건이다. 이 마을 주민이자 "교육수준 높은 로힝야 교사"로 묘사되어온 샤쿨 이슬람Shakul Islam은 결국 AA에 의해 살해됐다. 샤쿨 이슬람은 미국 거주 저명한 로힝야 디아스포라 활동가인 웨이 웨이 누Wai Wai Nu의 외삼촌이자 90년 총선에서 당선된 이력의 로힝야 정치인 우 초 민U Kyaw Min의 처남이다.

그나마 이 사건은 희생자가 저명한 로힝야 지도자 가족이라는 이유로 세간의 주목을 더 받았다. 〈유럽 로힝야 위원회〉(ERC), 〈로힝야 행동 아일랜드〉Rohingya Action Ireland 그리고 네덜란드와 뉴질랜드 등에 기반을 둔 로힝야 디아스포라 단체 등 13개 로힝야 단체들은 이 사건에 대해 성명을 발표하고[275], 살해사건 한 주 전인 2022년 10월 1일 저녁 8시 발생했던 AA대원의 로힝야 여성들 집단 강간 사건을 상기시켰다. AA는 자기 대원들이 연루된 심각한 인권침해를 두고 대체로 침묵해왔다.[276] 물론 사과조차 한

275 https://twitter.com/arnu_org/status/1579761516538368000
276 https://twitter.com/arnu_org/status/1579761516538368000

적이 없다. 단, 앞서 로힝야 단체들이 공개적으로 문제 제기한 로힝야 여성 강간 사건에 대해서만 처벌 사례를 남겼다.[277]

2022년 10월 1일, AA대원 여럿이 부띠동 타운쉽 청통 마을에서 30세 로힝야 여성의 머리에 총부리를 겨누고 위협하며 이 여성을 집단 강간하는 사건이 벌어졌다.[278] 이 사건을 최초로 보도한 〈로힝야 포스트〉에 따르면 사건 직후 AA 지역 사령관은 피해자를 방문하여 "언론이든 누구에게든 강간 사건을 말하지 말라며 마을 주민들을 협박"했다.[279] 그러나 사건은 쇼셜 미디어를 타고 초고속으로 확산됐고 시끌벅적해졌다. 아마도 그래서일거다. AA는 이내 곧 자체 '군사법원'에서 재판을 했다. AA 대변인 카잉 투 카에 따르면 2022년 10월 20일 그 법원은 로힝야 여성을 강간한 AA 병사 두 명에 대해 20년형과 태형을 선고했다고 밝혔다. AA는 이

---

277 AA의 주둔 지역에서의 인권침해는 그들이 서부전선으로 이동하여 첫 거점으로 삼은 친주에서도 없지 않다. 친주 주민들, NLD 정치인을 납치하거나 식량 기부를 강요한다는 지적이 계속돼왔다. 뿐만 아니라 친주-라카인주 일대에서 인도가 수행 중인 '칼라단 멀티-모달 트렌짓 교통로 프로젝트'에 투입된 인도인 직원을 납치한 적도 있다. 〈AA〉 납치 전술은 NLD 겨냥 정치적 동기나, '인도 견제'라는 계산이 깔린 행동으로 풀이된다. 로힝야가 직면한 인권침해나 폭력의 동기는 오랜 종족적 갈등과 인종주의가 추동하는 폭력에 보다 가깝다는 점에서 다른 차원의 동기들을 유추해 볼 수 있다. Arakan Army is allegedly forcing citizens to donate rice, 2020, *Mizzima*, 10/23/2020 https://www.mizzima.com/article/arakan-army-allegedly-forcing-citizens-donate-rice & 이유경, 2019, [세계의 분쟁 지역] "미얀마 반군 'AA'의 해적전술", 한국일보, 11/15/2019 https://www.hankookilbo.com/News/Read/201911141969779118

278 'Two Arakan Army soldiers sentenced to 20 years in prison, flogging for rape : AA spokesman", 2022, *BINONline*, 10/21/2022 https://www.bnionline.net/en/news/two-arakan-army-soldiers-sentenced-20-years-prison-flogging-rape-aa-spokesman

279 AA Rebels gang rape Rohingya woman in Budhidaung, 2022, *Rohingya Post*, 11/10/2022 https://www.rohingyapost.com/aa-rebels-gang-rape-rohingya-woman-in-buthidaung

사건이 조직의 명예에 흠이 가는 걸 막기 위해 신속히 대응한 것으로 보인다.

'라끼타'의 길, 로힝야와 공존은 가능한가

앞서 내가 AA 총사령관 트완 므랏 나잉을 "외교적"이라고 표현했던 건 로힝야 이슈에 대한 그의 일관성 없는 발언에 기인한 측면이 있다. 예컨대, 그는 나와의 인터뷰에서는 '암덩어리 1%' 운운하며 무서운 비유를 했고, 또한 〈르 피가로〉와의 인터뷰에서는 노골적으로 로힝야 혐오와 비하 발언을 했다. 그러나 국제사회가 로힝야 커뮤니티에 대한 지지와 동정의 정서가 지배적이라는 걸 모르지 않기에 자신의 발언이 가져올 '백래시'도 모르지 않는다. 그가 이따금 다른 각도의 대외적 발언을 하는 건 백래시를 차단하는 효과를 부여하고 있다. 이를 테면 2022년 1월 발행된 방글라데시 언론 〈프로토말로〉Prothomalo와의 인터뷰에서 "우리는 로힝야의 시민권과 인권을 부인하지 않는다"고 말했던 건 대표적 예가 될 수 있다. 그는 이 인터뷰 서두에서 "영어매체와 인터뷰하는 게 매우 조심스럽다. 당신들은 분명 로힝야에 대해 질문할 것"이라며 우리는 그들을 "아라칸에 거주하는 무슬림 주민들"Muslims inhabitants in Rakhine"이라고 칭한다"고 전제했다.[280] "로힝야"호명을 인정하지 않는다는 걸 우회적으로 표현한 것

---

280 Altaf Parvez, Shafiqul Alam & Ashfaque Ronnie, 2022, "We recognize the human rights and citizen rights of the Rohingya", *Prothom Alo*, 01/02/2022 https://en.prothomalo.com/amp/story/opinion/interview/we-recognise-the-human-rights-and-citizen-rights-of-the-rohingyas

이다.

"'로힝야 정체성'은 1950년 이전에 들어본 적 없는 정체성이다. 이 정체성이 수면위로 올랐을 때 역사적 사실들도 같이 동반될 수 밖에 없다. 그리고는 라까인들은 궁금한 것이다. 그렇다면 우리 조상들의 역사는 어떤가? 라고. 버마 침략 세력에 주권을 잃은 건 우리 아라칸이다. 그러다 보니 라까인도 역사에 집착하게 된다. 라까인은 민족주의 정서가 강한 그룹이다. 그러면서 두 커뮤니티 간에 갈등이 부상됐다. 이에 우리 AA의 스탠스는 이렇다. 우리 모두 버마에 반대하는 데 한 목소리인 만큼 모두가 함께이길 원한다. 방글라데시는 이 문제를 해결하는데 중요한 역할을 해줄 것이라 본다"

그는 이 인터뷰에서 "내부주권internal sovereignty을 위해 싸우고 있다"고 말했다. AA는 라까인주 내에서 정당성 있는 통치 정부로 인정받고 싶다는 의미이자 찬란했던 왕국의 주권을 되찾고 싶다는 의미도 암시하고 있다. "그래서 (독립국가가 아닌)자치를 원하는 것인가" 라는 기자의 질문에 "우리는 분명 궁극적으로는 독립을 원한다."고 답했다.

AA의 라까인 주 입성과 영토 장악력, 행정 사법 조세 분야로 확장 중인 '정부기능' 확장은 이제 이후 로힝야 제노사이드 흐름에 매우 주요한 변수로 등장할 것이다. AA의 이념적 기반은 '라까인 민족주의'이고 '아라칸 국가' 건설을 목표로 하고 있으며 그 목표에 이르기까지 과정을 의미하는 "라끼타의 길"way of Rakhita에 "민족해방 투쟁과 아라칸인들의 주권 회복"을

추구한다.[281]

 AA의 투쟁은 2021년 2월 쿠테타 이후 확산된 '반군부 무장 투쟁'과 결이 같은 건 아니다. AA는 반군부 전선에 나서기 보단 대체로 중립적 자세를 취해 온 건 쿠테타 이후 상황이 종족의 이해를 우선시하는 그들의 '라까타의 길'로 전진할 수 있는 황금의 기회이기 때문이다. 트완 므랏 나잉은 "2차 대전 후 아라칸의 정치인들은 아웅산 장군을 포함하여 버마와 협력해왔고 전 세대들이 버마를 지원하고 협조 하느라 시간을 허비했다"고 진단했다. "그런 경험으로 인해 더 이상 따라다니고 싶지 않다"[282]는 것. 그 '라까타의 길'에 로힝야와의 공존의 길이 모색되고 있는 지는 좋게 보아야 큰 의문부호다. 이를테면, 2017년 8월 25일 제노사이드 대학살 직전 라까인 주에 탓마도 군의 파병을 요청했던 라까인 정치인들 중에 AA 정치국인 ULA활동에 깊게 관여해온 인물이자 2012년 전 RNDP의원인 우 라 소Oo Hla Saw(현 ANP의원) 같은 인물이 있다는 건 그 전망을 어둡게 하는 요소다.

 AA 대변인 카잉 투 카Khaine Thu Kha[283]은 2022년 9월 기자회견에서 "국제

281 'Speech by Commander-In-Chief at 11th anniversary day of Arakan Army, 2020 April https://www.arakanarmy.net/post/speech-by-commander-in-chief-at-11th-anniversary-day-of-arakan-army

282 Altaf Parvez, Shafiqul Alam & Ashfaque Ronnie, 2022

283 카잉 투 카 대변인은 로힝야 혐오 정서가 매우 강한 라까인 무장단체 '아라칸 해방당'(ALP) 사무총장 출신으로 AA로 활동 조직을 옮겼다. 그는 ALP 사무총장 시절 내게 "벵갈리들이 지하드를 치르기 위해 아라칸 주(라까인 주)로 계속 들어오고 있다"고 말했다. / 이유경, 2014, 버마 로힝야 제노사이드 경보 : ALP 사무총장 카잉 투카 인터뷰 "지역 정부와 잘 협력하고 있다", 한겨레 21 1012호 05/20/2014 https://h21.hani.co.kr/arti/world/world_general/37087.html

사회가 AA를 정부로 인정하면" 로힝야 송환을 협조하고 받아들이겠다고 밝힌 적이 있다.[284] 또한, 자신들이 이미 장악하고 있는 마웅도 지역이 제노사이드 학살현장인 만큼 추후 진상규명과 전범재판 과정에서 국제 사회와 협조할 수 있다고도 운을 띄웠다. 물론 'AA 통치에 정당성을 부여하면' 이라는 대전제가 대변인 발언의 핵심이다. AA는 국제사회를 향해서는 로힝야 송환 문제와 제노사이드 국제법정 재판 이슈를, 국내적으로는 NUG와 군부 사이를 저울질 하며 협상력을 높일 것이다. 그들에겐 이제 '로힝야 카드'가 여럿이다.

분명한 건 로힝야 제노사이드의 해로 지목되는 2017 이후 '포스트―2017' 시대 로힝야는 그들에게 매우 적대적인 군대와 교묘하게 적대적인 군대가 싸우고 통치하는 땅에 살고 있다는 점이다. 이제 로힝야 제노사이드 생존자들은 원하든 원치 않든 AA가 거대한 인플루언서가 된 환경에 영향을 받게 될 것으로 보인다. 로힝야 제노사이드 이슈에 오랫동안 목소리를 키웠던 버마 활동가 마웅 자니는 이를 두고 "제노사이드 트라이 앵글"이라고 표현했다.[285] 또 다른 로힝야 인권 운동가는 AA와 탓마도를 동전의 양면이라고 비유했다.

내가 보는 최악의 시나리오는 다음의 두 가지가 모두 발생하는 경우다.

....

284 https://twitter.com/DVB_English/status/1572083414433693696

285 Maung Zarni, 2022

하나는 AA가 로힝야 거주지를 거점삼아 군부와 교전하는 '로힝야 방패전술'로 로힝야 사상자를 더욱 야기하는 것, 그리하여 반세기 제노사이드 과정에서 얼마 남지 않은 라까인 주의 로힝야 인구마저 서서히 '소멸'로 향하는 것이다. 또 다른 하나는 AA가 그들과 마찬가지로 라까인–방글라데시 국경과 라까인 북부 지역에서 활동중인 로힝야 무장단체 ARSA 혹은 RSO와 무력충돌하는 것, 그리고 군부가 이 분쟁구도를 활용하여 분열정책의 지렛대로 이용하는 상황이다. 이 시나리오에서는 또한 군사력, 정치력 등 여러 면에서 로힝야 무장단체들 보다 우위에 선 AA가 'ARSA에 동조하는 로힝야 민간인을 색출한다'[286]는 명목으로 로힝야를 박해하는 상황이 전개될 수 있다. 이 상황은 마치 정부가 게릴라 반군 스파이 노릇하는 주민을 색출해내는 전형적인 내전의 흔한 모습이며 AA는 로힝야 커뮤니티를 지배할 수 있는 '정부'로 행동하는 것이다. 2023년 말 이 시나리오 징후가 조금씩 드러나고 있다. 〈끝〉

---

[286] Yaung Ni, 2023, "AA detains villagers in Northern Rakhine State for alleged 'criminal' affiliation", *Myanmar Now*, 09/26/2023 https://myanmar-now.org/en/news/aa-detains-villagers-in-northern-rakhine-state-for-alleged-criminal-affiliations/

로힝야의 '나크바',
팔레스타인의 제노사이드

나크바 النكبة, Nakba, 아랍어로 '대재앙'이라는 뜻이다. 국제분쟁 사전속 '나크바'는 1948년 유대 시온주의자들의 이스라엘 건국과 함께 그 땅의 선주민 팔레스타인들이 폭력적으로 축출되고 학살당한 '대재앙의 날'을 가리킨다. 약 75만명의 팔레스타인들이 축출됐던 그 '나크바'가 75년이지난 지금까지도 계속되고 있다. 2023년 10월 7일, 하마스를 비롯한 팔레스타인 무장저항 조직들은 "하늘 열린 감옥"*open-air prison*으로 통하는 가자지구 철조망을 밀어내고 이스라엘 남부 키부츠를 공격했다. 수백명의 이스라엘인들이 하마스에 인질로 잡혔고 하마스는 이스라엘 감옥에 투옥된팔레스타인 석방을 인질석방 조건으로 내걸었다. 그렇게 시작된 전쟁으로 가자지구는 초토화되고 있다. 이스라엘은 가자지구를 문자 그대로 '집단학살' 중이다.

2024년 1월 21일, 전쟁 107일째, 이스라엘 네탄 야후 총리는 하마스가중재단을 통해 제시한 '이스라엘인 인질석방'과 '전쟁종식' '딜'을 거부했다. 대신 이스라엘은 그들의 이주 명령에 따라 가자주민 수십만이 피난한 가자 남부 칸유니스Khan Unis의 병원들을 연일 공격 중이다. 병원은 분쟁 피해상황을 파악할 수 있는 적소다. 분쟁취재기자들의 중요한 '출입처'이기도 한 병원을 이토록 모조리 공격하고 파괴하는 광기를 나는 본 적도 없지만, 들어본 적도 없다. 가자의 팔레스타인 기자들이 그 '출입처'에 부상자로, 그리고 살해된 시신으로 돌아오고 있다. 100일 넘는 전쟁 기간 100명이 넘는 언론인들이 이스라엘 폭격에 살해됐다. 일부는 조준 살해됐을 가능성이 높게 점쳐진다.

나는 10월 7일 하마스 공격시점부터 팔레스타인 뉴스에서 눈과 귀를 뗄 수가 없었다. 오늘 제노사이드의 현장인 가자지구에서 로힝야 제노사이드가 끊임없이 읽혔기 때문이다. 팔레스타인－이스라엘 분쟁이 2023년 10월 7일 하마스의 이스라엘 공격으로 시작된 게 아니듯, 로힝야 제노사이드 역시 2017년 8월 25일 ARSA의 공격으로 시작된 게 아니다. 이 책이 로힝야 제노사이드 반세기의 커튼을 하나씩 들쳐본 것도 그 때문이다.

지난 75년간 팔레스타인들의 영토는 가자지구와 '이스라엘 점령 서안지구'occupied West Bank 두 곳으로 쪼그라들었고 이제 그 두 곳 마저 점령과 파괴와 정착촌 식민화가 진행되고 있다. 마찬가지로 1차 대축출(70년대), 2차 대축출(90년대)..그리고 그 사이 촘촘히 이어진 학살과 90년대부터 들어선 불교도 정착촌 프로젝트는 백만명 넘는 로힝야들을 본향 라까인 주 밖으로 내몰았다. 로힝야 나크바의 결과다. 1784년 버마가 아라칸(라까인)을 침공하기 전 그 땅은 다종족 다문화 사회였다. 1948년 나크바가 벌어지기 전 팔레스타인 땅에는 다종족, 다문화 사회가 존재했다. 타깃 커뮤니티를 그들의 본향에서 내쫓을 결심을 인종청소로 본다면, 집단학살로 전체 혹은 부분 말살할 결심이 제노사이드다. 20세기에 시작되어 21세기까지 넘어온 이 두 개의 제노사이드는 이 시대 인류의 휴머니티를 실험하는 현장이 되고 있다.

2016-2017년 미얀마 대중들이 군의 "청소작전"에 침묵 혹은 환호하면서 제노사이드 당하는 로힝야들을 "미얀마 사람이 아니"라고 거듭 가해했듯, 오늘 이스라엘의 다수 대중들은 자국 군대의 가자 학살에 침묵과 지지를 보내고 있다. 이유는 자명하다. 그 어떤 사회에서 제노사이드가 벌어진다는 건 타깃 커뮤니티에 대한 극단의 증오가 이미 그 보편화됐다는 의미이고 '제노사이드 사회'로 '숙성'됐다는 의미다. 그래야 가능한 범죄가 제노사이드다. 그런 사회에서 벌어지는 게 제노사이드 범죄다.

가자 제노사이드 100여일, 유엔은 사망자가 25,000명을 넘어섰다고 발표했다. 2017년 8월 25일을 시작점으로 한 로힝야 제노사이드 희생자 역시 22,000~25,000명 정도 추산됐다. 가자 시민들을 향한 이스라엘 학살이 한번의 타격으로 수십 혹은 수백명의 목숨을 앗아가는 정도의 거대한 파괴력을 지닌 폭력이라면, 로힝야 학살은 총에 맞고, 칼에 맞고, 산채로 불에 타들어가고, 고문으로 숨이 끊어지고..그렇게 덜 근대화된 무기로 고통의 길이와 시간을 집어삼킨 죽음이었다. 그 죽음 하나하나가 모여 2만 5천에 육박한 것이다. 로힝야 학살 현장이 얼마나 끔찍한 살육의 아비규환

이었을 지 감히 상상하기 어렵다. 상상은 고통이고, 고통은 현실이다.

미얀마의 로힝야 제노사이드는 2019년 11월 서아프리카 작은 나라 감비아에 의해 ICJ에 제소됐고 더디지만 재판이 진행 중이다. 이스라엘 역시 2023년 12월 29일 국제사법재판소(ICJ)에 제노사이드 혐의로 제소됐다. 흑백인종차별을 국가정체성으로 내걸었던 야만의 시대를 극복한 남아프리카공화국이 이스라엘을 국제법정으로 끌고 왔다. 1940년대 "제노사이드" 개념을 최초로 고안해 낸 유대인 법률가 라파엘 램킨은 그로부터 약 80년이 지난 미래에 나찌 홀로코스트의 희생자들이 제노사이드 주범이 될 거라고는 상상하지 못했을 것이다. '제노사이드'는 의도치 않게 기묘한 윤회를 하고 있다.

그리고 매우 유감스럽게도 일부 서방국가들의 위선적 행태는 로힝야 제노사이드 종식과 책임자 처벌을 향한 정의와 연대의 목소리에 흠집을 내고 있다. 예컨대, 캐나다 하원은 '2018년 9월 20일 미얀마에서 벌어진 로힝야 인종청소는 제노사이드다' 라는 결의안을 만장일치로 채택한 적이 있다. 의원들은 결의안 채택 후 기립박수까지 쳤다. 캐나다 현 유엔대사인 봅 래Bob Rae는 2018년 방글라데시의 로힝야 난민 캠프를 방문한 뒤 캐나다 상원 인권위에 보고하며 감정에 복받쳐 말을 잊지 못한 적이 있다. 그의 이런 모습은 쇼셜 미디어에 회자됐고 로힝야 커뮤니티의 존경을 사기도 했다. 그러나 오늘 봅 래도, 캐나다 정부도 팔레스타인 제노사이드 문제를 두고 이스라엘의 ICJ 제소를 반대한다고 마이크를 잡았다. 로힝야를 동정하던 가슴이 팔레스타인 학살에는 동하지 않는가?

　미국은 어떤가. 미국무부는 2022년 3월 로힝야 제노사이드를 공식 인정했을 뿐 아니라 국가차원에서 희생자 그룹에 대한 도덕적 외교적 연대의 메시지를 꾸준히 발산해온 나라다. 그러나 오늘 미국은 팔레스타인 가자 지구의 휴전 결의안에 단한번의 예외도 없이 반대표를 던지고 있다. 미국이 이스라엘의 제노사이드 범죄에 공모complicit국가로 비판 받는 이유다. 국제사회에서 목소리 큰 이들의 이중적 태도는 로힝야 제노사이드 문제 해결을 위한 노력과 신뢰성에 크나큰 흠집을 남기고 있다.

　이제 미얀마 국내 정세로 돌아와 보자. '포스트－2017년' 국면 로힝야 제노사이드에 '폭탄 급' 변수로 등장한 사건하나는 바로 2021년 2월 1일 벌어진 군사 쿠테타다. 미얀마 군부 최고 사령관 민 아웅 라잉은 네덜란드 헤이그 ICJ법정에서 군부의 제노사이드 범죄행위를 사실상 디펜스 해주던 아웅산 수치와 그가 이끄는 NLD 정부를 뒤엎고 쿠테타를 일으켰다. 2021 쿠테타는 한계는 뚜렷했지만 나름 자유의 공기가 흐르던 2010년대 '민주화 이행기'를 '절대군정' 암흑기로 하루 아침에 되돌려놨다. 그러자 NLD가 고집스럽게 유지하던 대화와 화해의 정치, 그리고 비폭력 노선도 역사의 무덤 속으로 같이 묻혔다. NLD를 비롯한 미얀마의 범 민주진영은 이제 더 이상 군부와 대화든 화해든 추구하지 않을 결심을 단단히 한 것으로 보인다. 그들은 과도정부 성격의 〈민족통합정부〉(NJUG)를 출범시켰고 역사상 처음으로 반 군부 무장노선을 채택했다. 그러자 미얀마 방방 곳곳에서 수를 헤아릴 수 없을 만큼의 시민방위군People's Defense Forces('PDF')들이 조직화됐고 2021년 9월 NUG는 '시민방어전쟁'을 선포했다.

　세계 최장기 내전 지역 카렌주를 비롯하여 카친, 카레니, 친, 라까인 등 변방의 소수민족 지역에서 계속됐던 내전은 물론이거니와 사가잉, 마구웨, 바고 등 2021 쿠테타 전에는 무력 충돌이 전혀 없거나 미미하던 주류 버마족들의 평야도 내전상태로 돌입했다. NUG−PDF는 소수민족군대들과 함께 군부가 통치하는 영토를 조금씩 하나씩 탈환해 가는 중이다. 군부는 로힝야 집단학살 국면에서 저지른 반인도주의적 범죄행위를 이제 미얀마 전역에서 쏟아내고 있다. 2021 쿠테타에 맞서 전국적 거리 시위로 시작된 미얀마 시민들의 봄의 혁명은 '땃마도(미얀마 군부) 없는 새로운 국가'라는 단 한 번도 경험해 보지 못한 사회를 건설하기 위해 3년 가까이 무장혁명 중이다. 그 혁명 속 로힝야는 적어도 과거의 "벵갈리" 취급을 받지는 않는다.

　혁명의 컨트롤 타워 역할을 자임한 〈민족통합정부〉(NUG)의 대로힝야 정책에도 변화가 왔다. NUG는 2021년 6월 3일 'NUG의 로힝야 정책'을 발표했고 로힝야 시민권 부여를 약속했다. NUG는 또한 2023년 7월 1일 로힝야 활동가 아웅 초 무를 NUG 인권부 차관으로 임명됐다. 군부의 로힝야 제노사이드 정책은 조금도 변화가 없지만 그에 맞선 민주진영에는 변화가 없지 않은 것이다. 물론 이 책의 6장이 암시했듯 각론으로 들어간 혁명의 공간에서 로힝야 이슈는 복잡한 소수민족들의 관계, NUG가 직면하게 될 소수민족군대와의 협상 국면에서 만만치 않은 난제가 될 것으로 보인다.

게다가 제노사이드가 빚어낸 로힝야 커뮤니티의 고통은 거의 조금도 가시지 않았다. 지구상 최대 난민캠프인 방글라데시 콕스 바자르의 로힝야 난민들의 삶에도 인내심의 한계가 오고 있다. 미얀마 거의 전역이 내전 상태이고, 특히 로힝야들의 본향 라까인 주는 '아라칸 군'과 군부의 내전이 보다 격화되고 있다. 그런 땅으로 로힝야들의 '안전하고' '자발적이고' '존엄한' 귀향은 조금도 가능치 않은 상황이다. 아랑곳없이 로힝야들의 미얀마 송환을 중재하려는 중국의 움직임은 부산하고, 자국 영토에 100만이 넘는 난민들의 체류가 영구적으로 흐를까 조바심 난 방글라데시는 로힝야 송환을 압박하며 캠프에 팬스를 치는 등 각종 제약을 가하고 있다. 여기에 더해 방글라데시 캠프는 마약의 확산과 조폭 수준으로 전락한 무장 그룹들이 활개치면서 치안마저 악화되고 있다. 제노사이드 생존자들에게 허겁지겁 발 딛게 해주었던 그 땅이 다시 탈출을 종용하고 있다.

2022~2023년 증가하고 있는 로힝야 보트난민 현실은 이 같은 방글라데시 캠프의 불안과 고통을 반영한 현상이다. 로힝야들은 위험을 잘 알고도 또 다시 난민선에 오르고 있다. 그들은 또 다시 '죽어도 떠나는 사람들'이 되었다. 조금이라도 덜 위험하지 않을까 일말을 기대를 품고 망망대해를 항해 중이다. 그런 그들에게 날벼락 같은 집단 혐오가 쏟아지고 있다. 2023년 12월 27일, 인도네시아 북부 아체 중심 도시 반다아체에서는 일군

의 대학생들이 로힝야 보트난민들의 임시 거처에 폭력적으로 난입해 충격을 던져주었다. 이 책에서도 언급했듯 수년간 보트난민 위기 속에서도 아체는 적어도 로힝야들에게 인간의 손과 인간의 눈길과 물한모금 따뜻하게 내주던 사회였다. 그 인도주의가 대학생들의 폭력적 난입으로 무너져 내리는 듯했다. 도대체 무슨 일이 벌어지고 있는 걸까. 2023년 11월 이후 약 한달여 아체에 도착한 로힝야 보트난민 수는 1,500명이 넘는다. 바로 이 끝 모르고 도착하는 로힝야 난민들을 겨냥한 혐오 스피치가 페이스북을 주 플랫폼으로 하여 아체 커뮤니티에 확산되고 있다는 게 언론과 인권단체들의 고발이다. 스피치는 행동으로 이어지기 쉽다. 혐오를 단 스피치는 폭력에 날개를 달아줄 것이다. 날개 단 폭력은 범죄의 규모를 키우고, 집단을 겨냥한 집단적 범죄로 발전될 위험이 도사린다.

유엔의 '팔레스타인 점령 영토' 인권 보고관 프란체스카 알바세제 Francesca Albanese는 1월 22일 자신의 'X'(전 트위터)계정에 이런 글을 올렸다.

"이탈리아인인 나는 수세기 동안 유럽이 유대인을 박해한 배경에 인종주의가 있다는 걸 뼈저리게 배웠다. 인종주의가 없었다면 홀로코스트는 벌어지지 않았을 것이다. 그 인종주의가 우리로 하여금 수세기 동안 유대인을 박해하게 한 동력이다. 내가 팔레스타인 문제에 발을 들여놓았을 때 나는 바로 그 '안티-팔레스타인' 인종주의를 발견하고 말았다."

혐오와 증오, 인종주의와 선민의식, 제노사이드 범죄의 사상적 디딤돌들을 미얀마 봄의 혁명은 과연 모조리 쓸어낼 수 있을까. 난이도를 점치기 어려운 과제가 미얀마 봄의 혁명 주역들 앞에 놓여 있다. 로힝야 이슈는 봄의 혁명 리트머스 시험지가 될 것이다. 나찌 홀로코스트가 인류에게 남긴 슬로건 '네버 어게인'Never Again, 그 '네버 어게인'이 미얀마의 현실이 될 때 봄의 혁명은 진정한 성공을 거둘 것이다. 봄의 혁명 3주년이 지나고 있다.

<부록> 로힝야 제노사이드 연표

1430~1735 : 아라칸 므라우 왕국Kingdom of Mrauk-U 시대. 다문화 다종족 사회.

1784 : 버마 꼰바웅 왕조, 아라칸 침공. 아라칸 주민 약 35,000명 벵골지방으로 피신.

1824~1826 : 버마–앵글로 1차 전쟁. 아라칸 영국령 인도에 합병.

1852~1853 : 버마–앵글로 2차 전쟁. 이라와디 강 이남 영국령 인도에 합병.

1885~1886 : 버마–앵글로 3차 전쟁. 만달레이 함락. 영국 버마식민통치.

1937 : 버마 '영국령 인도'에서 분리. '영국령 버마'로 식민 통치 계속

1941 : 아웅산과 '30인의 동지들' 일본에서 군사 훈련. 방콕에서 '버마독립군'Burma Independence Army(BIA) 창설.

1942 : 일본 버마 침공. BIA 일본군과 함께 버마 진입.

1942 : 아라칸 학살Arakan Massacres. 로힝야는 영국편에서 라까인들은 일본편에서 대충돌. 양측 모두 수 만명 희생.

1942 ~ 1945 : 일본 버마 점령

1944.8 : 아웅산과 민족주의자들, 반파시스트자유연맹(AFPFL) 결성. '친일'에서 '반일'로 전환.

1945.3 : 민족주의자들 영국과 동맹 맺고 일본 점령에 대항.

1945.8 : 일본 패망. 영국 통치 재개.

1947.1 : 아웅산 장군, 영국 수상 클레먼트 아틀리Clement Attlee와 버마 독립에 합의. 새 독립국은 세속주의 국가 표방.

1947.7.19 : 아웅산 장군 암살

1947.9.24 : 버마연방 헌법Constitution of the Union of Burma 완료.

1947.4.9 : 버마연방 제헌의회 선거. 로힝야 정치인 모하메드 압둘 가파르Mohammed Abdul Gaffar & 술탄 아흐메드Sultan Ahmed 당선.

1947.8 : 자파르 카왈Jafar Kawal(혹은 '자파르 후사인'Jaffar Hussain이라고도 함)과 추종자 700명과 함께 아라칸 북부 부띠동에서 '무자히드 당'Mujaheed Party 창당. '무슬림 자치주' 선포.

1948.1.2 : 버마 연방 독립. 아라칸은 버마 연방의 한 지방division으로 편입. 버마공산당, 카렌민족 연합(KNU) 등 무장봉기 돌입. 다발성 내전.

1948.1.4 : AFPFL 부의장 우 누, 버마 연방 독립국가 초대 총리 취임.

1948.1.4 : 버마연방 헌법 발효. 연방시민법Union Citizenship Act 발효

1948.4 : 무자히드, 무장봉기 돌입.

1948.7 : 우 누 정부 <무자히드>와 협상 시도

1948.12.9 : 유엔 <제노사이드 방지협약> 발표.

1949.1.31 : 네 윈 장군, 버마연방 초대 군 참모총장 스미쓰 둔Lt. Gen. Smith Dun(카렌족 출신)중장 대체 군 참모총장으로 임명.

1951 : 무자히딘 당 창시자, 자파르 카왈 암살

1951.1.12 : 제노사이드 방지 협약 발효

1959 : 버마 군 라까인 북부에서 "불법 체류자" 색출 및 축출 작전

1961.5.1 : 우 누 정부, 아라칸 북부 '마유 변방 행정구역'(MFA) 선포.

1961.7~11 : 무자히드 약 290명, 아웅 지Brigadier(부사령관) 부대에 생포. 전면 투항.

1962.3.2 : 네윈 쿠테타.

1974.1.3 : 네윈 군정 신 헌법 채택. '긴급이민법안'Emergency Immigration Act 발동. 로힝야에게는 '외국인 등록증'(FRC) 발급.

1978.2 : 나가민 1차 작전 개시.

1978.5 : 나가민 2차 작전. "외국인 축출" 내걸고 로힝야 약 20~25만명 방글라데시로 축출

1978.7.9 : 미얀마-방글라데시, 로힝야 난민 송환 합의.

1978.8.30 : 로힝야 난민 강제 송환 시작.

1979.1 : 제네바 UNHCR 본부, 1978년 6월 1일부터 '버마 무슬림 약 1만명 방글라데시 캠프에서 사망' 발표.

1979 : 네윈 군정, 1823년 이전에 조상이 정착한 경우에만 시민으로 인정한다고 공표.

1982.10.15 : 시민권법 개정. 네 윈은 개정시민권법이 "외지인과 혼혈인의 지위를 분명히 규정하기 위한 것"이며 "오로지 순혈국민들만 버마 국민이라 부를 수 있다"고 발언.

1988.8.8 : 반독재 민주화 88항쟁

1988.9.18 : 소 마웅Gen. Saw Maung 쿠테타. 신군부 '국가법질서회복위원회'(SLORC) 출범

1988.9.24 : 네윈의 <버마사회주의프로그램당>(BSPP), <국민연합당>(NUP)으로 재창당.

1988.9.27 : 아웅산 수치, 민족민주동맹(NLD) 창당

1989 : 1982시민권법 기반 국민감시카드National Scrutiny Card(일명 "핑크카드") 발급 시작.

1989.7.5 : 소 마웅 SLORC 의장, 기자회견문에서 "135개 공식 인종" 언급.

1990.5.27 : 다당제 총선. NLD 압승. 우 초민U Kyaw Min 등 로힝야 정치인 당선

1991.12 ~ 1992.3 : 로힝야 2차 대 축출. 작전명 "퓌 따야"Pyi Thaya(깨끗하고 아름다운 작전). 형식적으로는 로힝야 무장단체인 <로힝야 연대 기구>Rohingya Solidarity Org. 제거 작전.

1992 : 'MSF 프랑스', MSF 네덜란드' 방글라데시 콕스 바자르 로힝야 난민캠프 지원활동 시작. (1997년 프랑스 팀은 철수)

1992.4 : SLORC 새 의장 탄 쉐Snr. Gen. Than Shwe 취임

1992.4.28 : 방글라데시 - 미얀마 로힝야 난민 송환 합의

1992 : 방글라데시 정부, 로힝야 난민 심사 공식 중단. 절대 다수 '미등록' 난민으로 전락.

1992 : 유엔의 미얀마 인권 보고관 임명 시작 (유엔인권이사회 결의안 58호)

1992.12 : 국경지역이민통제 본부Border Region Immigration Control HQ, 일명 "나사까" 창설.

1993.1.31 : 나사까, 로힝야 산아제한 지역령 발표.

1993.9.15 : 연방연대개발협회(USDA) 출범.

1994 : SPDC 군정, 로힝야 신생아 출생신고 중단

1994.1 : UNHCR 라까인 주에 사무소 개설. 송환된 난민 관련 업무 시작.

1994.1 : 나사까, 결혼 허가제 지역령 발표

1995.2 : UNHCR 지원하에 약 155,000명 로힝야 송환. 1996년까지 약 19만명 공식 송환.

1995 : 송환된 로힝야들에게 임시카드Temporary Resistration Card(TRC 일명 "화이트 카드")발급.

1997 : 시트웨 이민성Sittwe Immigration Office, 로힝야 이동의 자유 제약 지역령 발표. 시트웨부터
유효.

1997.11.15 : 군정통치 기구 SLORC, SPDC로 명칭 변경

1997 : 버마공산당(CPB)-아라칸 지부 대원들, 라까인 북부 마웅도 '평화마을peace village'에 정착.

2001 : 로힝야, 시트웨로 여행 금지. 라까인 주의 유일한 대학, '시트웨 대학' 진학을 막는 조처로
해석.

2001.2.4~8 : 라까인 주 '안티-로힝야 폭동. 모스크 28개, 종교학교(마드라사) 시설 파괴

2003.10.19 : 촉세 '안티-무슬림' 폭동. 11명 사망. 폭동 선동 혐의로 위라뚜 25년형 선고받음.

2005 : 마웅도 평화개발평의회(SPDC-마웅도 타운쉽 지부), 로힝야 결혼과 출생 및 이동의 자유 모
두 제한하는 지역령 '1/2005' 발표.

2007.4.2 : 유엔의 특별보고관 6명 공동성명 발표, 미얀마는 라까인 북부 무슬림 소수자들에 대
한 차별정책을 중단해야 한다 촉구. (성명 동참 특별 보고관 : 미얀마 인권 특별 보고관, 유엔 인종주
의 반대 특별 보고관, 주거권, 식량권, 건강권, 소수 민족 이슈에 대한 독립 전문가 등)

2007.9 : 샤프란 혁명. 88항쟁 이후 최대규모 반군정 시위

2008.5.2 : 사이클론 나르기스 미얀마 강타. 약 14만명 사망 혹은 실종

2008.5.10 : SPDC 기안 헌법 국민투표. 92% 찬성으로 통과.

2009.4.10 : <아라칸 군>(AA) 창설

2010.1.2 : 방글라데시, 미등록 난민 대대적 단속.

2010.5.6 : 라까인 '극우 민족주의' 정당 <라까인민족개발당>(RNDP) 창당

2010.7.15 : 친군부 USDA 해체하고 USDP로 이름 바꿔 정당 등록. 총선 준비.

2010.11.7 : 2008년 군정헌법 기반 첫 총선. 로힝야들 '화이트카드'로 투표 참여. (라까인 주 유권자 270만명 중 75만명이 화이트 카드 소지자)

2010.11.13 : 아웅산 수치 가택연금에서 석방.

2011.2.4 : 미얀마 의회, 테인세인 대통령으로 임명.

2011.3.30 : 테인 세인 정부 출범.

2011.3.30 : 탄 쉐, SPDC 공식 해체 서명.

2011.3.30 : 탄 쉐, 민 아웅 라잉 군총사령관으로 임명

2011.6.13 : 카친주 17년 휴전 결렬. 내전 재개.

2012.4.1 : 미얀마 하원 보궐선거. NLD 45석 중 44석 확보. 아웅산 수치 당선

2012.5.28 : 국영매체들, 27세 라까인 불교도 여성 '마 띠다 트웨'Ma Thida Htwe, 촉퓨Kyauk Phyu 타운쉽 타 삐 쩡Tha Pri Chaung마을에서 강간 후 살해당한 채 발견됐다고 보도.

2012.6.3 : 통구Taungup 타운쉽에서 버스로 이동하던 무슬림 남성 10명, 차 멈춰 세운 불교도 폭도들에 의해 살해.

2012.6.8 : 마웅도 로힝야 주민들 금요 기도회 후 무슬림 남성 10명 살해 항의 시위. 라까인 불교도 가옥 공격 등 폭동으로 확산.

2012.6.10 : 테인 세인 대통령 비상사태 선포

2012.6.11 : 라까인 불교도들 시트웨 나지구역 공격. 140명 사망.

2012.6.13 : 시트웨 거주 로힝야 14만명, 외곽으로 대거 축출.

2012.6월 ~ 10월 : 라까인 극우 정치인들과 승려, 안티-로힝야 무슬림 캠페인. 일부는 "인종청소"선동.

2012.7.11 : 테인 세인 대통령, 유엔관료들과 접견에서 "벵갈리를 제 3국으로 재정착시켜달라"고 요구. 당시 유엔난민기구 대표였던 안토니오 구테흐스 즉각 거부.

2012.10.23 : 2차 폭력 사태 발발. 캄만 무슬림으로 공격 대상 확대.

2012.10.23 : 라까인 불교도, 므라우 타운쉽 얀 타이 마을 공격 로힝야 & 캄만 70명 학살.

2013.3.20 : 멕띨라 학살. '안티-무슬림' 폭동

2013.5 : 라까인주 주정부, '두 자녀 제한법' 도입 공표. "벵갈리 인구가 너무 많다" 배경설명.

2013.7.12 : 테인 세인 대통령, 나사까 폐지. 나사까 업무는 다양한 경찰조직에 이양

2014.1.13~14 : 두쉬야단 학살Du Chee Yar Tan Massacre 발생. 로힝야 약 40명 학살.

2014.1.14 : 국경없는의사회(MSF), 두쉬야단 폭력 부상자 22명 치료사실 발표

2014.1.15 : 불교 극단주의 그룹 '마 바 따' ('미얀마 종족종교보존위원회') 출범.

2014.2.28 : 미얀마 정부, MSF 라까인주 활동 중단 명령.

2014.3.26 : Malteser International & UN 등 구호 기관들 시트웨 사무소 괴한그룹 공격받아

2014.3 ~ 4 : 테인세인 정부, 인구 조사 실시. 로힝야만 배제

2014.말~ : 아라칸 군, 카친 주에서 서부(라까인 주, 친 주)전선으로 활동거점 이동 시작

2015.3 : '화이트 카드' 효력 중단

2015.4.6 : 종족 및 종교 수호 4개 법안 테인 세인 대통령 검토 후 승인.

2015.5 ~ : 동남아 보트난민 사태.

2015.6 : '시민권자 확인절차' 라는 명목으로 국민심사카드(NVC 카드) 발급 공표.

2015.6.14 : 시트웨 안티-로힝야 시위

2015.6.20 ~ 21 : 마바따 양곤 컨퍼런스. 불교 수호 정책 압박.

2015.7 : 테인 세인 대통령 런던 방문길 '우리는 로힝야라는 단어 자체가 없다'고 강조.

2015.11. : 총선. 로힝야 투표권 박탈.

2016.5 : 마바따, 미국 대사관 앞에서 "로힝야"호명 사용하지 말라며 시위.

2016.10.9 : <아라칸 로힝야 구원군> 마웅도, 라띠동 군경 초소 3곳 공격. 군부 "청소작전"으로

대응. 로힝야 학살 시작. 두 달 동안 약 9만명 방글라데시로 탈출.

2016.11.4 : 국제법률가협회(ICJ), 미얀마 (NLD) 정부가 라까인 족을 라까인 주 '지역경찰'로 모집키로 한 방침 비판.

2017.1 : 미얀마 헌법 전문가이자 무슬림 변호사 코 니 Ko Ni 양곤 공항에서 암살.

2017.4 : AA, '라끼타의 길Way of Rakhita' 선포

2017.2 : 미얀마 군, "청소작전" 완수 선언

2017.3 : 유엔인권이사회, 독립적 국제진상조사위원회(IIFFMM) 설치.

2017.4 : 위라뚜, 라까인 주 방문

2017.7 : 군 수뇌부 비공식 회의. 전년도 "청소작전" 총괄한 마웅 마웅 소Maung Maung Soe 서부 사령부 총 사령관과 뚜라 산 르윈Thura San Lwin 국경경찰총장(BGF) 등 참석.

2017.8.11 : 군과 BGP, 로힝야 마을 행정관 등 소집. 경보병 33사단 사잉 묘 아웅Saing Myo Aung 사단장, "We burn, we kill" 발언.

2017.8.24 : NLD정부 임명 <라까잉 자문 위원회>Rakhine Advisory Report(의장 코피아난 전 유엔사무 총장)의 진상조사 보고서 발표 예정

2017.8.25 : ARSA, 미얀마 군경 초소 30여곳 동시다발 공격. 군부 제노사이드 대학살 개시.

2017.8.25 : 춧 삔 마을 학살

2017.8.27 : 구 다 삔 마을 학살

2017.8.27 : 마웅 누 마을 학살

2017.8.28 : 미얀마 정부, ARSA "테러리스트" 공식화

2017.8.30 : 뚤라 똘리(민 치) 학살.

2017.9.1 : 민 아웅 라잉, 로힝야 청소작전 가리켜 "2차 대전 후 끝내지 못한 과업unfinished business"이라고 표현. "우리 나라에 로힝야 종족은 없다"고 발언.

2017.9.2 : 인딘 마을 학살

2017.9.13 : <88 세대>, 아웅산 수치와 NLD 정부의 로힝야 문제 대응 방식 지지 기자회견

2017.9.20 : 페이스북, ARSA "위험조직"으로 선포. 페이스북 계정도 강제 폐쇄.

2017.9.24 : 한국 체류 미얀마인들, UNHCR 서울 사무소 앞에서 '로힝야 지원말라'며 시위.

2017.9.27 : 미얀마 <사회복지 및 구호 재정착부> 연방 장관인 닥터 윈 미얏 에Dr. Win Myat Aye, "테러리스트 활동지를 재개발하는 문제는 법을 따라야 한다", "법에 따르면 불에 타 황폐화된 토지는 정부가 관리해야 한다" (로힝야 마을, 학살지 국고 환수 의미) 발언.

2017.11.23 : 방글라데시-미얀마 로힝야 송환 합의 (중국 중재)

2017.12~2018.2 : 로힝야 대학살 후 폐허 된 약 28개 마을(부락) 불도우저로 정리.

2018.1.30 : 내무부 차관 아웅소Maj-Gen. Aung Soe, 상원 의회에서 군이 라까인주 마웅도 타운쉽에 밀리시아 그룹 30개 조직하고 무장시켰다고 답변.

2018.3 : 유엔 제노사이드 방지 특별 보고관 아다마 디엥Adama Dieng, 로힝야 사례 제노사이드 범죄 구성된다 발언.

2018.9.6 : 국제형사재판소(ICC), 방글라데시로의 로힝야 대축출을 '강제이주'건으로 보고 사법권 행사 허용.

2018.9.20 : 캐나다 하원House of Commons 미얀마에서 벌어진 로힝야 인종청소는 제노사이드 만장일치 결의안 채택. 결의안 채택 후 기립박수.

2019.3.2 : OIC, 감비아를 대표국으로 하여 미얀마를 <국제사법 재판소>(ICJ, 유엔법정)에 제노사이드 혐의로 제소하는 결의안 채택.

2019.9 : 유엔 진상조사위, 조사보고서 발표. <제노사이드 방지협약>이 규정한 범죄행위 5개 항목 중 로힝야 사례는 4개 해당한다 분석.

2019.11.11 : 감비아, OIC 위임을 받아 국제사법재판소(ICJ)에 미얀마 제노사이드 범죄 혐의로 제소. 아웅산 수치 정부 법적 대응 팀 구성.

2019.11.13 : 영국로힝야단체 'BROUK', 아르헨티나 법정에 군부와 아웅산 수치 제노사이드 혐의로 제소.

2019.12.12 : 아웅산 수치, 네덜란드 헤이그 ICJ 제노사이드 재판 첫 심리 참석. 피제소국 미얀마

변호 발언.

2020.1.23 : ICJ 판사 17명 전원일치로 미얀마에 로힝야 제노사이드 방지 위한 임시 조치 취하라 명령 판결.

2020.11.8 : 미얀마 총선. NLD 압승

2020.11.29 : AA 군부와 휴전.

2021.1.20 : 미얀마, ICJ에 반박문counter-memorial 제출

2021.2.1 : 미얀마 군사 쿠테타 발발. 독립 후 세번째 쿠테타로 기록.

2021.2.4 : 라까인최대정당 ANP, 쿠테타 군부와 협력하겠다는 성명 발표.

2021.2.12 : 라까인 극우정치인 닥터 에 마웅, 군부 사면조치로 석방. 민 아웅 라잉에게 감사.

2021.3 : 쿠테타 군부 통치 기구 SAC 회의에 라까인 주요정당 ANP, AFP 모두 참석.

2021.3 : 쿠테타 군부, AA & ULA, 테러리스트 명단에서 제외

2021.4.16 : 쿠테타로 실각한 민주진영, <민족통합정부>(NUG) 출범 시켜

2021.6.3 : NUG '로힝야 정책' 성명 형식으로 발표, 시민권 부여 약속.

2022.3.21 : 미 국부무 장관 안토니 블링컨Antony J. Blinken, "로힝야 제노사이드에 직면해 있다" 인정하는 공식 입장 발표.

2022.7.22 : ICJ, 미얀마 반박변론문 기각.

2022.12.21 : 유엔안보리(UNSC), 로힝야 관련 첫 S/RES/2669(2022) 결의안 #2669 채택. (15개국 중 12개국 찬성, 3개국 - 인도 중국 러시아 - 기권).

2022.12 : 미국, 버마법안Burma Act 통과. 미얀마에 대한 정치적, 인도주의적 지원 강화 담겨.

2023.1.18 : 로힝야 무장단체 RSO, 방글라데시-미얀마 최근접 국경 'No Man's Land' 로힝야 난민 거주지 공격.

2023.2 : 두 로힝야 무장단체 ARSA 와 RSO 무력 충돌

2023.3.1 : WFP, 로힝야 배급 1인당 월 12달러에서 10달러로 하향 조정.

2023.3.5 : 로힝야 캠프내 대형화재 발생. 5천명 이재민 발생

2023.3 : ARSA와 RSO 재충돌

2023.3.14 : 미얀마, 반론 변론서 제출 4.24 마감일 앞두고 2024년 2월까지 데드라인 연기 요청.

2023.4.6 : ICJ, 미얀마 '반론변론제출 마감 연기' 요청 거부. 예정대로 제출하라 명령.

2023.4.13 : 방글라데시 해경, 119명(58명 여성 + 14명 아이들) 태운 로힝야 보트 가라앉기 전 구조했다 발표.

2023.5.14 : 사이클론 모카 라까인 주 시트웨 강타

2023.6.1 : WFP 로힝야 배급 추가 감축. 1인당 월 10달러에서 8달러로.

2023.7.1 : 민족통합정부(NUG), 로힝야 활동가 아웅 초 무Aung Kyaw Moe NUG 인권부 차관으로 임명. 로힝야 이슈에 차별하지 않는다는 제스처로 해석.

2023.7.19 : 라까인 무장단체 AA와 로힝야 무장단체 ARSA 충돌

2023.8~ : 로힝야 보트 난민 위기 재현. 전복사고도 잇따라

2023.11.~12. : 인도네시아 아체 두달 새 로힝야 보트난민 약 1,700명 도착

2023.11.13 : AA 휴전 깨고 탓마도 대대적 공격 재개. 라까인 주 내전 격화

2023.12.27 : 인도네시아 북부 아체 대학생들, 로힝야 난민 임시 피난처 폭력난입. 로힝야 난민 거부 시위.

2024.1 : WFP, 로힝야 배급 1인당 월 8달러에서 10달러로 인상

- 로힝야를 위한 지지와 연대, 동행을 기다립니다 -

아디가 로힝야와 함께하기 시작한 건 2016년이다. 2017년 8월 25일, 미얀마 군부에 의한 로힝야 대학살이 벌어지면서 75만 명의 로힝야 사람들이 방글라데시 콕스바자르로 이동했다. 1970년대 말부터 현재까지 콕스바자르로 이동한 로힝야 난민의 수는 추산 100만 명 이상으로, 현재 콕스바자르 로힝야 난민캠프는 전 세계 최대 규모의 메가 캠프이다.

아디는 2017년부터 인권실태보고서와 마을별 보고서라는 이름으로 로힝야에 대한 미얀마 군부의 제도적 차별, 폭력, 박해를 기록해왔다. 미얀마 라카인 주(로힝야 사람들의 주 거주지)의 34개 마을 주민들이 전해 온 증언은 하나같이 21세기에 벌어진 일이 맞는지를 의심하게 한다. 시민권의 박탈로 인한 권리 부재 문제를 고사하고라도 그들이 받는 멸시와 폭력은 하나같이 파괴적인 형국이다. 이렇게 시간은 흘러가고 있는데, 나아진 것이 있느냐는 질문에 뾰족한 답을 내리기도 어렵다. 어쩌면 무력한 침묵만이 가장 솔직한 답변일지도 모르겠다.

'시민됨'을 규정하는 것은 늘 몇 몇의 인간 혹은 특정 사회나 공동체의 몫이었다. 그것은 '시민'이라는 범주가 얼마나 자의적일 수 있는지를 방증하는 요소이기도 하다. 여기에 더해 '인권'이라는 개념이 등장한 것도 고작 19세기 중반 무렵이다. 그러고 보면 세계사는 인권사인지도 모른다. 익히 알고 있듯, 역사는 어제에서 오늘로 다시 오늘에서 어제로, 진보와 후퇴를 반복하며 나선형의 형태로 흘러가고 있다. 중요한 것은 '아는 일', 그리고 '포기 없이 알고자 하는 태세'여야 한다. 흘러가는 역사의 맥을 짚고, 같은 일이 반복되지 않도록 자기반성하는 것, 더 나아가 그것을 넘어 주변부와 연대하는 것, 이 모든 것의 가능 여부는 지나온 역사를 얼마나 알고 있느냐에 달려있다.

평화학자이자 여성학자인 정희진은 "안다는 것은 상처받는 일이어야 한다고 생각한다."(정희진, 2005, p.11-12)고 했다. 뒤이어 그는 "안다는 것, 더구나 결정적으로 중요하기 때문에 의도적으로 삭제된 역사를 알게 되는 것은 무지로 인해 보호받아온 자신의 삶에 대한 부끄러움, 사회에 대한 분노, 소통의 절망 때문에 상처받을 수밖에 없는 일이다."(정희진, 2005,

p.11-12)라고 말했다. 앎은 도외시 했던 것, 도망쳤던 것들로부터 우리를 소환한다. 적어도 알고 나면 우리는 선택해야 한다. 누구의 입장에 서야할지. 그러니 이 책은 역사서인 동시에 윤리적 지침서가 되어줄 공산이 크다.

지구 곳곳의 분쟁지역은 몰인간성의 시험대이다. 인류는 여전히 그 시험대에서 내려오지 못했고, 사실 영영 내려올 수 없을 지도 모를 일이다. 다만 동시대인으로 할 수 있는 것, 생채기가 날 지언정 앎의 의무를 저버리지 않고 윤리적 판단과 책임으로부터 도망치지 않는 것, 그것이 평화의 작은 실마리라면, 우리는 그것을 이 책이 잊지 않게 해주리라고 믿는다.

사단법인 아디는 2016년부터 아시아에서 발생한 분쟁과 폭력으로부터 인권을 보호하기 위한 목적으로 로힝야, 방글라데시, 미얀마 등지에서 기록 활동을 이어오고 있으며, 분쟁지역 피해 당사자가 현장 상황을 직접 기록할 수 있도록 활동가로서의 역량 강화 교육을 진행하는 등 당사자들의 직접 기록을 돕고 있습니다. 이와 함께, 피해 공동체의 일상회복을 위한 지원 사업이나 이슈 확산을 위한 국내·외 연대 활동을 수행하는 등 아시아 인권 실현을 목표로 다양한 활동을 이어가고 있습니다.

Tel : 02)568-7723
Mail : adi@adians.net
Homepage : http://adains.net

아시아 분쟁지역 피해 생존자와 함께해 주세요.
직접 후원 : 우리은행 1005-003-763612 (사단법인 아디)